KB125360

공부의
모든 것

공부의 모든 것

초판 1쇄 발행 2014년 7월 17일
개 정 판 발행 2021년 1월 21일

지 은 이 방용찬
발 행 인 권선복
편 집 권보송
디 자 인 서보미
전 자 책 서보미
발 행 처 도서출판 행복에너지
출판등록 제315-2011-000035호
주 소 (07679) 서울특별시 강서구 화곡로 232
전 화 0505-613-6133
팩 스 0303-0799-1560
홈페이지 www.happybook.or.kr
이 메 일 ksbdata@daum.net

값 17,000원
ISBN 979-11-5602-865-9 (13190)

도서출판 행복에너지는 독자 여러분의 아이디어와 원고 투고를 기다립니다. 책으로 만들기를 원하는 콘텐츠가 있으신 분은 이메일이나 홈페이지를 통해 간단한 기획서와 기획의도, 연락처 등을 보내주십시오. 행복에너지의 문은 언제나 활짝 열려 있습니다.

공 부 가 희 망 이 다

공부의 모든 것

☑ **서한샘 박사** 추천감수 | **방용찬** 지음

추천사

| 서한샘 (문학박사)

세상에는 두 종류의 사람이 존재한다고 한다. 변명하는 사람과 결과를 얻는 사람이 바로 그것이다. 변명형 인간은 일을 수행하지 못한 이유를 찾지만, 결과형 인간은 일을 해야 하는 이유를 찾는다. 결과에 대해 반응만 하는 사람이 되지 말고 결과를 바탕으로 다시 새로운 일을 창조해 내는 사람이 되라는 것이다. 이는 리더십 작가인 앨런 코헨의 말이다.

주위를 보면 일이 안 되는 이유를 먼저 찾는 사람들이 있다. 그들은 코앞의 문제를 해결하기보단 먼저 안 되는 이유를 찾아내려 한다. 그러나 '안 되는 일은 없다.'고 생각하는 사람들은 다르다. 그들은 방해물이 생기게 되면 반드시 해결책을 찾아내고야 만다. 결국 된다고 생각하는 사람들은 모든 일을 해내는 반면, 안 된다고 생각하는 사람들은 어떤 일도 해내지 못한다. 이렇듯 모든 일은 마음먹기에 달려 있다.

이는 우리의 현실과 다를 바 없다. 자신의 진로를 결정하기 위해 밤낮으로 열심히 공부하는 우리 청소년도 마찬가지다. 많은 수가 입시 지옥 속에서 살아남기 위한 방편으로만 공부를 하고 있다. 물론 대학 진학을 목표로 삼는 공부다. 하지만 본래 대학 진학의 의미는 앞으로 자신이 하고 싶은 일과의 연관성을 갖고 발전하기 위함이다.

먼저 자신이 어떤 종류의 사람인지를 파악하여야 한다. 자신의 단점은 보완하고 장점은 더욱 강화하는 능동적인 변화를 꾀하여야 한다. 그리고 자신이 목표로 하는 대학에 진학하기 위해서는 실현 가능하고 구체적인 목표 설정과 그에 대한 불굴의 의지를 필요로 한다. "지피지기(知彼知己)면 백전백승(百戰百勝)"이라는 말과 같이 자신을 잘 알아야 목표도 세우게 되고 의지를 갖게 되는 것이다. 이를 바탕으로 하여 새로운 공부의 패러다임인 '맞춤형 공부 방식'을 찾아내어 학습의 효율성을 극대화할 수 있게 된다.

학문에는 노력만이 성공 요인이 될 수 있겠지만, 자신에게 맞는 개별화된 공부방법이 따라야 한다. 이는 각자의 성격이나 취향, 체질, 환경 등에 따라 달라지기 때문이다. 그리고 학문 전체의 흐름을 알 수 있는 체계적인 학습이 이루어져야 한다. 『공부의 모든 것』의 방법론을 바탕으로 학습하게 된다면 체계적인 학습방법이 세워지게 될 것이다. 이는 곧 학업과 진학의 성패를 좌우할 수 있게 되는 것이다. 더구나 변화하는 입시 제도의 적응에 성공하기 위해서는 더욱 중요하다고 할 수 있다.

그런데 많은 학부모들과 학생들은 자신의 성격과 적성을 무시한 채 일반화된 공부 방법을 선호하는 경향이 있다. 막상 공부를 제대로 하고 싶어도 자신을 파악하지 않은 상태에서 모방하는 습성을 가지고 있는 것이다. 무엇이 효율적인 학습 방법인지 모르고 있기 때문이다. 저자가 강조하는 스스로 공부하는 학습법이야말로 자신을 제대로 알게 되는 계기를 갖게 된다. 또한 학부모와 학생들은 학습 결과를 분석해서 새로운 자신만의 방식을 찾아내어 접목시킬 줄 아는 안목도 생기게 될 것이다. 이러한 사람이야말로 결과형 인간에 속하게 되는 것이다. 과정에서 자신의 잘못된 학습 습관을 찾아내어 효율적인 학습 방법으로 바꾼다면 여러분의 삶도 풍요로워질 것이다.

교육 현장의 오랜 경험을 통해 저자는 다양한 현장 사례를 접하게 된 결과로 학생들의 공부 방법 형성의 틀을 제시하였다. 이로써 자신들의 문제점을 객관적으로 진단할 수 있도록 하였다. 건축물을 지을 때 철근으로 건물의 뼈대를 잡아가듯이 공부방법의 기본을 잡아나가는 것 또한 중요하기 때문이다.

이 책의 저자인 방용찬 교수는 나와는 30년간의 오랜 인연을 맺고 있다. 특히 내가 세운 한샘학원의 강사로 초빙한 인연이 지금까지 이어져 오고 있다. 교육을 통한 제반 사항에 대한 관점을 같이하고 있는 가족 같은 관계이기도 하다. 방용찬 교수는 오랫동안 강의와 학원 운영의 경험을 통해 학생과 학부모들이 가지고 있는 욕구를 통찰해 내는 남다른 안목을 가지게 되었다. 이로써 현장감 넘치는 교육의 정확한 맥을 짚고, 앞으로 학생과 학부모들이 선택해야 할 학습 방법을 구체적인 사례를 들어 제시한 것에 대해 매우 바람직하다고 본다. 그는 일산 G1230, 한샘학원, 목동 대학학원(본원) 등의 학원 운영과 강의로 교육 현장에서 뛰어난 능력과 성과를 보이기도 한 입시

전문가이기도 하다.

자원이 없는 우리나라의 경우, 교육만이 나라를 위하는 길이다. 참다운 교육은 올바른 인재를 육성하여 부국강병의 길을 모색해야만 한다. 대한민국을 지켜나가는 원동력은 교육에 대한 열정이라고 해도 과언이 아니다. 지금까지 교육부에서 강조해 온 공교육 정상화 방안을 갖추기 위해 교육 정책에 많은 변화가 있었다. 그러나 대한민국 국력의 바탕이 교육이라고 생각하는 많은 학부모들의 전통적인 생각에는 변화가 없었다. 그렇기 때문에 자녀에 대한 교육을 소홀히 할 수 없는 현실이기도 하다.

이러한 변화 속에서 교육 방향을 바로 세우고자 하는 많은 학부모들의 참여가 있었다. 참된 교육 방향을 잡기 위한 방향 제시로 공교육을 정상화하는 방안이 있었다. 그에 대한 방안으로 마련된 새로운 입시 정책에 따라 그에 걸맞은 학습방향과 학습대책, 특히 학습 방법에 대한 구체적인 방향이 제시되었다. 대학 입시와 진로, 직업에 대한 포괄적인 방향을 제시하는 유익한 정보가 많이 들어 있다.

학습효과를 극대화하는 방법의 터득과 체계적인 학습이 이뤄지지 않으면 학문의 전체가 보이지 않는다는 것을 염두에 두어야 한다. 이러한 취지로 방용찬 교수가 『공부의 모든 것』이라는 책을 저술하게 되었다. 우리 청소년들에게 스스로 공부하는 학습의 의미를 깨우쳐 줌으로써 자기발전의 계기를 주게 되어 고맙게 생각한다.

본인이 학부모와 학생들에게 적극 추천하고 싶은 『공부의 모든 것』의 장점을 소개하자면 다음과 같다.

첫째, 학습의 지침서와 같은 안내자의 역할이다. 이는 자신의 특성을 파악할 수 있는 계기를 주고 자신만의 학습법을 계발할 수 있게 해준다. 교육현장에서 볼 때, 자신의 실력을 충분히 발휘할 수 있도록 학생들을 끌어주기 위한 안내자의 역할을 톡톡히 하고 있기 때문이다.

둘째, 공부의 정확한 맥을 짚어 준다. 저자가 두루 익힌 학문의 본질 속에서 느꼈던 참 공부의 의미를 알게 해 주고, 공부의 즐거움과 더불어 올바른 방향 제시를 해 준다.

셋째, 새로운 공부의 패러다임인 '공부의 달인'이 될 수 있는 방법을 일깨워 준다. 이는 자신을 정확하게 알고 자신에게 맞는 학습방법을 터득해서 능동적인 학습자로 탈바꿈할 수 있도록 방법을 제시하고 있다.

넷째, 스마트시대에 맞추어 올바른 진로 방향을 모색할 수 있도록 하였다. 변화하는 교육정책에 부응하여 적성에 맞는 학교 선택에 도움을 주고, 진로 방향을 모색할 수 있도록 알찬 정보가 풍성하다. 특히 4차 산업시대를 대비하기 위한 수학의 중요성과 미래를 대비하는 각종 정보를 제시하였다.

다섯째, 성공 사례가 실제적이고 풍성하다. 공부 방법에 관한 책들은 이미 너무나 많고, 요즘 웬만한 학생들은 공부 방법과 사례에 관련해서는 줄줄 외울 정도이다. 그러나 이 책을 보면, 자신과 같은 수준의 친구들이 단순히 이것을 잘해서 성적이 올랐다가 아닌, 구체적으로 어떤 부분이 약점이었고, 어떤 것을 개선해서 성적을 올렸는지 학생들에게 가장 가까이서 알려준다. 이것을 통해 독자는 자신이 어떤 부분이 약한지 실제적으로 알 수 있다.

여섯째, 현행 입시 제도에 대해 소개하고 진단하고 분석하여 길을 제시해 준다. 이 책은 입시 제도에 대하여 학생이 자기 특성별로 어디에 맞추어 갈 수 있는지 예측 가능하게 해준다. 따라서 진학지도 교재로서도 매우 손색이 없다고 볼 수 있다.

이 책은 먼저 자신의 학습방법을 진단, 분석하여 효율적인 학습방법으로 바꿀 수 있도록 일깨워 준다. 공부하는 기술의 차이를 깨닫고 이에 노력을 더하게 된다면 자신의 능력을 충분히 발휘할 수 있게끔 쓰인 책이다.

여러분이 이 한 권의 책을 선택하게 된다면, 학생과 학부모 특히 수학교사나 수학과 관련된 일에 종사하는 모두가 함께 읽을 수 있는 지침서로서의 역할을 하게 될 것이다. 교과서나 참고서를 읽기 전에 먼저 시간을 내서 이 책을 읽어주기 바란다. 그렇게 한다면 여러분들 각자에 맞는 맞춤형 학습방법을 터득하고 만들어 낼 수 있을 것이다. 보약도 자신의 몸에 맞추어 짓게 된다면 그 효과는 배가되고 빨리 치료할 수 있게 된다. 이 책을 통해 자신의 학습방법을 진단해보고 그에 맞는 처방을 스스로 찾아내어 꾸준히 지켜나간다면 승리의 월계관은 당신의 머리 위에서 빛나게 될 것이다.

이 한 권의 책이 여러분의 인생을 바꿔놓을 수 있다는 것을 명심하길 바란다.

| 문경진 (대륙국제특허법률사무소 대표 변리사·공학박사)

이 시대가 요구하는 이상적인 삶을 살기 위해서는 단순히 글로벌 인재라는 인식을 뛰어넘어야 한다. 이는 모든 것이 국제적이고, 다변적이며, 다각적으로 변화하는 세대로 치닫는 것을 의미한다.

예를 들면, 비행기가 음속보다 빠른 마하의 속도로 날아가기 위해서는 비행기의 모든 구조를 바꿔야 한다. 이처럼 공부도 무조건 열심히만 하면 길이 보이던 옛날과 지금의 공부방법상 차이가 있다는 뜻이다. 더 많은 지식을 요구하는 현대의 공부 방법에 실력을 더하는 날개를 달기 위해서는 예전과는 달라져야 한다. 현대사회는 인터넷을 통해 모든 지식이 날마다 실시간으로 새로운 정보를 전하고 있다. 이렇듯 예전에는 무조건 열심히 하면 된다는 주먹구구식의 공부는 이미 설 자리를 잃어버렸다. 이제는 4차 산업시대에 맞추어 새로운 학습방법이 요구되고 있는 것이다.

그러한 면에서 『공부의 모든 것』은 공부를 왜 해야 하는지와 어떻게 해야 하는지에 초점을 두어 학생들에게 방향을 제시해 주고 있다. 이 책은 글로벌 인재를 요구하는 미래를 살아가는 데 있어 꼭 필요한 맞춤형 학습방법을 소개한다.

이 책은 탄력적이고 핵심적인 내용 구성은 물론이거니와, 효율적인 학습을 통해 만족스러운 결과를 도출해 낼 수 있는 간단명료한 방법론까지 다루고 있다. 마치 종합선물세트를 받은 느낌을 안겨줄 것이다. 나의 학창 시절에는 왜 이러한 책이 없었던가, 못내 아쉬움이 생길 정도다.

나는 이 책이 지금의 학생들에게 귀중한 선물이 될 것이라고 확신한다. 물론 시중에는 공부 방법에 대한 좋은 책들이 많다. 하지만 오랜 현장 경험을 토대로 차곡차곡 쌓아온 내공을 드러내는 저자의 책은 설득력을 넘어 힘과 에너지를 공급해 준다. 이는 학생들의 학업 실력에 날개를 달아 새로운 활력을 불어넣고 가속도를 올려줄 것이다.

누구나 공부를 잘하기 원하고 목적한 바를 이루길 원한다. 그로 인해 후회 없는 삶을 살기를 원한다. 나 역시 마찬가지였다. 어린 시절 경제적으로나 문화적으로 궁핍한 시절에 태어나 일류대학을 목표로 늘 최선을 다하였다. 그 결과 서울대학교 공과대학을 졸업하고, KAIST 공학 석사, North Carolina State University 공학박사 학위를 취득하게 되었다.

내가 공부하던 그때는 학습지침서가 되어 줄 만한 구체화된 서적뿐만 아니라 체계화된 방법론조차도 없던 시절이었다. 나는 공부에 대한 막연함이 얼마나 사람을 힘들게 하고, 목을 짓누르는 멍에와 같은 것인지를 잘 안다. 그러나 지금처럼 논술이나 다방면의 지식을 요구하지 않던 초·중·고 시절이라 나름대로 그때그때 주어진 학습에 최선을 다하면 되는 때였다. 그런 까닭에 지금의 학생들보다는 그런 면에서 스트레스를 덜 받은 것 같다.

지금은 내가 공부하던 시절보다는 경제적, 문화적으로 지식의 질적인 면이 향상되어 있다. 인터넷을 통해 전 세계의 유수한 대학을 돌아볼 수 있고, 명강의를 청취할 수 있다. 따라서 전 세계로 나아갈 수 있는 선택의 폭이 그만큼 넓어진 것이다. 하지만 정보의 풍요 속의 빈곤이라고 하듯, 정보가 아무리 많다고 해도 양질의 정보를 찾아내는 안목이 더욱 필요하다. 그러한 양질의 정보를 가려내어 세계로 발돋움할 수 있는 도전을 해보아야 한다. 더 나아가 정보의 양과 질을 떠나 더 중요한 것은 좌절하지 않는 용기와 신념이다. 대학으로 가는 문을 열기 전에 중·고등학교 때 어떻게 지식을 받아들여야 자신의 꿈을 이룰 수 있는가. 이는 용기와 신념이 밑바탕이 되어야 한다. 그리고 초·중·고 시절에 폭발적으로 요구되는 역량이기도 하다.

현대사회의 학생들은 좋은 정보와 다방면의 기회를 부여받은, 선택받은 세대임을 감사해야 한다. 또한 늘 도전을 즐기며, 결코 좌절과 협상하지 말아야 할 것이다. 왜냐하면, 학생들의 꿈과 도전을 이루는 데 있어 든든한 지침서가 있기 때문이다. 종합선물세트와 같고, 양질의 곰국처럼 오랜 경험과 풍부한 내용으로 그 맛이 절정을 이룬 듯한 이 학습서가 여러분의 꿈과 도전을 이루는 레드카펫이 되기를 진심으로 바라고 소망한다. 그래서 새로운 시대를 주도해 나갈 역량 있는 국제인이 되는 것은 물론이요, 각 분야에서 탁월한 재능과 끝없는 열정이 넘쳐나는 지성인으로 성장해 주기를 기꺼이 당부하고 싶다. 무엇보다 한번 당겨진 화살은 다시 되돌릴 수 없다는 각오로 열심히 여러분의 꿈과 비전을 향해 달음박질하기를 바란다.

학창시절부터 함께 공부해왔던 방용찬 교수의 이번 저서가 여러분의 학업 실력 비상에 가속도를 붙이는 새로운 활력소와 같은 역할을 할 것을 확신하며, 앞으로 살아가는 주역이 될 모든 학생들에게 늘 하나님의 축복과 인도하심이 있기를 기도하는 바이다.

| 조정영 (조선일보, 조선 에듀케이션 입시전략 연구소장 · 열린에듀논술 대표)

원하는 대학교에 입학하여 만족감과 성취감을 품고 멋진 도약을 통한 행복한 삶의 과정을 수험생이라면 누구나 목표로 삼고 있을 것이다. 그런데 이러한 목표를 이루기 위해서는 무엇을 어떻게 해야 할까. '공부의 모든 것' 이라는 제목이 눈에 들어와 이 책을 고른 사람이라면 이런 문제들에 대해 아마 한번쯤은 자문해 보았을 것이다. 이 책은 바로 그런 수험생들에게 자신의 꿈을 위한 도약의 1단계인 대학입시를 성공적으로 이룰 수 있는 구체적이고 실질적인 답을 제시해 주는 지침서다.

나는 수험생들에게 과연 누가 그런 해답을 제시해 줄 수 있는지부터 먼저 물어보고 싶다. 수험생들은 자신이 원하는 답을 찾아 이리저리 헤맨다. 학교내신, 모의고사 성적은 물론이고 학교생활 우수자 선정, 학생부 전형에서 논술에 이르기까지 해결책을 얻을 수 있으리라는 희망을 품는다. 입시 전문가와 상담을 갖고 대학교나 입시 전문기관이 진행하는 입시설명회를 찾아다니며 귀를 기울인다. 또한 사교육 기관이나 자기계발 웹사이트를 찾기도 한다. 책 또한 빼놓을 수 없는데 그 덕분에 서점마다 자기계발서가 넘쳐나며 이런 책을 사들이느라 쓰는 돈도 만만치 않다.

결국 원하는 대학을 찾는 학부모나 수험생들만큼이나 그 길을 제시하는 전문가 및 해답들도 넘쳐나는 셈이다. 그런데도 뭔가 허전한 느낌을 떨칠 수 없는 것은 왜일까? 전문가들이 이렇게 많은데 어째서 수험생이나 학부모들, 심지어 교육현장의 교사들까지 여전히 대학입시의 어려움을 호소하는 것일까? 많은 수험생들은 시간이 충분하지 않다고 생각하면서도 컴퓨터 게임을 하고 문자 메시지를 주고받고 별 도움이 되지 않는 책을 읽고 강의를 듣기 위하여 학원을 찾고 인터넷을 검색하기도 하면서 귀중한 시간을 낭비한다.

나는 문득 궁금해졌다. 현실에 기반을 둔 조언, 오랜 경험을 바탕으로 한 조언, 대학입시에 진정으로 도움이 되는 조언을 어디서 찾을 수 있을까?

체계적으로 구성된 『공부의 모든 것』은 방용찬 교수님의 30년 이상 대학입시의 성공적 사례와 구체적 학습방법을 통하여 수험생들에게 가장 큰 변화를 줄 수 있는 책이다. 이 책을 읽은 수험생들은 이전과는 조금 다른 눈으로 대학과 자신의 학습태도를 바라보게 될 것이다. 이 책을 통하여 대학입시의 어려움을 더 넓은 맥락 속에서 파악하는 분별력, 폭넓은 시각으로 자신의 문제점을 해결하는 능력이 생기게 될 것이다.

수험생들은 이미 이 책에 나온 내용들을 어느 정도는 숙지하고 있을 수도 있다. 하지만 이 책을 통해 자신이 알고 있는 내용을 다시 한번 되새김질하고 또한 새로운 방식을 추구하게 될 것이다. 이 책을 거울삼아 자신이 꿈꾸는 사람이 되기 위한 계획을 세워보길 바란다. 그리고 부디 수험생 여러분 앞에 펼쳐지는 인생을 당당하게 맞서며 진심으로 즐기길 바란다!

프롤로그

공부에 적응하지 못하고 방황하는 학생들, 또는 공부하고 싶은데 어떻게 해야 할지 몰라 우왕좌왕하는 학생들, 열심히는 하는데 성적이 잘 안 오르는 학생들 등등 교육현장에서 만나는 학생들의 공부에 대한 생각과 태도는 생긴 모습만큼이나 다양합니다. 이렇게 다양한 생각과 태도를 가진 학생들이지만 학생들과 부모님들이 품고 있는 꿈은 똑같습니다. 학생들이 '성공한 사람'이 되는 것입니다. 이 책은 부모님들이 자녀들에게 전하고자 하는 교육적 방향과 기대를 대신하여 알려주고자 하는 뜻이 담겨져 있습니다.

사람마다 '성공'의 척도는 다양합니다. 돈 많이 버는 사람이 되는 것을 성공하는 사람으로 볼 수도 있고, 명예를 성공의 기준으로 생각할 수도 있습니다. 또는 풍부한 학식과 지혜를 갖춘 사람을 성공한 사람으로 볼 수도 있습니다. 이외에도 성공의 기준은 많습니다.

그런데 여기 더 중요한 것이 있습니다. 성공한 사람이 되기 위해서는 그러한 성공을 이룰 수 있는 바탕이 우선 형성되어야 한다는 것입니다. 이러한 바탕이 형성되는 시기는 초·중·고등학교 시절입니다. 초·중·고 시절을 어떻게 보내느냐에 따라 아이들의 앞날이 달라질 수 있다는 의미입니다.

대한민국은 세계 어느 국가보다 교육열이 높은 나라로 알려져 있습니다. 이러한 교육열이 지금의 대한민국을 일군 원동력이라고 말하기도 합니다. 공부에 대한 욕구가 높다는 것, 그것은 결코 나쁜 것이 아닙니다.

공부에는 끝이 없습니다. 대한민국이 전 세계 경제 10위 국가로 도약할 수 있는 바탕은 바로 한국의 교육열이었습니다. 특히 미국 오바마 대통령이 극찬한 한국의 교육은 우리 부모님들이 노력한 결과이기도 합니다. 삼성전자와 현대자동차가 세계 기업으로 우뚝 서게 된 것도 한국의 교육열이 뒷받침되었기 때문입니다.

평생교육이라는 말이 있듯이 대학교에 가고 사회인이 되었다고 해서 공부가 끝나는 것은 아닙니다. 하루만 지나도 새로운 제품이 등장하고, 새로운 기술이 개발되는 시대에 공부하지 않으면 금방 도태되고 낙오자가 되기 쉬운 시대입니다. 경쟁이 갈수록 치열해지는 사회에서 살아남기 위해서는 끊임없이 공부해야 합니다. 계속 무엇인가를 배우고, 배운 것을 한 단계 더 높은 수준으로 끌어올려야 합니다. 이렇게 하기 위해서는 어렸을 때부터 공부하는 습관이 몸에 배어 있어야 합니다. 그리고 자신에게 맞는 공부 방법을 알고 있어야만 헤매지 않고 시간을 절약하고 효과적으로 사용할 수 있습니다.

시간은 모두에게 똑같이 주어집니다. 그런데 같은 시간을 공부해도 어떤 학생은 높은 성적을 받고 어떤 학생은 그 반대입니다. 왜 그럴까요? 높은 성적을 받은 학생은 시간을 활용하는 법을 알고 있기 때문입니다. 그리고 시간을 활용할 줄 안다는 것은 공부 방법을 알고 있다는 것이고, 반대는 모르고 있다는 것입니다.

공부에는 전략이 있습니다. 무작정 읽고 외운다고 해서 학습효과가 높아지고 성적이 나아지지 않습니다. 많은 시간을 할애하지 않더라도 높은 효과와 성적을 거둘 수 있는 방법이 있습니다. 주변을 보면, 다른 아이들과 똑같이 놀고 똑같이 쉬고 똑같이 공부하면서도 (극단적으로 말해) 한 명은 전교 1등을 하고, 한 명은 전교 꼴찌를 합니다. 이 차이는 어디에 있을까요. 바로 공부 방법의 차이입니다. 공부 방법을 알고 전략적으로 공부하면 공부가 재미있어집니다. 그리고 옆에서 누가 시키지 않아도 스스로 공부하게 됩니다. 자신이 가야 할 길을 자기 스스로 찾아가는 사람이 됩니다.

공부에 대한 생각과 접근방법을 바꾸면 공부가 새롭게 다가옵니다. 공부의 궁극적인 목적이 좋은 성적을 받고 좋은 대학에 가는 것만이 전부가 아닙니다. 더 높은 꿈을 달성하기 위한 것입니다. 당장 눈앞의 성적과 대학만을 위해서가 아니라, 보다 나은 꿈과 이상을 이루기 위해 공부하는 자세가 필요합니다.

저는 30년 이상 교육현장에 있으면서 수많은 학생들과 학부모님들을 만났습니다. 그들과 함께 동고동락하면서 현재 당면하고 있는 수많은 고민과 요구를 들었습니다. 그리고 이를 해결하기 위해 여러 가지 방법을 모색하고 실천해왔습니다. 물론, 시행착오를 겪을 때도 있었습니다. 그렇지만 이러한 시행착오를 바탕으로 또 다른 새로운 방향과 방법을 모색하고 실천한 결과, 수많은 성공사례가 만들어졌습니다. 지금껏 겪어온 성공사례와 함께 그동안 교육현장에서 쌓은 경험과 노하우를 이제 학생들과 학부모들에게 책을 통해 상세하게 전달해드리려고 합니다. 제가 그동안 경험했던 시행착오와 성공사례를 통해 생각하고 느끼고 깨닫게 된 것들을 종합해 효과적인 학습방법을 제시하고자 했습니다.

이 책은 앞으로 바뀌는 우리나라 교육정책에 대한 총괄적인 개론에서부터 학생들이 꿈을 가져야 하는 이유, 진로선택의 방법, 선행학습방법을 제시하고 있습니다. 이뿐만 아니라 각 과목별 학습방법을 소개하고, 건강관리방법, 시간관리 방법, 노트필기방법, 질문하는 방법, 교재선택방법, 교과서 학습방법, 스마트 시대에 따른 수학의 중요성과 좋은 선생님의 자질 등 효과적인 학습을 위한 핵심 노하우를 전달하고자 했습니다. 또한 초·중·고등학교 학생들이 논술과 면접을 준비할 수 있는 방법을 상세하게 제시하는 한편 학생들이 긍정적 사고와 올바른 인성을 갖고 미래를 꿈꿀 수 있도록 하기 위해서 학부모님이 갖춰야 할 자세와 역할에 대해서도 안내했습니다.

아무쪼록 이 책을 통해 우리 학생들이 학습태도가 바뀌고, 학습능력이 높아지는 계기가 되며, 큰 포부와 목표를 갖고 세계를 향해 힘차게 도약할 수 있기를 간절히 바랍니다. 그리고 앞으로 자신이 원하는 일을 성공하고자 노력하는 많은 학생들과 이를 뒷받침하는 모든 학부모님들은 자녀가 성공하도록 기도하는 마음으로 함께하시길 바랍니다.

끝으로 추천사와 감수를 해 주신 서한샘 박사님께 감사를 드리고, 학창시절부터 함께 공부해 왔던 친구 문경진 박사와 조선 에듀케이션 입시전략 연구소 조정영 소장님께 고마움을 전합니다. 원고정리를 도와준 세 사람, 대원외고와 연세대학교 언더우드 국제대학을 졸업한 김수연 양, 고려대학교를 졸업한 방요한 군, 방요섭 군과 그리고 행복에너지 출판사 권선복 대표이사님과 편집부의 노고에 감사드립니다.

CONTENTS

PART2 시간은 나의 것

PART3 공부 잘하고 싶은 사람!

PART5 독서와 논술훈련

1. 독서와 논술의 중요성

2. 독서 훈련법

3. 논술 훈련법

PART6 슬럼프 극복과 학습에 도움 받기

1. 공부에도 슬럼프가 온다

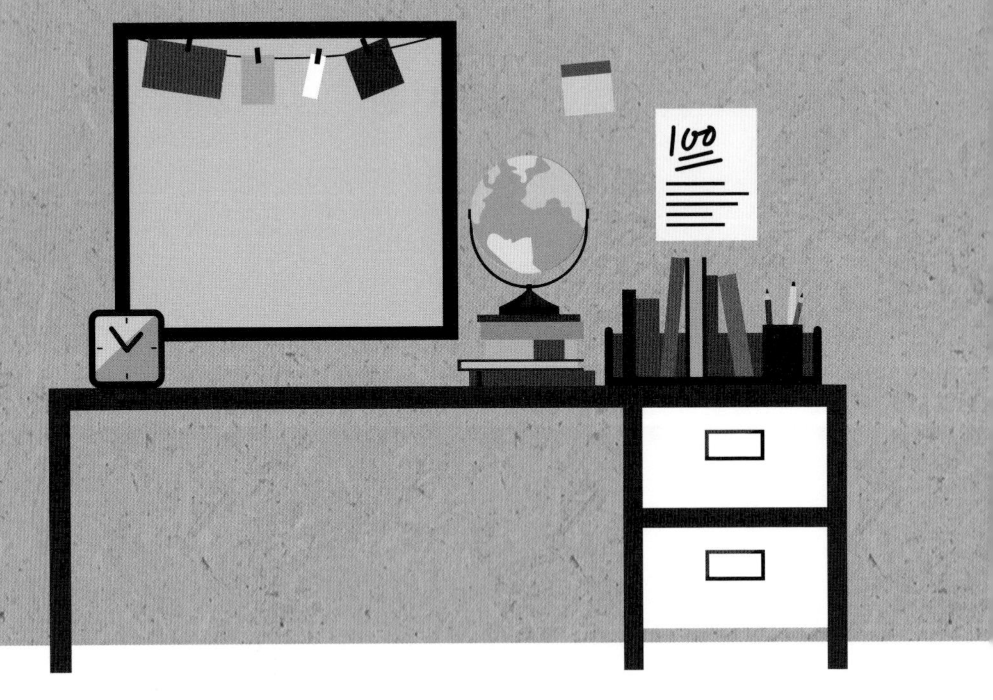

1. 목표 세우기

2. 공부 잘하는 유형 따라잡기

거꾸로학습법, 플립러닝 (Flipped Learning)

PART:1

동기부여

목표 세우기

"지금 자면 꿈을 꾸지만 지금 공부하면 꿈을 이룬다."
"꿈이 없는 사람에게는 미래도 없다."

여기서의 미래는 누구나 시간이 지나면 맞게 되는 미래를 뜻하는 것이 아니다. 꿈을 갖게 되면 자신이 원하는 미래의 모습을 이룰 수 있다. 세상은 꿈꾸는 자들에 의해 발전했다. 모든 사람들이 불가능하다고 포기할 때 꿈꾸는 자들은 결코 포기하지 않았다. 예를 들면 어두운 밤을 밝힐 수 있는 '밝음'에 대한 꿈을 꾸며 연구를 거듭한 결과 전구가 발명되었다. 또 하늘을 나는 꿈을 꾸었기에 비행기가 탄생했다. 이처럼 꿈을 가진다면 분명 남과는 다른 미래에 그만큼 가까이 설 수 있게 될 것이다.

공부를 왜 해야 하는가?

'내가 왜 공부를 해야 할까?'라는 의문을 품는다면, 첫째는 나의 꿈을 성취하기 위해서다. 이는 너무나 당연하고 중요한 진실이다. 공부해야 하는 이유도 모른 채 책상 앞에 앉아서 공부를 한다면 무척이나 지겹고 고통스러울 것이다. 하지만 자신이 왜 공부를 해야 하고, 대학에 왜 가야 하는지, 그리고 어떤 과목을 전공할 것인지 분명하게 대답할 수 있는 학생은 공부가 재미있고, 공부하는 것 자체가 행복하다. 이처럼 내가 공부를 왜 하는지, 이 공부가 미래의 나에게 어떤 도움을 줄지를 명확하게 알고 있어야 공부에 대한 의지가 샘솟는다. 남이 시키기 때문에, 점수를 잘 받기 위해서 공부를 하는 아이는 결코 자신의 꿈을 위해 공부를 하는 아이를 이길 수 없다. 우리는 빈부의 격차로 많은 좌절감을 느끼지만 실제로 그것은 꿈의 격차로 일어나는 현상이다.

갖가지 유혹을 모두 물리치고 늦은 밤까지 학교나 도서관에서 공부하다 집으로 돌아오는 귀갓길에 꿈을 가지고 있다면, 자신이 내딛는 발걸음 하나하나가 자신의 꿈을 향한 발걸음이라는 걸 알기에 더없이 즐겁고 유쾌할 것이다.

① 공부는 어떤 도움을 주나?

공부 자체는 일상생활에 구체적인 도움을 주지는 않는다. 하지만 공부는 사물을 보다 체계적으로 파악하기 위한 훈련이다. 이러한 훈련을 통해 사고의 깊이가 더해지고 사물을 꿰뚫을 수 있는 통찰력이 생긴다. 쉽게 얻은 것은 쉽게 잃어버리고 어렵게 얻은 것은 반드시 내 것으로 남는다. 그렇기에 공부는 과정을 통한 자신과의 승부다. 그리고 이 과정을 통해 얻을 수 있는 것이 바로 삶에 대한 자신감이 된다. 이러한 자신감을 통해 공부든 어떤 문제든 간에 해결해 낼 수 있는 힘을 갖게 되는 것이다. 이 세상에서 자신의 최대 경쟁자는 바로 자기 자신이다. 그리고 공부는 자기 자신과의 싸움에서 승자가 될 수 있는 자신감을 주는 좋은 지원군이 되는 것이다.

"지금 자면 꿈을 꾸지만 지금 공부하면 꿈을 이룬다."

미국 하버드 대학교 도서관에 적힌 글귀다. 오로지 꿈을 잃지 않고 노력한 사람들만 모두가 불가능하다고 한 일을 이뤄내듯이 자신의 꿈을 이루기 위해 우리는 오늘도 공부를 하는 것이다.

② 공부해야 할 이유가 내게 있는가?

외국의 사례 – 미국 오바마 대통령

미국 최초의 흑인 대통령인 오바마 대통령은 케냐 출신의 하와이 대학 유학생 흑인 아버지와 백인 어머니 사이에서 태어났다. 아버지는 오바마가 2세 때 이혼하고 케냐로 돌아갔고, 재혼한 어머니를 따라 인도네시아로 갔다가 어머니가 다시 이혼하면서 하와이로 돌아왔다. 다문화 가정에서 자라면서 술 · 담배를 하는 등 불우한 청소년기를 보냈지만, 결과적으로 그의 다문화 배경이 화합을 배우게 하였다.

하와이에서 고교 졸업 후 LA의 옥시덴탈 대학교에 진학하여 2년 공부 후 뉴욕의 컬럼비아 대학 정치학과에 편입하였다. 대학 시절 자신의 정체성에 눈을 뜨고 마약을 끊고 학업에 정진하였고 일반 회사에서 일하다가 후에 사회운동에 투신하여 시카고 빈민을 위하여 활동하였다. 이후 하버드대학 로스쿨에 입학하여 학술지의 편집장을 역임하고 같은 로펌에서 만난 미셸 로빈슨과 결혼하였다. 일리노이주에서 상원의원을 3번 역임하고 연방 상원의원을 역임하였다. 일리노이주 스프링필드에서 대통령 출마 선언 후 공화당 존 매케인 후보에게 2배가 넘는 선거인단을 확보하여 압승을 거두었다.

오바마가 이토록 열심히 공부에 매진한 것은 그가 공부를 통해 세상을 바꿀 수 있다고 믿었기 때문이었다. 어느 고등학교 연설에서 오바마 대통령은 학부모와 선생님뿐 아니라 학생 개개인이 공부해야 할 이유에 대해 이렇게 말했다.

"여러분은 각자 잘하는 것이 있을 것이다. 그것을 통해 이 사회에 베풀 것이 있을 것이다. 그것이 무엇인지 찾아내는 것이 여러분의 책임이다. 바로 교육이 그것을 찾는 데 도움을 줄 것이다. 여러분이 공부에 대한 책임을 다할 때 여러분의 미래는 물론 이 나라의 미래가 결정된다. 여러분이 학교에서 배우는 것이 우리나라의 미래를 결정짓는 것이다."

우리나라 사례 – 반기문 유엔 사무총장

반기문 유엔 사무총장은 충북 음성에서 태어나 서울대학교 외교학과를 졸업하였다. 이후 외무고시에 합격하여 연수원을 수석으로 졸업하였다. 이후 외무부 주요직을 거쳐 외교통상부 장관을 역임하였다. 이후 유엔 사무총장에 도전하여 제8대 사무총장으로 당선되었다. 반기문 사무총장의 책인 『바보처럼 공부하고 천재처럼 꿈꿔라 시즌2』를 보면 그가 어떤 마음으로 공부했는지 다음과 같은 대목을 보고 알 수 있다.

반기문은 어렸을 때부터 항상 목표를 세우고 그것을 이루는 재미와 성취감을 경험해왔다. 목표에는 두 가지 종류가 있는데, '단기목표'와 '장기목표'다. 단기목표는 짧은 시간에 이룰 수 있는 것으로, '이번 주 안에 영어 문장 20개를 외운다.'거나 '이번 시험에서 평균 90점을 받는다.' 등이 될 수 있다. 장기목표는 그것을 이루기까지 시간이 더 많이 필요한 것들이다. 가장 대표적인 것이 '무엇이 되고 싶다.'는 식의 직업을 포함한 꿈에 대한 것이다.

미국에 다녀온 뒤 기문은 확실하게 장기목표를 세울 수 있었고, 그것을 이루기 위해 어떻게 해야 하는지에 대한 단기목표들을 세워나갔다. 기문의 장기목표는 '외교관이 되겠다.'는 것이었다. 사실 그전까지 좀 막연했다. 마음속에서 외교관을 꿈꾼 지는 오래되었지만, 구체적인 그림이 잘 그려지지 않았기 때문이다. 그저 '외교관이 되면 좋을 것 같다.'는 수준이었는데 미국에 다녀온 이후 '꼭 외교관이 되어 우리나라를 세계 여러 나라에 알리는 일을 해야겠다.'는 식으로 생각이 단단해지고 보다 확실해졌다.

공부는 자신의 환경에 이끌려 다니지 않고 자신의 가치를 높이고 궁극적으로 자신의 꿈을 이룰 수 있게 해준다. 이것이야말로 우리가 공부를 해야 하는 명백한 이유다. 물론 인생의 전부가 공부는 아니며, 공부가 아닌 방법으로도 성공을 거둔 사람은 많다. 지금도 자신이 공부를 하지 않아도 될 명백하고 반박 불가능한 이유를 찾을 수 있다면 공부를 하지 않아도 된다. 하지만 그렇지 않다면 공부는 자신의 꿈이 무엇이든지 간에 거기에 한 발자국 다가설 수 있는 힘을 준다는 것은 모두에게 해당되는 이야기다.

이처럼 이유를 알고 공부하는 것과 모르고 공부하는 것은 공부하는 과정과 결과에 큰 영향을 미치게 된다. 공부라는 것이 다른 누구도 아닌 오직 자기 자신을 위해 하는 것이며, 자신의 눈부신 미래를 위한 준비 과정이라는 것을 명심해야 한다.

종이 위에 꿈을 기록하고 경험하라

청소년기는 무한한 가능성을 지닌 희망찬 시기이다. 하지만 그것을 거꾸로 본다면 정해진 것이 아무것도 없어서 불안감이나 무력감에 빠질 위험이 큰 시기이기도 하다. 이런 불안감과 무력함을 극복하기 위해서는 자신이 무엇을 위해 공부하는지를 확실히 알아야 한다. 그리고 그것을 바로 꿈이라고 할 수 있다.

꿈은 무엇보다도 크고 원대하며, 구체적이어야 한다. 그리고 그 꿈은 반드시 자신이 꾸는 꿈이어야 한다. 이러한 꿈을 가졌다면 이제는 꿈을 실현해야 한다. 그렇다면, 어떤 방법으로 자신의 이런 소중한 꿈을 이룰 수 있을까?

"꿈을 가지세요. 그리고 그 꿈을 현실이 되도록 만드세요." 내적 동기부여를 경험한 사람들의 공통점은 꿈을 찾으라고 한다는 것이다. 꿈을 찾으라는 것은 미래에 내가 가질 직업을 뚜렷하게 하라는 것이다. '내가' 가질 직업이기 때문에 내가 좋아하는 일, 내가 가장 잘할 수 있는 일, 관심 있는 것을 바탕으로 삼아서 찾아야 한다. 내가 가질 직업을 뚜렷하게 하면 지금 내가 무엇을 위해 공부해야 하는지가 분명해진다. '이런 직업을 가지려면 이런 학과에 가야 하고, 그 학과에 가려면 지금보다 더 열심히 해야겠네.'라고 생각하고 동기부여를 할 수 있다. 즉, 꿈은 내적 동기부여를 통해 공부의지를 더욱 확실하게 해준다.

① 꿈을 적어라

"종이 위에서 생각하라."는 말이 있다. 머릿속에 있는 것과 적는 것 사이에는 대단히 큰 차이가 있다. 자신이 되고 싶은 모습, 갖고 싶은 것, 가고 싶은 곳, 하고 싶은 일, 무엇이라도 좋다. 생각나는 대로 노트에 적는다.

받고 싶은 성적이나 원하는 대학도 좋다. 혹시 안 될지도 모른다는 생각이 들더라도 걱정하지 말고 모두 종이에 적는다. 종이에 적어서 손해 볼 것은 하나도 없으니 자신이 원하는 것을 모두 종이에 적자.

② 꿈을 붙여라

골프 황제 타이거 우즈의 성공 다큐멘터리를 보면, 유난히 눈에 띄는 장면이 있다. 학창시절에 그가 사용한 방의 모습인데, 벽에 당시 골프 황제라고 불리던 잭 니클라우스의 사진과 그가 타고 싶어 했던 빨간색 스포츠카 사진을 붙인 것이다. 타이거 우즈는 어린 시절부터 골프 황제가 되는 꿈을 꾸었고, 자신의 꿈이 담긴 사진을 자신이 원할 때 언제든 눈으로 확인할 수 있도록 방에 붙여 놓았다. 그리고 자신이 꿈꾼 대로 골프 황제가 될 수 있었다.

이처럼 자신의 공부방 벽이나 책상 앞 등, 눈에 잘 띄는 곳에 자신의 꿈을 붙여 놓고 자꾸 보아야 한다.

'서울대학교 공과대학 ○○공학과 ○○○!'

고등학교 3년 동안 독하게 공부해서 서울대학교 공과대학 ○○공학과에 합격을 위해 최선을 다하고 실천하여 꿈을 이루도록 큰 글씨로 붙여보자. 그때마다 새롭게 결심할 수 있다. 공부를 열심히 하겠다고 결심한 만큼만 공부할 수 있다면 성적이 오르지 않을 사람은 없을 것이다. 하지만 작심삼일이라는 말이 있듯이 문제는 3일이 채 되지 않아 포기하는 사람이 많다는 것이다. 이를 극복하기 위해서는 3일마다 결심을 새로이 하면 된다. 이때 벽에 붙여 놓은 꿈이 중요한 역할을 한다.

③ 꿈을 경험하라

자신이 가고 싶은 대학이 있다면 그 학교의 교정을 찾아가 보거나 전공하고 싶은 학과의 강의실에 들려 잠시 책을 보거나 공부하는 학생들을 보고 온다. 용기를 내 미래의 선배들에게 그들의 경험과 조언을 들어보는 것도 좋다. 이렇게 자신의 미래를 미리 경험하면 미래의 내 모습과 꿈이 선명해지고, 또한 구체적으로 바뀌기 때문에 꿈을 이루고자 하는 의지와 열정이 샘솟게 되어 꿈을 이룰 수 있는 가능성이 높아지게 된다.

구체적인 목표일수록 실현되기 쉽다

학생들에게 목표를 정하라고 하면 "다음 달부터 열심히 공부해야지", "내년에는 일찍 일어나야지", "이번 기말시험에는 좋은 성적을 받을 거야"라고 말하는 경우가 많다. 언뜻 들으면 좋은 목표를 세운 것 같지만 자세히 들여다보면 제대로 된 목표 설정이 아니다. '열심히,' '잘'과 같은 추상적인 말의 기준은 사람마다 다를 수 있기 때문이다. 따라서 올바른 목표를 정하기 위한 제일의 조건은 목표를 계량화하고 수치화하는 것이다.

"이제부터 아침 6시에 일어나야지."나 "수학시험에서 100점을 받겠어."와 같이 계량화되고 수치화된 목표를 세우는 것이 훨씬 좋은 목표 설정의 방식이다. 또한 계량화되고 수치화된 목표를 세울 때에는 '무엇을 언제까지'라는 형식에 맞춰서 계획하면 보다 구체적이면서 효과적인 목표를 세울 수 있다.

이처럼 숫자로 적은 목표는 구체적이기 때문에 실천하기 쉽다. 또한 목표를 달성했는지 여부를 훨씬 쉽게 평가할 수 있기 때문에 그다음 계획을 세우는 데에도 많은 도움을 줄 수 있다. 오늘부터 목표를 숫자로 적고 스스로 평가해 보자. 자신도 모르게 실력이 늘어가는 것을 느낄 것이다.

학생들에게 어떤 대학이 목표냐고 물어보면 특별한 목표가 없는 학생이 많다. 그저 '열심히 공부하면 좋은 결과가 있겠지.'라고 막연하게 생각하는 학생이 많다. 지금까지 그런 막연한 희망을 가지고 있었다면 이제는 더 구체적인 목표를 세워야 한다. 본인의 현재 성적이 어디이든 목표는 무조건 최상위 대학이어야 한다. 그리고 시험은 항상 100점을 목표로 공부해야 한다.

'꿈'은 인생에서 가장 중요한 것이다. 꿈을 찾은 사람에게도, 꿈을 찾고 싶은 사람에게도 지금의 처절한 노력은 꿈으로 가는 기회를 더 많이 부여받게 해줄 것이다. 한 번뿐인 인생에서 꿈을 위한 기회를 얻도록 최선을 다해야 한다.

공부 잘하는 유형 따라잡기

스스로 학습 능력 체크하기

학생과 학부모들이 항상 하는 고민이다. 이런 고민은 중하위권은 물론이고 상당수 상위권 학생들에게도 예외는 아니다. 하지만 막연한 걱정만으로는 대안 없는 고민만 반복될 뿐이다. 이런 고민을 해소하기 위해서 많은 학부모들은 내 아이에게 훌륭한 강사, 강의 프로그램, 교육 내용을 어떻게 제공할 것인가에만 관심을 집중한다. 하지만 이는 자칫 '밑 빠진 독에 물 붓기'가 될 수 있다.

공부를 잘하는 방법을 찾기 위해서는 우선 자신의 현재 학습상태가 어떤지 점검해보고 진단해보는 과정이 필요하다. 자신의 학습 능력을 정확히 파악하고 그다음에 학습법이나 학습습관에 대한 개선이 이루어져야 만족할 만한 학습 성과를 얻을 수 있기 때문이다. 이런 과정에서 무엇보다 중요한 것은 학생의 스스로 학습이다.

① 스스로 학습

스스로 학습이란 학원이나 과외의 도움을 전혀 받지 않고 혼자서 공부하는 것을 의미하는 것은 아니다. 물론 처음에는 독학(獨學)이라는 말이 '가르치는 사람 없이 스스로가 공부하는 것'을 의미했다. 그러나 시카고 대학의 Houle 교수가 자기 주도적 학습에 대해서 "자기 교육(self teaching)"이라고 말하면서 '자기 주도적 학습'이 '교사 없는 학습'에 국한된 것은 아니라는 경향으로 변해갔다. 즉 학습자 스스로 학습계획과 책임성을 강조하는 전략을 성인뿐만이 아닌 학교 교육에도 포함한다는 점이 강조되고 있는 것이다. 여기서 스스로 학습이란 학생 스스로 학습 목표를 정하고 그 목표를 달성하기 위해 적절한 학습 전략을 세워 자발적으로 공부하는 것을 의미한다. 학생이 스스로 부족함을 느껴서 학원에 다니고, 그 학원이 자신에게 맞는지 등을 스스로 점검하고 있다면 충분히 스스로 학습을 잘하고 있는 것이라고 할 수 있다.

즉, 스스로 학습목표를 정하고 배운 내용을 효율적으로 소화해 자기 것으로 만드는 것을 뜻한다. 그리고 이렇게 스스로 공부하는 능력이 진짜 실력이라고 할 수 있다. 교과서를 보고 스스로 이해하고, 문제를 제기하고 그 문제를 해결할 줄 아는 능력을 기르기 위해서는 이렇게 스스로 학습을 해야 한다.

결과적으로 '스스로 학습법'이란 자신이 주체가 되어서 공부하고 스스로 시간 관리와 자기 관리를 하는 것이다. 이러한 훈련이 지속된다면 대학생활이나 사회생활에도 영향을 줄 것이다. 스스로 공부하는 것은 누구에게 보이기 위한 것이 아니라 자신을 위한 것임을 알아야 한다. 자신을 철저히 이해하고 분석하여 장단점을 수정, 보완해 나간다면 문제 해결 능력이 배양된다. 그러면 자생적으로 사고를 요하는 문제를 해결할 수 있게 된다. 그러므로 자신의 미래를 위해서는 '스스로 학습법'을 자신의 인생을 바꿀 수 있는 힘으로, 자신의 인생을 살아가는 방식으로 삼아야 할 것이다.

이를 위해 자신이 학습능력을 어느 정도 갖췄는지 점검하여 미흡한 부분을 보완해주는 것이 선행되어야 한다. 밑의 체크리스트는 스스로 학습 능력을 쉽게 점검해 볼 수 있도록 되어 있다.

② 스스로 학습 능력 체크리스트

- 자신의 목표달성을 위해 공부를 해야 한다고 생각한다.
- 학원이나 과외는 자신이 결정해서 수강하도록 한다.
- 자기 자신에 대한 확신이 있다.
- 자신만의 특별한 공부 방법을 가지고 있다.
- 자신의 공부에 대한 강점과 취약점을 잘 파악하고 있다.
- 효율적인 학습법에 대해 꾸준한 관심을 가지고 있다.
- 노력에는 별다른 왕도가 없다는 생각이 주도적이다.
- 시험 때마다 구체적인 목표 점수를 정한다.
- 시험이 끝나도 결과에 대한 원인 파악을 꼭 한다.
- 학습계획을 세워 반드시 실천하는 것을 목표로 한다.
- 나보다 잘하는 친구들의 학습방법을 알아본다.

– 철저한 시간 관리에 대한 개념을 갖고, 이를 적극 활용한다.

– 어려운 문제에 부딪혀도 끝까지 풀어내야 직성이 풀린다.

– 공부 환경의 방해 요소를 통제할 수 있다.

– 수업시간에 잘 듣는 것이 성적 향상의 지름길이라고 생각한다.

– 책을 정독하면서 내용을 자신의 것으로 만들려고 노력한다.

– 좌뇌와 우뇌의 활용을 파악하고 암기과목과 예능과목을 교대로 공부한다.

– 한 과목을 공부하게 되면 한 시간 이상의 집중력을 보인다.

– 슬럼프가 와도 자신의 목표를 재점검하여 다시 집중한다.

– 목표를 위한 내신 성적 관리를 철저하게 한다.

위의 체크 사항 중에서

- 16개~20개: 스스로 학습법이 몸에 밴 학생이며 이 학습법을 유지하는 것이 중요하다.
- 11개~15개: 스스로 학습법 실천의 중요성을 아는 학생으로 이 학습법을 완성하는 단계로 발전시킬 필요가 있다.
- 6개~10개: 스스로 학습법을 가지고 있으나 실천력이 조금 부족한 학생으로 실천하는 습관을 갖도록 노력해야 한다.
- 0개~5개: 스스로 학습법에 대한 이해와 실천력이 떨어지는 학생으로 공부 습관에 대한 전반적인 점검이 필요하다.

친구 따라 공부한다

"친구 따라 강남 간다."는 속담이 있듯이 청소년 시절의 학업과 인격형성에 친구가 미치는 영향은 매우 크다. 친구는 선생님이나 부모님보다 더 큰 위력을 갖고 있다. 친구는 경쟁상대인 동시에 서로 위로하고 도와주어야 하는 동병상련의 관계다. 물론, 대학입시에서 내신 성적이 차지하는 비중을 무시할 수 없기 때문에 친구가 협조의 상대라는 말은 옛말이 되고 오로지 경쟁상대로만 인식되고 있는 것도 사실이다.

경쟁자는 늘 옆에 있는 친구가 아니라 오히려 자기 자신이라는 것을 명심해야 한다. 친구는 자기와 같은 위치에서 같은 고민을 하면서 공부를 하고 있기 때문에 오히려 늘 가르치는 입장에 있는 선생님보다 문제점을 더 잘 파악하고 있어 더 큰 도움이 될 수 있다.

이때 유의해야 할 사항은 친구와 선생님 그리고 부모님의 영향을 받고 결정할 수 있으나 '친구 따라 강남 가면 망한다.'는 것도 주의해야 한다. 특히 고등학교 3학년 또는 수험생이 대학 및 학과를 지원할 때 인기학과에 친구들의 분위기를 따라가면 큰 낭패를 볼 수 있다. 주변의 의견을 참고하더라도 본인 스스로 최종결정을 하고 책임을 지는 자세가 필요하다. 어떠한 어려운 문제도 정면 돌파하겠다는 자세와 능력을 키우는 것이 무엇보다 중요하다.

눈치 보지 말고 질문하라

수업시간마다 잘 모르는 부분에 대해 한 가지 이상의 질문을 하여 능동적이고 비판적인 자세로 수업에 임한다. 수업시간에 질문한 것은 잘 잊어버리지 않는 속성이 있으므로, 수업시간마다 한 가지는 확실하게 이해하게 된다.

아는 것은 '힘'이 아니라 '재미'

무엇이든 알면 재미있고 모르면 재미가 없다. 예습을 하지 않은 채로 수업을 듣게 되면 선생님 강의가 무미건조하고 지겹게 느껴져 빨리 수업이 끝나기만을 바라게 된다. 그러나 예습을 철저히 해두면, 선생님 강의내용을 알아들을 수 있어 수업시간이 즐겁고, 다른 학생들은 못 알아듣는 내용도 알고 있다는 자신감이 생겨 그 과목에 흥미를 느끼게 된다. 또한 강의를 능동적이고 비판적으로 바라볼 수 있어 더욱 흥미를 갖게 된다.

기록으로 승부한다

공부에 흥미를 갖기 위해서는 자기 실력의 상태를 알고 느껴야 한다. 시험이라는 것은 자기 실력을 판정하는 의미 외에 나타난 결과를 통해 부족한 부분을 채우는 노력을 함으로써 자신의 실력을 향상시키려는 데 더 중요한 목적이 있다. 따라서 부진한 과목은 학습계획에 따른 진도표와 실력의 현재 상태를 한눈에 알아볼 수 있는 도표를 만들어 시험성적은 물론, 매일매일 공부한 중요한 사항을 스스로 테스트하고 그것을 기록하는 습관을 들인다. 그렇게 한다면 자신의 학습량과 성과를 피부에 와닿게 볼 수 있어서 공부에 대한 흥미가 높아질 것이다.

거꾸로학습법, 플립러닝 (Flipped Learning)

수업시간 전에 교수자가 제공한 온라인 영상 등의 각종 자료들을 학생이 미리 학습하고 강의실에서는 과제풀이나 토론 등이 이루어지는 블렌디드 러닝(blended learning)의 한 형태의 수업방식을 말한다. 미국 시더빌(Cedarville) 대학교 공과대학 베이커(Baker. J. W) 교수가 자신의 수업 방식을 정리하여 대학 교수학습 학회에서 'flipped'라는 용어를 처음 사용하면서 플립러닝은 주목받기 시작했다. 교수자로부터 강의를 받은 후 집에서 과제를 하는 전통적인 수업방식과 반대라는 점에서 거꾸로 학습, 거꾸로 교실, 역전 학습 등으로도 불리어진다.

수업에 앞서 제공되는 온라인 영상이나 자료 등을 이용해 학생이 미리 수업내용을 학습하고 수업시간에는 실천과제 연습이나 토론, 프로젝트 등이 수행됨으로써 단순한 지식 전달이 아닌 교수자와 학생, 학생과 학생간의 상호작용이 강조된다. 플립러닝에서 교수자들에게는 학생들을 수업에 참여시키고 지적 자극을 주기 위한 보다 정교한 수업설계가 요구된다. 학습자는 일방적으로 수업을 듣거나 학습자료를 읽는 데 그치지 않고 학습과 관련된 새로운 아이디어를 생성하는 등의 고차원적인 학습활동에 참여하게 된다.

플립러닝은 학습자가 진도를 조절하면서 스스로 학습할 수 있고 학습자 중심의 보다 심화된 배움 활동이 이루어질 수 있다는 장점이 있다.

그러나 교수자와 학습자 모두에게 수업준비가 부담으로 작용할 수 있으며 인터넷이 잘 구축되지 않은 환경에서는 활용이 어렵다는 단점도 있다.

100

PART:2

시간은
나의 것

공부도 계획적으로 하라

자세한 학습 계획은 망설이는 시간을 줄여준다

공부는 하지 않고 성적이 오르기만을 바라는 사람은 없다. 하지만 열심히 하는데도 성적이 오르지 않는다면 한번쯤 원인부터 파악해 보는 것은 어떨까. 하루 종일 공부했음에도 불구하고 제대로 이해하고 풀어낸 공부의 양이 적다면 얼마나 억울하고 아까운 일인가.

중요한 것은 공부한 시간의 양보다 실제 공부의 양이다. 5시간 공부해서 50쪽 읽은 학생이 10시간 공부해서 10쪽 읽은 학생보다 공부를 더 많이 한 것이다. 이 차이는 집중력에서 나온다. 하지만 집중력을 발휘해 짧은 시간 안에 많은 진도를 나갔다고 해도 머릿속에 남아있는 것이 없으면 무용지물이다. 결국, 공부한 시간보다는 공부의 양이, 그리고 공부한 양보다도 공부하고 난 다음에 머릿속에 남아있는 기억의 양이 공부를 얼마나 했는지 판단하는 기준이라고 할 수 있다. 즉, 공부 시간과 학습량만이 중요한 것이 아니다. 하나를 하더라도 제대로 해서 내 것으로 만들어야 공부를 열심히, 잘했다고 할 수 있다.

이렇게 하기 위해서는 학습계획을 구체적으로 세워야 한다. 설계도가 치밀하고 제대로 짜여야 좋은 건축물이 완성될 수 있듯이 공부도 계획표가 잘 세워져야 좋은 성과를 기대할 수 있다. 학습계획을 구체적으로 세워놓지 않으면 필요 없는 일로 시간을 낭비하게 된다. 그리고 어떤 날은 너무 많은 분량을 공부하고, 어떤 날은 거의 공부를 하지 않게 된다. 이렇게 되면 생활과 공부에 일관성과 초점이 없어서 어느 한 가지도 알찬 결실을 맺지 못하게 된다. 또한 학습 계획이 없으면 공부를 시작하는 데 어려움을 겪는다. 공부할 준비가 되어 있는 것 같으면서도 막상 공부에 집중하기까지 많은 시간을 소비하게 된다.

이런 문제가 발생하는 것을 막기 위해 학습계획을 세우는 것이다. 계획표를 잘 세우면 시간을 낭비하거나 무엇을 해야 할지 몰라 망설이는 일을 방지할 수 있다. 또한 가장 적절한 시간에 가장 적절한 공부를 하게 되기 때문에 시간과 노력의 효용을 극대화할 수 있다.

① 내 생활방식에 맞는 계획표를 세워라

학습 계획표는 나의 현재 수준을 고려해서 세워야 한다. 자신의 능력을 고려하지 않고 세운 학습계획은 무용지물이 될 가능성이 높다.

실패를 두려워해서 처음부터 너무나 쉬운 목표를 설정하거나, 반대로 터무니없이 높은 계획을 세우는 것은 학습에 아무런 도움이 되지 못한다. 특히 다른 학생을 흉내 내거나 너무 욕심을 내서 계획을 세우면 실제로 계획의 몇 분의 일밖에 성취하지 못하는 경우가 많다. 그리고 계획대로 되지 않으면 학습에 불만이 생기면서 실망감과 열등감, 불안과 초조, 심하면 노이로제 등의 정신적 장애를 야기할 수 있다. 따라서 자신에게 맞는 계획을 세우는 것은 이와 같은 부작용을 예방하기 위해서도 반드시 필요하다.

학습 계획을 세워놓고 지키지 못하는 학생은 대부분 현실성 없는 무리한 계획을 세웠기 때문이다. 이런 학생들은 처음에 계획을 세울 때는 아주 의욕적으로 공부 시간과 학습량을 무조건 많이 잡는다. 이것저것 해야 할 공부가 많다고 느껴져서 그렇다. 하지만 학습 계획은 자신의 능력과 여건에 맞게, 지킬 수 있게 세워야 한다. 자신에게 맞는 계획표를 찾기까지 몇 번의 시행착오를 겪는 것은 자연스러운 일이다. 이때, 계획표를 세워서 일주일 정도 시행해보고 문제가 되는 것이 무엇인지를 제대로 체크하여 새로운 계획표를 세우는 것도 자신에게 맞는 계획표를 찾는 좋은 방법이다. 이런 과정을 거쳐서 실행 가능한 학습 계획을 세워 계획에 따라 몇 주 동안 실행하다 보면, 자신감과 요령이 생겨서 공부 시간과 학습 분량을 조금씩 늘려갈 수 있다.

② 참다운 목표를 세워라

가능한 범위 안에서 조금 앞선 목표가 참다운 목표다. 계획은 목표를 달성하려고 노력하는 데 의미가 있는 것이다. 계획을 세울 때 욕심 부리지 말아야 하겠지만 그렇다고 별다른 노력 없이 간단하고 쉽게 달성될 수 있는 계획은 제대로 된 계획이라 부를 수 없다. 따라서 목표와 계획은 자신의 능력보다 20% 정도 높여서 잡는 것이 적당하다. 이렇게 하면 도전의식을 불러일으키면서도 조금 더 노력을 기울이면 달성 가능한 범위이기 때문에 학습 의욕을 고취시킬 수 있다. 또한 목표를 달성하게 되면 큰 성취감을 맛볼 수 있으며, 이러한 성취감은 더 높은 목표를 세우는 원동력이 된다.

계획은 세우는 것이 아닌 지키는 것

① 계획을 소문내라

계획의 목적은 세우는 것 자체에 있는 것이 아니라 실천에 있다. 학습계획은 시간과 노력을 절약하고 자신의 능력을 최대한 발휘하도록 하는 한편 자신의 태만과 정신자세를 스스로 채찍질하기 위해 작성하는 것이기 때문에 계획을 잘 세우는 것도 중요하지만 실천가능성 여부가 더욱 중요하다.

학습계획을 세웠으면 마음속으로만 결심하지 말고 자신의 결심을 가족이나 친구들에게 적극적으로 알린다. 그러면 더욱 구속력을 갖고 자신을 채찍질하게 된다.

② 공부도 준비 운동이 필요하다

계획만 실컷 세우고 시작하지도 않는다면 아무 소용이 없다. 물론 그렇다고 해서 실행에 돌입했다고 다 잘하는 것 또한 아니다. 시작을 잘한다고 하는 것은 처음부터 계획대로 되는 것이 아니다. 처음부터 무리하게 공부를 하면 틀림없이 중도에 지쳐버리게 되고 능률이 오르지 않게 된다.

습관과 능력은 하루아침에 원하는 대로 변화시킬 수 있는 것이 아니다. 우리의 몸은 3주간의 사이클 주기를 갖고 있기 때문이다. 따라서 계획을 세워 3주 이상 실행한다면 우리 몸은 그 사이클을 기억하게 되고, 그 사이클을 무리 없이 소화할 수 있게 된다. 이렇게 조금씩 단계를 밟아서 변화시키면 그 변화가 습관이 되고 일상이 될 것이다. 그렇기 때문에 처음 3주~1개월은 계획을 실행에 옮기기 위한 준비 운동 기간으로 설정하는 것이 좋다. 이 시기에 능률적인 공부 습관이 몸에 익숙해지도록 하는 것이 필요하다.

③ 자신이 정한 학습량을 끝낼 때까지 공부하라

학습계획을 세울 때는 몇 시간 공부할 것인가도 중요하지만 몇 시간 동안 어느 정도의 분량을 공부할 것인가를 함께 정해야 한다. 자신이 정한 학습량을 끝낼 때까지 공부하는 것이 좋다. 즉, 자기 자신을 '시간'으로 구속하지 말고 '학습량'으로 구속해야 한다.

일정한 양의 목표를 공부하면 단순히 시간에 맞추어서는 목표를 달성할 수 없기 때문에 자연히 공부에 집중하게 되고 전력투구하게 된다. 그리고 그 분량을 끝냈을 때는 일종의 성취감까지 맛볼 수 있어서 좋다. 게다가 그 분량을 자신이 정한 시간보다 빨리 끝낼 경우에는 그만큼 자유시간이 많아지기 때문에 의욕도 솟는다.

이때 자신이 할 학습량을 확인하고 달성한 목표에 대한 성취감을 더욱 느끼기 위해 사용할 수 있는 좋은 방법은 그날의 계획을 달성하는 데 필요한 교재를 모두 책상 한쪽에 쌓아두고, 한 과목이 끝날 때마다 '치워 없애는' 방법을 취하는 것이 효과적이다. 이렇게 하면 책을 한 권씩 책꽂이에서 꺼내는 것보다는 심리적 압박감이 적고, 공부가 끝났을 때 느끼는 해방감도 더욱 커질 수 있다.

학습량을 기준으로 계획을 세울 때 주의할 점은 자신의 능력을 한참 벗어난 과중한 학습량은 정하지 않아야 한다는 점이다. 많은 분량을 학습하고자 하는 의욕은 좋으나 정해 놓은 분량을 시간 내에 끝내지 못하면 항상 부담이 되고, 자기 능력에 대한 회의를 갖게 될 수 있다.

계획을 세울 때는 실천할 때 생길 수 있는 여러 가지 조건이나 사정의 변화를 고려해 다소 융통성 있게 세우는 것이 중요하다. 계획을 세울 때는 너무 욕심내지 말고, 너무 세밀한 것까지 정하지 않는 상태로 어느 정도 융통성을 가지고 계획을 세워야 한다.

계획을 세울 때는 장기 계획과 단기 계획을 동시에 세워야 한다. 장기 계획은 최소 한 학기 이상의 기간으로 세운다. 단기는 한 주나 하루 단위의 계획을 말한다. 3년간의 입시 계획을 1년 단위의 계획으로 나누고, 1년 단위의 계획을 1학기, 여름방학, 2학기, 겨울방학 순으로 나눈다. 그런 다음 주별 계획으로 세분화한 후, 하루 단위의 계획을 세우도록 한다.

계획은 반드시 '분량'을 기준으로 해야 한다. 분량 위주의 계획표는 집중력 향상에도 도움을 준다. 시간을 기준으로 하면 내 의지와는 상관없이 계획을 못 지키는 일이 자주 발생할 수 있다. 월요일부터 토요일까지 계획을 분량 위주로 세운 다음 학습하고, 일요일에는 부족한 학습 내용을 보완하도록 노력한다.

주간학습계획을 세워라

우리의 생활은 대부분 일주일 단위로 반복되고 있다. 따라서 학습계획을 세우는 데 있어 연간계획 못지않게 주간계획 역시 중요하다. 특히 토요일과 일요일을 효율적으로 활용하기 위해서는 주간 학습계획이 반드시 필요하다.

① 공부 가능한 시간 찾기

학습계획을 작성하기 위해서는 먼저 공부가 가능한 시간을 찾아야 한다. 공부가 가능한 시간을 찾기 위해서는 1주일간의 활동과 그 소요시간을 정확히 점검하는 일이 우선돼야 한다. 특히, 수면시간, 세면시간, 식사시간, 등하교시간, 종교 및 취미활동시간 등 도저히 공부할 수 없는 시간들을 파악해 학습계획을 세울 때 고려한다. 자신의 생활리듬과 여건을 현실적으로 고려한 계획이 아니면, 그 계획이 아무리 잘 짜였더라도 결국 계획으로만 끝나게 된다. 따라서 학습계획은 처음부터 자신이 실행할 수 있는 범위 내에서 짜야 한다.

② 일주일 단위로 과목 시간 배분

과목별 공부 시간을 계획적으로 배분하는 것이 반드시 필요하다. 학교수업은 1주일 단위로 전 과목이 골고루 분포되어 있다. 학교수업 시간표를 기준으로 각 과목의 예습과 복습시간, 공부할 요일을 합리적으로 결정한다. 이렇게 해야 중요한 과목에 충분한 시간을 할애하면서 전 과목에 충실할 수 있는 바람직한 계획을 작성할 수 있다.

[자율학습 표준시간표 예시]

월	화	수	목	금	토	일
수학	국어	과학	영어	과학	영어	주중에 계획한 학습 내용 중 부족한 부분 보완하기
수학	수학	영어	영어	영어	수학	
사회	국어	수학	수학	수학	국어	

※ 상세한 계획표보다는 여유 있게 실행할 수 있도록 주간점검을 철저히 하여 부족한 학습내용을 보완하도록 최선을 다한다.

③ 주말과 공휴일을 최대한 활용

월요일부터 금요일까지 열심히 공부하던 학생도 토요일이나 일요일, 공휴일이 되면, 긴장이 풀리고 쉬고 싶은 생각이 들게 된다. 성공적으로 학습하기 위해서는 효과적인 휴일계획이 반드시 수반되어야 한다.

토요일과 일요일을 효과적으로 활용하면 공부할 수 있는 시간이 20시간 정도 나온다. 이 시간을 5일로 나누면 매일 4시간 분량의 시간이 나온다. 따라서 주말을 버리면 하루에 4시간을 허비하는 것과 같은 것이다. 평일에 아무리 노력해도 이 시간을 허비하면 공부 효과가 반감된다. 반면 1년에 50일 이상 있는 토요일, 일요일과 20일 정도의 법정 공휴일을 잘 활용하는 사람은 엄청난 실력 향상이 있을 것이다. 특히 주간 학습 계획을 세우고 주말에 점검하여 부족한 부분을 보충하면 효과적으로 학습목표를 달성할 수 있다.

④ 자투리 시간 활용

자투리 시간이란 의도적으로 떼어 놓은 시간이 아니고, 계획된 일 사이에 남는 시간이다. 책상에서 책을 읽을 때보다 지하철에서 신문을 읽을 때 집중이 잘된다. 한 시간의 수업시간보다 쉬는 시간, 등하교 시간처럼 자투리 시간에 공부하는 것이 순간적인 집중력을 높일 수 있다. 아침에 일어나서 잠을 잘 때까지 나에게 주어진 자투리 시간을 더해보면 의외로 많은 시간이 있다는 것을 알 수 있다. 10분씩 쉬는 시간을 여섯 번 반복하는 것이 한 시간의 덩어리 시간보다 더 많은 양을 공부할 수 있다는 것을 알아야 한다. 공부 시간은 쪼개어 쓸수록 긴장도와 집중도가 강화된다.

자투리 시간을 잘 이용하면 공부의 효율을 높일 수 있는 장점이 있다. 그리고 주요 과목을 공부하기 위해 특별히 시간을 내지 않아도 된다. 하루에 15분만 더 활용해도 1년에 11일을 벌 수 있고, 30분을 더 활용한다면 1년에 22일을 벌게 되니 티끌 모아 태산이라는 말이 과연 맞는다는 것을 알 수 있다. 공부할 양이 많은 과목 중 하나를 골라 자투리 시간을 활용해 공부해보자. 특히, 영어 단어나 구문이나 한자 학습은 자투리 시간에만 공부한다는 목표를 세우고 공부해보자. 실제로 영어를 잘하기 위해서는 어휘력을 늘리고 필수 구문을 외우는 것보다 효율적인 방법은 없다.

자투리 시간 이외에는 아예 단어와 필수 구문을 외우지 않는다는 결심을 하고 자투리 시간을 활용한다면, 자신도 모르는 사이에 늘어난 어휘력과 문법, 독해, 작문 실력에 놀랄 것이다. 흩어진 시간을 모으는 것이 결과적으로 집중력을 높이고 더 많은 양을 공부할 수 있게 해주기 때문이다. 공부 과정에서 많은 시간이 소모되는 영어 어휘와 필수 구문, 특히 숙어와 관용구를 완벽히 정리하면 전치사 문제까지 해결되었다는 자신감은 다른 과목의 성적에도 긍정적인 영향을 줄 수도 있다.

가고 싶은 대학에 맞는 계획표를 만들어라

적성과 장래희망이 정해졌다고 누구나 원하는 대학에 진학할 수 있는 것은 아니다. 학생부 성적과 모의고사 점수, 수상 경력, 자격증 보유 여부 등을 고려해서 현재 자신의 위치를 파악하는 것이 필요하다. 하지만 현재 성적이 희망하는 대학의 요구 수준에 크게 못 미치더라도 바로 포기하라는 것은 아니다. 원하는 대학이 요구하는 조건들을 꼼꼼히 분석해 보면 분명 길이 보일 것이다.

특히 비교과영역과 논술, 구술을 중시하는 대학일수록 입시의 문은 더욱 넓고 다양하다. 하지만 꼼꼼히 분석해 봐도 전혀 '통로'를 찾을 수 없다면 자신의 장래희망을 살릴 수 있는 학과 위주로 대학을 선정하자. 그리고 이때 목표는 도전적이어야 한다. 도전적이라는 것은 그만큼 현재 상태와 목표 사이의 차이가 크다는 것을 의미하기도 하지만, 괴리가 있는 만큼 그것을 극복하고자 하는 의지도 샘솟는다는 것을 의미한다. 따라서 가고 싶은 대학과 과를 정할 때는 자신이 진짜 꿈꾸는 것을 생각하면서 정해보도록 하자. 청소년기는 무한한 가능성과 잠재력의 시기가 아닌가.

① 부족한 곳을 집중 공략하라

희망대학의 요구조건을 파악하면 그에 못 미치는 자신의 부족한 부분을 알게 될 것이다. 학생부 성적 중 특별히 신경 써야 할 과목이 있다면 반드시 예습과 복습 계획을 철저히 세워야 한다. 또 비교과

영역이 약하다면 미리 시간계획을 세워두어야 한다. 물론 수상 경력은 가능한 한 많이 보유하는 것이 좋다. 하지만 각종 대회에 무턱대고 도전해서는 안 된다. 진학 시 도움이 되는 성적을 획득할 수 있는지, 그 대회의 효력이 어디까지인지 등을 잘 알아봐야 한다. 이렇게 본인이 진학하고자 하는 학교의 특성과 자신이 그에 비해 모자란 부분을 파악하면 자신이 앞으로 어떻게 부족한 부분을 채우고 잘할 수 있는 부분을 부각시킬지에 대한 계획을 세우기가 훨씬 쉬워질 것이다.

이때, 매 학기마다 부족한 부분을 어느 정도 성장시킬 것인지에 대한 구체적인 계획을 세우는 것이 좋다. 즉, 현재 고등학교 1학년 1학기라면, 3학년 2학기까지 내신, 수능, 논술, 비교과를 매 학기 어느 정도 성장시키면 자신의 목표 대학에 당당히 입학할 수 있을지 표로 그려서 한눈에 파악할 수 있도록 하는 것이다. 이렇게 하면 자신이 무엇을 해야 하는지 구체적으로 보여서 불안해하지 않아도 될 뿐만 아니라, 매 학기가 얼마나 중요한지를 피부에 와 닿게 느낄 수 있을 것이다.

② 계획표에 들어가야 할 사항

자신에게 가장 알맞은 학습계획은 한 번에 세워지지 않는다. 그러므로 계획의 수립과 실천, 평가와 검토를 통해 수정할 필요가 있다. 다음에 제시한 성공적인 계획표의 몇 가지 조건을 통해 여러분만의 계획표 작성에 조금이나마 도움이 되고자 한다.

(1) 자신이 희망하는 대학의 요구 조건에 맞춘 계획표 만들기

- 지원할 대학의 학생부 성적 반영 비율 체크하기.(여기에 맞춰서 부족한 과목을 집중공략하고, 국·영·수는 일정 수준을 유지할 수 있도록 한다)
- 비교과 영역 중 반드시 챙겨야 하는 것은 무엇인지, 가산점을 주는 것은 어떤 부분인지 체크하기.
- 인정하는 수상경력과 그 대학에서 요구하는 조건이 어떤 것들이 있는지 점검하기.
- 도전해 볼 만한 각종 대회 일정은 미리 점검하기.

(2) 수시로 지원할 것인지 정시로 지원할 것인지 정해두기

- 수시지원 희망: 논술과 구술, 심층면접 준비를 철저히 하라.
- 정시지원 희망: 학생부 성적 관리에 집중하는 시간이 충분해야 한다. 또 수능을 대비하기 위해 국·영·수 기초를 탄탄히 하는 시간을 반드시 가져야 한다.

③ 계획표에 들어가면 안 되는 사항

(1) 문제집 풀이에만 집중하지 마라

문제집은 문제 풀이 훈련을 도와주는 역할이 크다. 따라서 학기 초부터 문제집 풀이만 하면 시험에서 실패하기 십상이다. 즉, 기초가 다져지지 않은 상태에서 문제집만 푸는 것은 시간 낭비다.

(2) 종일 공부만 하는 계획표를 짜지 마라

이런 계획표로는 한 달 버티기도 힘들다. 공부 기계가 되어서는 안 되고, 또한 그것은 불가능하다. 일주일 단위로 자신의 취미생활을 즐기는 것이 필요하다. '환기'가 가장 중요하다.

시간 관리의 절대원칙 7가지

1. 개인별로 능률적인 시간대를 정한다. 아침이든 저녁이든 효율적인 시간대를 선택한다.
2. 건강관리는 시간 관리의 기본이므로 매끼 식사는 규칙적으로 한다.
3. 수업시간에 다른 과목을 공부하는 것은 효율적인 시간 관리와는 거리가 멀다. 수업시간에는 절대로 딴짓을 하지 말자. 국어 시간에는 국어만 공부하고 수학 시간에는 수학만 공부한다.
4. 힘들이지 않고 얻으려 하지 말아야 한다. 숙제는 자신의 힘으로 해야 한다. 쉽게 이룬 것은 쉽게 잃어버리게 된다. 특히 문제 풀이를 할 때는 정답과 풀이에 의존하지 않는다.
5. 매일 3시간 이상 집중해서 스스로 공부한다.
6. 취침 시간을 지키도록 한다. 불규칙한 생활 습관은 건강에 해롭다. 이때 기상 시간엔 스스로 일어나는 습관을 가진다.
7. 자신의 특기 계발에 대한 관심을 둔다. 자신을 위해 뭔가를 계획하고 도전한다면, 누구라도 능력 있는 사람이 될 수 있다.

획기적인 연간학습계획 4단계

학년에 따라 연간 학습계획이 달라지기는 하지만 일반적으로 1년은 다음과 같이 4단계로 구분할 수 있다.

제1단계: 1~2월(겨울방학)

제2단계: 3~6월(1학기)

제3단계: 7~8월(여름방학)

제4단계: 9~12월(2학기)

① 제1단계(겨울방학) 학습계획

1년을 4단계로 구분할 때, 다른 단계보다 중요한 단계가 바로 제1단계인 겨울방학 기간이라 할 수 있다. 이 기간은 한 학년 올라가는 과도기이기 때문에 상대적으로 시간이 많아 부족한 실력을 보충할 수 있는 좋은 기회이기도 하지만, 자칫 잘못하면 시간을 허비해버릴 수 있는 시기이기도 하다.

겨울방학 때는 우선, 지난 1년 동안의 자기 자신을 냉철히 바라보고 평가하면서 자신의 위치를 파악한다. 그리고는 자신의 적성과 능력을 고려해 앞으로 1년을 어떻게 보낼지, 자신이 달성하고자 하는 목표와 목적을 설정한다. 또한 겨울방학을 이용해 이전보다 더 나은 모습으로 발전하거나 새로운 모습으로 태어나려는 비장한 각오를 갖고, 자신에게 부족한 것을 채우기 위해 노력한다. 결국 겨울방학이 중요한 이유는 1학기 학습을 준비하는 중요한 시기이기 때문이다.

② 제2단계(1학기) 학습계획

새로운 학년이 시작되는 1학기는 새로운 교과를 배우는 과정이 시작되는 단계다. 이 기간은 4개월 반 정도로 비교적 긴 기간인데 학교수업을 받으면서 전 과목의 실력을 연마하는 단계다.

겨울방학을 어떻게 보냈느냐에 따라 수업에 임하는 마음자세가 달라진다. 겨울방학을 알차게 보낸 학생은 자신감이 생겨 수업시간이 즐겁고 더 열심히 공부할 것이다. 하지만 겨울방학 동안 1학기 학습에 대한 준비도 없이 놀았다면 초조해지고 자신감을 잃어 수업시간에 잘 적응하지 못할 수 있다.

겨울방학을 어떻게 보냈건 새 학년과 새 학기가 시작되었다면, 이제부터라도 정신을 집중해 잘해야겠다는 각오로 최선을 다해 공부에 임해야 한다. 학교수업은 모든 학습의 기본이다. 학교수업 시간에 선생님이 하는 설명을 하나도 빠뜨리지 않고 철저히 공부하는 것이 중요하다. 그리고 학교수업 시간에 배운 것은 그날그날 정리해 복습하도록 한다. 이때는 실력평가나 실력보완의 기간이 아니고 실력을 연마해야 하는 단계이므로 문제집보다는 교과서를 중심으로, 한 과목당 한 권의 기본 참고서를 선정해 공부하도록 한다.

③ 제3단계(여름방학) 학습계획

여름방학 기간은 자신의 여건에 맞는 학습을 하기에 가장 알맞은 시기로 자신의 취약한 부분을 만회할 수 있는 절호의 기회다. 그런데 여름방학 때는 규칙적 생활이 어렵고, 날씨도 더워 학습능률이 떨어지고 피로가 많이 쌓이는 시기이다. 따라서 이를 잘 극복할 수 있는 학습계획을 세워 학습능력을 향상시키도록 한다.

'여름방학이 시작되면 하자!'라고 생각하지 말고, 여름방학이 시작되기 1개월 전부터 학습목표를 세우고 그 방향을 향해 실천하는 노력이 필요하다. 여름방학은 짧기 때문에 사전에 계획과 준비를 단단히 갖춰 여름방학이 시작됨과 동시에 실행해야 한다. 학습목표를 어디에 맞추든 자신의 실력은 현재의 실력 위에 쌓이기 마련이다. 따라서 1학기가 끝날 즈음에 공부를 하면서 자신의 실력을 점검해볼 필요가 있다. 자신의 실력이 어느 정도인지, 자신에게 부족한 공부가 어떤 것인지 파악하고 이를 바탕으로 여름방학 학습계획을 세운다.

학교 다닐 때는 좋아하든 싫어하든 등교 시간이 정해져 있고, 배우는 과목이 정해져 있다. 그런데 방학 때는 이런 규칙이 사라져버린다. 따라서 늦잠을 자거나 공부를 미루는 등 나태해지기가 쉽다. 이를 방지하기 위해서는 방학도 학교생활의 연장이라 생각하고 규칙적인 생활을 하도록 한다. 그렇다고 해서 너무 무리하게 공부해서는 안 된다. 밤을 새거나 해서 생활의 규칙이나 리듬을 깨고 쓸데없이 체력을 소모하는 행동은 삼간다.

학기 중에는 모든 과목이 진도를 나가기 때문에 자신에게 부족한 과목에 많은 시간을 투자하기가 어렵다. 하지만 방학 때는 자기 시간이 많기 때문에 부족한 과목을 보충할 절호의 기회다. 이를 보충하는 데 전력투구한다. 방학이 되면 시간이 많다는 생각에 욕심을 내 무리한 계획을 세우기 일쑤다. 하지만 시간이 많다고 생각해 힘을 분산시키면 어느 것 하나 하지 못할 수 있다. 따라서 '시간투자의 효율성'을 생각해 필요한 곳에 필요한 만큼 투자를 해야 한다. 적은 시간을 들여야 하는 곳과 많은 시간을 들여야 하는 곳을 잘 파악해 시간과 노력을 배분한다. 방학 중에 실력을 향상시키기 위해서는 학습목표를 몇 가지로 좁혀 그 목표에 에너지를 집중시켜야 한다.

많은 학생들이 방학숙제를 귀찮은 과제쯤으로 생각할 것이다. 하지만 방학 숙제를 지금까지 배운 것의 복습 기회로 삼는다면 효율적인 공부를 할 수 있다. 우선 숙제를 복습과 관계있는 것과 그냥 하면 되는 것으로 나눠 후자는 방학 초반에 끝낸다. 그리고 복습과 관계있는 것은 분배를 해 매일 조금씩 해나가도록 한다. 이렇게 하면 숙제의 고통을 받지 않고 효율적인 복습을 할 수가 있다.

공부는 시간의 양보다 집중적으로 몰두하는 학습이어야 지루하지 않고 짧은 시간에 효과를 극대화할 수 있다. 방학 중에는 하루에 8시간은 공부해야 한다. 그 외의 시간에는 적절한 휴식을 취하면서 효율적으로 공부하면 된다.

④ 제4단계(2학기) 학습계획

2학기 때는 1학기 때와 비슷한 학습계획을 세운다. 학교수업에 충실하고 자신의 실력을 심화시키는 데 주력한다. 2학기 역시 여름방학을 어떻게 보냈느냐에 따라 학습에 임하는 마음자세가 달라진다. 하지만 여름방학을 제대로 보내지 못했다면 반성하는 마음과 적극적인 자세로 수업에 충실히 임하는 것이 중요하다.

매 학기, 매 방학마다 달성해야 할 가장 큰 목표는 차이가 있다. 이런 큰 목표를 달성하고 있는지를 확인하기 위해서 효과적인 방법 중 한 가지는 학기, 방학별 스케줄을 만드는 것이다. 분기별로 무슨 과목을 어떤 교재를 사용하여 어떻게 공부할 것인지 계획을 세우는 것이다. 이때는 몇 월의 몇째 주까지 어떤 교재를 얼마만큼 해결할 것인지 기입하는 것이 좋다. 이렇게 2~3달 정도를 한 단위로 해서 총체적인 계획을 세워두면 나중에 더욱 구체적으로 주간 계획을 세울 때 무엇을 해야 하는지 알아보기가 훨씬 쉬워서 계획을 세우는 데 드는 시간을 절약할 수 있고, 꼭 필요한 일을 하는 데 시간을 투자할 수 있도록 계획을 세울 수 있다.

공부의 요령을 익혀라

공부를 잘하는 아이들은 이미 열심히 공부하고 있기 때문에 작은 차이도 크게 작용하는 경우가 많다. 공부환경, 도구, 학생의 건강을 개선해 공부의 효율을 높일 수 있다는 것은 산업공학이나 심리학, 교육학에서 많이 연구되고 있다. 공부를 하려고 마음먹은 학생들을 위하여 부모들이 도와주어야 하는 부분이 분명히 존재한다.

공부 잘하는 아이의 부모에겐 특별한 것이 있다

'우리 아이가 공부를 잘하게 하려면 어떻게 해야 할까?'

전문가들은 아이의 학습 능률을 높이려면 학습에 임하는 아이의 자세도 중요하지만 공부환경과 먹을거리, 정신적인 부분 등 다양한 측면에서 적절한 여건을 조성해 줘야 한다고 조언한다.

① 모든 일의 기본은 '건강'이다

건강은 학습뿐만 아니라 모든 일의 가장 기본적인 요소다. 건강을 지키기 위해서는 규칙적인 생활이 무엇보다 중요하다. 규칙적인 생활을 위해서 필수적으로 관리해야 할 사항은 다음과 같다.

첫째, 일찍 자고 일찍 일어나자. 밤 12시에 자고 오전 6시에 일어나는 습관을 갖자. 밤 12시 이후에 하는 공부나 일은 효율성이 떨어지게 마련이다. 아침에 일찍 일어나면 남들보다 일찍 하루를 시작할 수 있고, 마음의 여유와 자신감이 생기며, 정신적으로 건강한 하루를 시작할 수 있다. 또 두뇌가 가장 효율적인 시간에 공부를 할 수 있어 학습효율도 높다.

둘째, 매일 최소한 30분씩 운동을 하자. 적절한 운동이 건강의 지름길이다. 만일 매일 운동하는 습관을 갖지 않았다면 오늘 당장 운동을 시작하라. 무엇을 할지 모르겠다면 가벼운 산책부터 시작하라.

셋째, 매일 규칙적으로 식사하는 습관을 갖자. 건강을 좌우하는 것은 음식의 질이다. 이제껏 먹어온 것에 대해 신경 쓰지 말고 오늘 당장 좋은 식생활을 시작하라. 아울러 식사 때 보충할 수 없는 영양분을 위해 비타민을 매일 복용하는 것도 잊지 말아야 한다. 특히 베타

카로틴과 오메가3 지방산 및 DHA가 함유된 비타민을 충분히 섭취하는 것이 좋다. 물론 비타민은 천연비타민이 좋다.

넷째, 학습계획에 반드시 휴식시간을 포함하고 적절한 휴식을 취하라. 한 시간 정도 집중해서 공부하고 휴식을 취한 다음 다시 공부하는 식으로 적절한 휴식시간을 갖는 것이 학습 효율을 높이는 데 도움이 된다.

가장 중요한 것은 매일 규칙적으로 앞에서 지시한 네 가지 사항을 실천하려고 노력하는 것이다. 지금까지 하지 않았다면 지금 당장, 시작하자.

② 안정적인 정신 상태를 유지해라

신체적 건강뿐만 아니라 정신적 건강도 중요하다. 심리적인 고민과 불안이 있으면 집중을 할 수가 없다. 이럴 때 억지로 책상 앞에 앉아 있는 것은 아까운 시간만 허비하는 것이다.

어느 정도 심리적 긴장이 있는 것은 오히려 공부에 도움이 될 수 있지만, 상태가 심하면 원인을 밝혀 해결해야 한다. 그리고 혼자 힘으로 불가능할 때는 가족이나 친구, 선배, 선생님 등 주변 사람들에게 도움을 청해야 한다. 자신이 가진 고민을 솔직하게 털어놓고 조언을 구하여 마음속의 걱정거리나 불안을 빨리 떨치는 것이 중요하다.

자기관리와 시간관리

공부 잘하는 학생들에게서 공통적으로 나타나는 특징은 철저한 자기관리와 시간 관리다. 이들은 공부가 외부의 적이 아닌 자기 자신과의 싸움임을 확실히 알고 있다. 공부는 자신과의 싸움이므로 자신을 통제할 수 있는 매서움이 내면에 자리 잡고 있어야 승리할 수 있다. 결국 공부를 잘하는 학생들은 타인에 의해서가 아니라 자의적으로 학습방법을 선택하고 실천해 나간다. 이는 충분한 자기 담금질을 통해 단련시키는 혹독한 과정과 같다. 그 과정을 통해 강인한 정신력을 기르고 성취감을 맛봄으로써 자신의 능력을 극대화시키는 것이다.

학생이 숙제를 스스로 해결하는 것이 중요하다. 학생 스스로 공부를 해야 할 이유를 찾고, 내가 공부하면 반드시 성적이 향상된다는 믿음을 가진다면 결국엔 성적 향상이라는 달콤한 열매를 맛보게 될 것이다. 마음가짐을 바꾸면 점수가 달라진다. 수업 시간에 배운 내용을 복습하고 머릿속에 정리하려면 스스로 학습하는 시간이 절대적으로 필요하다.

메타인지(Metacognition: 네덜란드 라이덴대학 베어만 교수의 이론)란 자신이 아는 것과 모르는 것을 자각하는 능력과 자신의 행동이 어떤 결과를 불러올지에 대해서 아는 능력을 말한다. 메타인지는 할 수 있는 것과 할 수 없는 것을 아는 것, 필요한 것과 필요 없는 것을 구분하는 것, 아는 것과 모르는 것을 구분하는 것이라고 정의할 수 있다.

학원을 다니기만 한다고 성적이 오르는 일은 일어나지 않는다. 수업만 듣는 걸로는 이해하는 정도가 10% 남짓이다. 문제를 직접 풀어보면서 배운 개념을 어떻게 문제풀이에 활용할 수 있는지를 느껴야 한다.

'자기주도 학습법'과 '메타인지 공부법'은 스스로 세운 계획을 바탕으로 내가 배운 것을 얼마나 잘 이해했는지 정확하게 파악하는 것이 핵심이다. 결국 공부법이나 공부원칙이 머릿속에 확실하게 잡혀있다는 것과 같은 말이다. 자기주도적으로 과목별로 부족한 부분을 찾아내서 보완하고, 실현 가능한 계획을 세워보자. 인생의 값싼 승리를 맛보는 것보다는 더 높은 벽을 향해 도전하는 진취적인 기상을 갖는 방법을 택한다. 그렇게 목표를 위해서 자신이 활용할 수 있는 시간을 관리하는 것이다. 남들과 똑같이 부여받은 시간을 목표 달성하는 데 유용하게 쓰는 사람을 나와는 다른 특별한 사람처럼 생각할 수도 있다. 하지만 생각해보면 작은 차이에서 나타난 결과다. 시간을 분(分) 단위로 나누어 쓴다든지, 앞으로 해야 할 일을 거꾸로 계산하여 시간을 나눈다든지 하는 방법을 습관화한 경우다. 또한 틈새 시간을 활용한 사례도 있었다. 이처럼 남들이 생각하지 않는 세심한 작은 차이가 누적되면 큰 결과를 가져온다. 그렇기 때문에 이렇게 작은 것 하나라도 놓쳐서는 안 된다.

① 과목당 집중 시간은 40분

실험에 의하면 인간의 집중력은 20분 정도밖에 지속되지 못한다고 한다. 그래서 20분 동안 집중하기 위한 예비 단계 20분을 더하면, 한 과목의 집중 학습 시간은 40~45분이 적당하다. 따라서 일반적으로 40~50분 공부한 다음에 10분 정도씩 쉬는 것이 계속해서 2~3시간 공부하고 20분~30분 쉬는 것보다 능률적이다. 피로에 관한 연구 결과에 따르면 30분의 작업당 10분의 휴식이 필요하다고 했을 때, 60분과 90분 작업에서는 20분과 30분의 휴식이 필요한 것이 아니고, 60분에는 20분, 90분에는 40분, 120분에는 90분의 휴식이 필요하다. 즉, 연속 작업 이후 필요한 휴식 시간이 등비급수적으로 늘어난다는 것이다.

두뇌도 육체와 똑같다. 효율적으로 오랫동안 사용하려면 중간 중간에 적절한 휴식을 취해줘야 한다. 집중이 안 되고 계속해서 싫증이 나는 것은 두뇌가 느끼는 신호라고 할 수 있다. 따라서 이때 무리하게 장시간의 학습을 하게 되면 피로를 회복하는 데 더 많은 시간이 필요하기 때문에 다음 학습 능률을 저하시킬 수 있다. 혼자서 자습을 할 경우에도 무리하게 오랜 시간 계속해서 공부하지 말고, 싫증이 나지 않고 피로가 쌓이지 않을 정도로 적당한 휴식을 취하면서 공부하는 것이 좋다.

그렇다고 해서 너무 자주 쉬면 공부에 정신을 집중시킬 수가 없다. 따라서 공부 시간과 휴식 시간을 적절히 안배해야 하는데, 공부하는데 알맞은 시간의 길이는 개인에 따라서, 그리고 학습 내용에 따라서 차이가 있기 때문에 자신이 가장 알맞게 공부하고 알맞게 쉴 수 있도록 자신의 주의 집중 능력을 알고 있을 필요가 있다. 그리고 각자의 능력을 고려해 학습계획을 세우는 것이 중요하다.

② 휴식은 다음을 위한 준비단계다

목표로 한 공부가 일단락되었을 때는 누구나 한시름 놓고 책상에서 물러나고 싶어진다. 그러나 여기서 조금 더 참고 휴식 시간 뒤에 해야 할 공부를 미리 생각해 본다면 나중의 학습 진행에 큰 차이를 미칠 수 있다. 즉, 앞 단계 공부를 끝내고 휴식에 들어가기 전까지의 짧은 시간에 다음 단계를 위한 간단한 준비를 해두는 것이다. 다음에 공부할 책이나 노트를 꺼내놓는 등 간단한 일이라도 다음 단계의 공부에 임하는 준비를 해 놓으면 마음 자세부터가 달라지기 때문이다.

공부의 요령 파악하기

항상 '왜 그럴까?' 하고 궁금증을 달고 사는 아이들은 뭔가 다르다. 궁금증이 많은 아이들은 자신이 갖게 된 궁금증에 대해 답을 찾아가는 과정을 즐기는 특징이 있다. 이렇듯 호기심은 공부에 대한 재미를 주는 지적인 자극제가 된다. 궁금했던 문제를 하나씩 해결해가는 과정을 통해 알아가는 즐거움도 크다. 실제로 자신이 알고 싶어 하는 궁금증을 해결했을 때 느끼는 성취감은 자아성장에도 큰 영향을 미친다. 또 이 과정을 통해 알게 된 것은 잘 잊어버리지 않게 된다. 이뿐만이 아니다. 공부의 요령을 익힌다면, 같은 시간 동안 공부를 하더라도 더 많은 지식들을 쌓을 수 있게 된다. 지금부터 그 요령을 파악하고 익혀보자.

① 호기심의 싹을 틔워라

수업시간에 항상 '왜?'라는 물음을 가지고 수업에 임해 보자. 수업 태도뿐만 아니라 생각하는 각도도 달라질 것이다. 항상 자신의 입장에서만 생각하는 것이 아니라 타인의 관점에서도 볼 수 있는 안목이 생긴다. 그리고 수업 자체가 즐거워진다. 궁금증에 대한 답을 책에서 찾아내면, 고개를 끄덕이게 되는 발견의 즐거움을 만끽할 수 있게 된다.

호기심을 키우기 위해서는 책 내용이 틀릴 수도 있다는 가정을 하고 책을 읽는 게 좋다. 일반적으로 인쇄매체를 통해 활자화된 것에 대해 맹신하는 경향이 있는데, 책에 나온 내용을 무조건적으로 수용하는 것보다는 그에 대해 비판적 호기심을 갖는 것이 바람직하다. 그리고 잘 모르는 영역이 나왔을 때는 과감히 모른다는 사실을 인정해야 한다. 모르는 것을 안다고 생각하면 호기심은 생기지 않는다. 책에 나오는 그림 하나도 그냥 넘기지 말고 이유를 생각해보면서 보는 것도 호기심을 키우는 좋은 방법이다.

'이 그림을 저자가 왜 넣었을까? 아마 생각하기에 다른 부분에 비해 좀 더 중요한 부분이기에 그림이나 표를 넣었을 것이다.' 이렇게 저자의 생각을 추리하면서 책을 읽다 보면 어느새 교과서를 쓴 지은이와 이야기를 나누는 기분이 들 것이다.

호기심은 자라난다. 처음에 싹을 틔우고 점점 자라서 잎과 열매를 맺는다. 처음에는 작은 호기심일지 몰라도 이 작은 호기심이 싹을 틔우면 나중에는 거시적인 안목으로 발전할 수가 있다. 이러한 호기심은 독서 논술의 바탕이 되고 수학의 문제해결능력 향상에 중요한 밑거름이 된다. 주변에서 일어나는 일상적인 일이나 사회문제를 호기심 어린 시선으로 바라보고 왜 그런 현상이 일어났는지 스스로 생각해보는 습관이 형성되면 나중에는 자기도 모르게 더 깊은 사고와 넓은 시선으로 여러 현상과 문제를 바라보게 되는 것이다.

호기심을 가지고 사물과 현상을 바라보면, 다양한 시각을 키울 수 있게 된다. 하나의 현상에 대해서도 보는 사람에 따라, 또는 보는 각도에 따라 다양한 해석과 의미가 도출될 수 있다. 이런 다양한 측면과 관점을 이해할 수 있는 넓은 시야를 가지기 위해서는 우선 모든 것에 대해 호기심을 가져야 한다. 특히 수학은 더욱 강조해야 되기 때문에 역시 호기심을 가지고 임하면 즐거움과 효율성이라는 두 마리 토끼를 잡을 수 있을 것이다.

② 집중력을 높이는 두뇌 워밍업

워밍업은 근육의 긴장을 풀어줄 뿐만 아니라 정신을 집중시켜 실제 경기에서 실력을 발휘하게 해주기 때문에 운동뿐만 아니라 날마다 하는 공부에도 이런 워밍업이 필요하다. 국어 공부를 하기 전에는 좋아하는 시나 시조를 몇 수 암송하고, 영어는 스마트폰을 이용한 듣기학습으로, 수학은 간단한 계산 연습 등을 하면서 머리 워밍업을 시켜주면 집중력도 높아지고 공부에 대한 저항감도 줄일 수 있다.

③ 사전을 찾아 봐라

가장 긴 단어 pneumonoultramicroscopicsilicovolcanoconiosis(진폐증)를 확인하기 위하여 학생들이 사전을 찾아보는 방법에 따라 실력에 큰 차이가 생긴다. 그저 막연히 찾아보고 거기에 기록되어 있는 것을 그때그때 암기하는 것만으로는 아무리 시간을 들여 찾아도 일시적이고 순간뿐인 공부로 끝나기가 쉽다. 사전을 이용할 때는 단어를 실제로 찾아보기 전에 미리 의미와 품사, 발음 등을 예상해보도록 한다. 그리고 단어를 찾아보았을 때 예상했던 것과 실제로 찾아본 결과가 같다면 자신의 실력이 향상되었음을 알 수 있고, 전혀 엉뚱하게 예상하고 있었다면 어째서 그렇게 되었는가를 살펴보아야 한다.

단어 하나를 찾는다는 것은 같지만 스스로 예상해보고 찾는 것과 그냥 찾는 것은 그 의미가 크게 달라진다. 단어의 의미를 예상하기 위해서는 앞뒤의 문맥과 문장 전체의 구성 등을 충분히 고려해야 하기 때문이다. 실제 시험장에서는 사전이 옆에 있는 것이 아니므로 평소에 그런 습관을 들여 두면 처음 보는 단어나 깜빡 잊어버린 단어가 나와도 당황하지 않을 수 있다. 특히 영어 단어의 경우는 어원이나 접두어, 접미어 등 단어를 보고 유추하는 연습을 하고, 한자어의 경우에는 한자의 구조를 통해 용어의 의미를 익히는 훈련을 꾸준히 하는 것이 효과적이다.

④ 공부가 싫을 땐 미련 없이 책상을 떠나라

마음이 내킬 때는 시간이 얼마나 흘렀는지 모를 정도로 능률이 오른다. 하지만 억지로 공부할 때는 오랜 시간 책상에 앉아있었던 것 같아도 진도가 좀처럼 나가지 않고 지루하기만 하다. 공부가 손에 잡히지 않을 때는 미련 없이 책상을 떠나야 한다.

질질 끌리는 기분이 말끔히 없어지고, 공부하고 싶은 의욕이 생길 때까지, 하루든 이틀이든 공부를 중단한다. 초조해질 때까지 자신을 몰아넣어 정말로 이제는 공부를 해야겠다는 생각이 들 때야 비로소 공부도 할 수 있고, 또한 몇 곱절의 능률도 올릴 수 있다.

⑤ R때까지 Q!(Question): 쉽게 가는 길 “모르면 물어라”

학생 중에는 모르는 것이 있어도 남에게 물어보려 하지 않고 속으로 감추고 모르는 채로 넘어가거나 힘겹게 혼자서 해결하려고 하는 사람이 많다. 선생님이나 친구에게 물어보면 시간도 단축할 수 있고 시원하게 해결할 수 있는데도 불구하고 작은 자존심 때문에 속으로 끙끙 앓는 경우가 있는데, 이는 쉽게 갈 수 있는 길을 어렵게 돌아가는 것이다.

모르는 것이 있을 때는 주저하지 말고 적극적으로 물어보자. 혼자 힘들여 푸는 것도 나름대로 장점이 있지만, 그것을 알고 있는 사람에게 직접 설명을 듣기가 훨씬 쉽고 빠르게 이해하는 길이다. 특히, 한정된 시간에 많은 양을 소화해야 한다면, 시간절약 측면에서도 매우 능률적이다. 그리고 자신이 이해하는 방식과 다른 사람의 방식 차이도 알 수 있기 때문에 더욱 폭넓은 사고를 할 수 있게 되는 것이다. 이처럼 질문하는 것은 모르는 것을 알 수 있는 가장 좋은 지름길이다. 그러니 이제부터는 모르는 내용이 나오면 주저하지 말고 집요하게 R때까지 Q하자.

기억력 높이기

"난 머리가 나쁜가 봐!"라고 말하는 학생들이 모르는 것이 있다. 그들의 경우, 실제 지능이 나쁘기보다는 기억력이 떨어지는 경우가 많다는 것이다. 여기서 말하는 기억력은 단순히 암기하는 능력만을 말하는 것은 아니다. 무조건 외우는 능력보다는 정말 중요하고 필요한 지식이 무엇인지를 가려내고, 그것을 머릿속에 간직해서 필요할 때에 언제든지 불러낼 수 있는 능력이 공부하는 데 있어 정말로 중요하다. 여기서 명심해야 할 것은 이런 기억력은 선천적 능력보다는 훈련에 의해서 얼마든지 증대될 수 있다.

기본적으로 한 번 공부한 내용은 기억 창고에 저장된다. 하지만 잘못된 방식으로 혹은 대충 공부를 하게 되면 기억 창고 속에 있던 내용이 망각되고 만다. 우선, 시간은 부족하고 공부할 분량이 많으면 마음이 조급해져서 무조건 외우고 보자는 식으로 달려들게 되는데 이해하지 않은 채 머릿속에 들어간 내용들은 기억도 잘 안 될뿐더러 망각이 빠르게 진행되어 곧 잊어버리게 되는 것이다.

서랍에 물건을 넣을 때 가지런히 넣지 않고 뒤죽박죽 되는대로 넣어서 막상 찾으려 할 때 찾기가 어려웠던 것과 마찬가지라고 할 수 있다. 기억창고에 많은 분량을 아무런 체계 없이 마구 집어 넣으면 기억한 내용들이 서로 뒤섞여서 기억을 하려고 해도 잘 떠오르지 않게 된다. 게다가 창고에 물건을 가지런히 잘 쌓아두었다고 해도 오랫동안 그냥 내버려두면 어느새 먼지가 뽀얗게 쌓이게 되어 무엇이 어디에 쌓여 있는지 분간하기가 어려워진다. 마찬가지로 한 번 기억한 내용이라도 다시 떠올려서 반복하게 된다면 훨씬 오랫동안 신선한 기억상태를 유지할 수 있다. 결국 기억은 이해한 후에 체계적으로 정리한 내용을 여러 번 반복한다면 오래오래 유지될 수 있는 것이다. 그럼 이제부터 기억력을 높일 방법을 알아보도록 하자.

기억력을 높이는 방법

① 자신의 기억력에 대해 자신감을 갖자

'나는 머리가 나쁜가 봐.', '이것을 외워도 곧 잊어버리고 말 거야.' 등의 부정적인 생각이 은연중에 자리 잡고 있으면 기억하려고 하는 과제를 대하는 태도가 느슨해질 수밖에 없다.

기억력은 타고났다기보다는 훈련에 의해서 얼마든지 좋아질 수 있다. 반드시 기억해야 할 사항이라면, '이것쯤은 문제없어!' 하는 자신감에 찬 태도로 반복 훈련을 통해 의욕을 가지고 임해야 한다.

② 완전히 이해한 후 암기하자

공부를 하다가 모르는 문제가 나왔을 때 충분히 이해를 하지 않고 넘어가면 비슷한 문제를 접했을 때 또 틀리게 된다. 이해가 덜 된 상태로 머릿속에 입력된 지식은 그만큼 기억 속에 오래 붙잡혀 있지 못하고 시간이 흐르면 사라져 버린다. 학생들이 힘든 문제를 접했을 때 생각을 해보려고도 하지 않고 포기하는 경우가 있는데, 풀지 못하더라도 열심히 풀려고 노력하는 자세가 매우 중요하다. 그러한 노력이 문제해결의 실마리가 되어 그 문제가 기억 속에 훨씬 오랫동안 머무를 수 있기 때문이다.

③ 오감을 활용하여 기억하자

사람의 감각에는 시각, 청각, 후각, 미각, 촉각 등의 5가지 감각 즉, 오감이 있다. 암기할 때는 되도록 많은 감각을 활용하는 것이 좋다. 어떤 학생은 영어 단어를 암기할 때 연습장에다가 열심히 쓰면서 암기하는데 이것보다는 눈으로 보면서 입으로는 단어를 발음하고 손으로는 단어를 쓰는 식으로 암기하면 보다 효과적이다. 특히 영어와 같은 어학과목의 경우는 말하기, 듣기 능력이 크게 요구되므로 읽으면서 공부하는 것이 좋다. 어학 과목이 아니더라도 자신이 암기한 내용을 읽어서 녹음한 후 휴대폰에 파일을 넣어놓고 다니면서 반복적으로 들어도 기억을 하는 데 크게 도움이 될 수 있다.

④ 복잡한 내용은 작은 단위로 쪼개어 암기하라

큰 생선을 통째로 요리하려면 번거롭고 힘이 많이 들지만 작게 토막을 내면 요리하기가 쉬워진다. 마찬가지로 암기할 내용이 많을 경우는 덩어리째로 암기하려고 하지 말고, 작은 단위로 나누고 각 단위의 내용을 단순화한 다음 이것들을 다시 연결하여 암기한다.

⑤ 잊을만하면 다시 떠올려라

아무리 기억력이 뛰어난 학생이라도 시간이 지나면 학습한 내용 대부분을 망각하게 된다. 학습한 지 하루가 지나면 학습내용의 약 2/3가 망각된다고 한다. 그런데 9시간이 흐르기 전에 한 번 복습을 하면 망각률이 급속히 떨어진다고 한다. 그렇기 때문에 한 번 기억 속에 넣은 것을 거기에 그치지 않고 반복적으로 복습하고 점검해주면 훨씬 많은 양을 더욱 오랫동안 기억할 수 있게 된다.

수업을 한 번 듣고 그 내용이 머릿속에 정리되면서 오랫동안 기억에 남는다면 얼마나 좋을까. 인간의 두뇌는 그러하지 못하다. 그래서 그날 배운 내용을 복습하는 일은 매우 중요하다. 어떤 과목이든지 배운 내용을 몇 번에 걸쳐 복습하고 반복하는 것이 바람직하다.

하지만 한 번 공부했던 내용을 매일 매일 볼 여유는 없다. 따라서 복습의 시기를 적절하게 잘 선택하는 것이 중요하다.

수업을 한 번 듣고 나서 이를 '기억'으로 저장하기 위해서는 어떻게 해야 할까? 이를 위해 '에빙하우스의 망각곡선'을 살펴보자.

에빙하우스의 망각곡선은 기억량과 복습시기에 관한 이론이다. 이 이론에 따르면 학습한 이후에 시간이 지남에 따라 망각이 급격하게 일어나서 1시간 뒤에 56%를, 1일 뒤에 66%를, 1달 뒤에는 79%를 잊어버리게 된다고 한다. 따라서 학습한 내용을 오래도록 기억하기 위해서는 반복학습과 더불어 시간 간격을 두고 규칙적으로 여러 번 분산학습을 수행해야 한다.

[에빙하우스의 망각곡선]

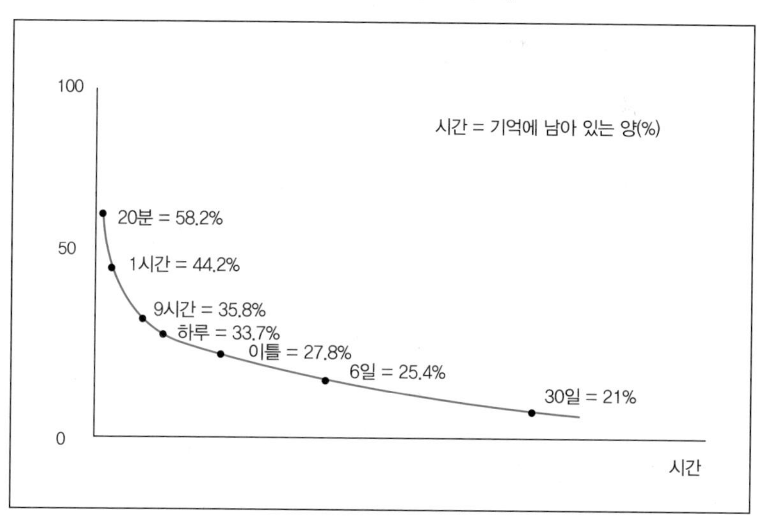

현실적으로 모든 수업 후 1시간 뒤에 복습을 하기는 여건상 쉽지 않다. 연속으로 수업이 진행되는 경우도 많고, 과목과 내용에 따라 필요한 복습 시간도 천차만별일 것이 분명하기 때문이다. 하지만 최소한 그날 배운 내용은 당일에 꼭 복습하는 습관을 갖자. 아주 당연한 것 같은 당일 복습의 원칙도 지키지 못하는 학생들이 많다. 수업만 듣고 나서 복습하지 않으면 절대 자기 것으로 만들 수 없다.

수학은 결국 반복과 복습이 점수를 만든다. 한 권의 문제집을 풀더라도 한 번으로 끝내지 않고 여러 번 반복해서 해결하는 것이 올바른 방법이다. '수학을 잘하려면 이해를 바탕으로 반복하라'라는 말은 너무나도 당연한 말이다. 반복과 복습은 시험 성적을 보장한다.

직접 활용할 수 있는 기억법

① 비트(Bit) 식 기억법

컴퓨터에서 최소의 정보단위를 말할 때 비트(Bit)라는 용어를 사용한다. 학습할 내용이 많거나 기계적인 암기를 요하는 경우, 그것들을 분리해 최소의 정보단위로 만들어 기억하면 효과적이다. 여기서 말하는 비트식 기억법이란 여러 가지 내용을 순서대로 기억해야 하는 경우, 첫 글자 또는 중요 글자 한 글자만을 따서 한 문장으로 압축시켜서 암기하는 방법이다.

예를 들어 조선시대 왕조 순서를 기억하려고 할 때 '태조, 정종, 태종, 세종, 문종, 단종, 세조…'의 방식으로 그냥 암기하려고 하면 잘 외워지지 않는다. 이것을 비트식 기억법을 이용하여 압축하면 '태정태세 문단세 예성연중 인명선 광인효현 숙경영 정순헌철 고순종'으로 암기해야 할 분량이 줄어들기 때문에 쉽게 암기할 수 있고, 또 쉽게 기억해낼 수 있다.

이 기억법의 단점은 압축되어 새롭게 만들어진 문장 자체에 어떤 뜻이 있는 것이 아니므로 시간이 흐르면 잊히기 쉽다는 점이다. 오랫동안 기억에 남게 하기 위해서는 압축된 문장을 노래가사를 읊듯이 반복하여 입에 익숙해지도록 하는 것이 좋다. 사회나 역사와 같이 종류가 많거나 순서를 일일이 암기해야 하는 과목에 활용하면 효과적이다.

② 영상화(시각화) 기억법

추상적이거나 익숙하지 않은 내용을 공부할 때는 나와는 상관없는 현상이나 사건이라는 생각이 들어서 자칫 집중도가 떨어지기가 쉽다. 이런 경우에는 상상력을 동원하여 암기하는 것이 효과적이다. 영상화(시각화) 기억법은 상상력을 동원하여 암기하는 방법 중 하나인데, 배우는 내용을 상상력을 통해 입체적으로 영상화하여 기억하는 것이다.

예를 들어 역사적인 사건들을 공부할 때는 타임머신을 타고 그 당시 역사 속으로 날아갔다고 생각하고 역사 속 장면을 그려보는 것이다. 과학 시간에 눈에 보이지 않는 원자와 분자의 세계에 대해 배울 때에도 상상력을 동원하여 눈앞에 원자와 분자들이 실제로 있다고 생각하면서 공부하면 훨씬 쉬울 것이다.

또한 실제 실험 결과, 같은 내용을 배운다고 했을 때 강의를 듣지 않아도 영상수업을 시청하면서 학습한 것이 훨씬 효과적이었다고 밝혀졌다. 이처럼 스스로 영상화(시각화)하는 방법과 기존의 시청각 교재, 즉 영상이나 사진 자료 등을 활용하여 공부하는 것은 기억력을 높이는 매우 효과적인 방법이 될 수 있다.

③ 에피소드 기억법

경험을 통한 에피소드 기억은 생생하고 명확하게 오랫동안 기억나는 특성이 있다. 살아 있는 지식이기 때문이다. 따라서 오랫동안 기억하려면 의미 기억보다는 에피소드 기억을 이용하는 것이 좋다. 그럼 에피소드 기억법을 활용하려면 어떻게 하는 것이 좋을까. 두 가지 간단한 방법이 있다.

첫째는 수업시간에 질문을 하는 것이다. 질문하고 대답하는 것이 다른 학생에게는 의미 기억에 불과할지 모르지만 질문을 한 당사자는 자신이 질문하고 그에 대해 선생님이 대답을 해주었기 때문에 하나의 경험으로서 효과적이다. 자신이 질문한 대목에 관한 지식이 아주 오랫동안 기억에서 사라지지 않는 것이다.

둘째는 하브루타(Havruta)교육과 거꾸로 학습법, 플립러닝(Flipped Learning) 등에 따라 친구와 함께 짝을 지어 공부하며 논쟁을 통해 실력을 높이는 방법을 활용한다. 즉 자신이 아는 내용을 주변의 친구들에게 즐겁게 이야기해 주는 것이다. 아는 것을 정리하면서 이야기하는 것 자체도 반복효과가 있지만, 그것보다도 아는 것을 이야기하는 그 자체가 하나의 경험으로 발전해서 오랫동안 기억에서 사라지지 않는다. 특히 수학의 경우는 친구들의 질문을 많이 듣고 설명해주는 것이 수학 만점의 지름길이 된다.

④ 이야기체 연쇄화

기억하고자 하는 짧은 단어들의 목록을 짧은 이야기 속으로 짜 맞추는 과정이다. 이때는 꼭 그 단어를 그대로 넣을 필요가 있는 것은 아니다. 예를 들어 한국 근현대사 관련해서 순서를 외울 때 "병신(병인양요 · 신미양요)이 강화도(강화도조약)에 가서 임갑동(임오군란 · 갑신정변 · 동학농민운동)에게 갑오징어(갑오개혁)가 을미(을미사변)냐고 물어봤다."와 같이 하나의 스토리가 되도록 외우면 복잡한 역사를 손쉽게 외울 수 있다. 수학능력시험에서 국사가 필수로 되면서 관심을 가져야 할 것이 국사연표다. 국사 연표는 이 방법을 이용해 외우면 쉽게 암기할 수 있다.

예를 들어, 660(백제 멸망) - 668(고구려 멸망) - 676(삼국통일/신라-문무왕) - 918(고려 건국) - 936(민족의 재통일/후삼국 통일) - 1392(조선 건국) - 1446(훈민정음 반포) - 1592(임진왜란) - 1636(병자호란) - 1876(강화도 조약) - 1884(갑신정변) - 1894(갑오개혁) - 1910(한일합방/경술국치) - 1919(3·1운동) - 1945(8·15광복) - 1950(6·25전쟁) - 1960(4·19혁명) - 1961(5·16군사정변) - 1979(10·26사태/12·12사태) - 1980(5·18

민주화운동) - 1988(서울올림픽 개최-24회) - 1997(IMF외환위기) - 2002(한·일 월드컵 공동개최) - 2014(인천아시안게임 개최-17회) - 2018(평창동계올림픽 개최-23회) - 2022(20대 대통령 선거)

이렇게 연대와 사건을 연결해서 한국사의 중요한 사건들의 흐름을 이해하면 학습효과의 극대화를 이룰 수 있다.

이 방법은 영어 단어를 외울 때도 유용하게 사용할 수 있다. "학부모들은 자신의 아이가 또래(peer)보다 뒤처지는 것을 걱정한다. 이런 이유로 학교의 정규 교육과정(curriculum)을 보완할 수 있다고 여겨지는 사교육 시장이 점차 확대(augment)되고 있다."와 같이 이야기 속에 영어 단어를 넣어서 외우면, 전혀 연관성이 없어 보이는 세 단어도 한 번에 외울 수 있게 된다. 또한 이런 식으로 외운다면 문장 속에서 단어가 어떻게 쓰이는지와 더불어 품사까지 자연스럽게 익힐 수 있어서 매우 효율적인 방법이라고 할 수 있다.

⑤ 마인드맵을 이용한 기억법

간혹 가다가 글로 풀어쓴 내용을 외우기가 어려운 경우가 있다. 글을 읽으면 이해가 되기는 하는데 외우자니 서로 뒤섞여서 명확하게 암기되지 않는 것이다. 그럴 때는 가지치기를 하면서 핵심 단어를 한눈에 알아볼 수 있는 마인드맵을 그리는 것이 효과적이다. 마인드맵을 그리면, 핵심 단어가 무엇인지가 한눈에 보일 뿐만 아니라, 어떤 단어가 다른 단어들과 어떤 관계를 맺고 있는지 등을 정리할 수 있다. 또한 마인드맵을 한번 그려놓으면 시험 직전에 복습할 때도 유용하게 사용할 수 있다.

기억력이 좋아지는 생활습관 10가지

① 몸에 좋은 식품 새싹보리를 섭취하라

된장과 청국장은 레시틴이 풍부해 두뇌 발달을 돕는 식품으로 널리 알려져 있지만, 새싹보리는 단순 건강식품으로만 알고 있는 경우가 많다. 그러나 알고 보면 새싹보리에는 뇌의 에너지원이 되는 당질이 풍부해 두뇌회전을 빠르게 하고 학습 능력을 향상시켜 주는 머리에도 좋은 만능 식품이고 면역력 향상에 많은 도움이 된다.

② 등 푸른 생선을 규칙적으로 섭취하라

등 푸른 생선에는 뇌의 형성을 돕는 DHA와 오메가 지방산이 풍부하기 때문에 규칙적으로 먹으면 뇌의 기능이 좋아진다. 이처럼 규칙적인 식사 또는 균형 잡힌 영양 섭취를 통해 뇌의 발달을 도울 수 있다.

③ 감자와 고구마를 즐겨 먹어라

감자와 고구마의 비타민은 과일과 달리 전분으로 싸여 있기 때문에 찌거나 삶아도 영양 손실이 없다. 특히 당질과 비타민이 풍부해

두뇌에 충분한 영양소를 공급함으로써 기억력이나 학습능력을 향상시킨다. 반찬으로 만들어도 좋지만, 찌거나 삶으면 식사대용으로도 활용이 가능하다.

④ 물을 많이 마셔라

물을 많이 마시면 암 예방 효과도 있고, 피도 맑아진다. 물도 마시는 방법이 있다. 한꺼번에 많이 마시는 것이 아니라 천천히 씹어 먹듯 여러 차례 나누어 마신다. 하루에 1.5~2L를 마셔야 한다. 주의할 사항은 찬물보다는 따뜻한 물을 마시고, 식사 후에는 30분 정도 지나서 물을 마시는 것이 좋다.

⑤ 충분한 수면을 취하라

수면을 제대로 취하지 못하면 뇌의 기능이 떨어져 기억력이 감퇴한다. 낮과 밤을 바꿔 생활하는 사람도 마찬가지로, 신체리듬이 정상적으로 활동하지 못해 집중력이 떨어진다. 기억력 향상을 위해서는 충분한 숙면과 규칙적인 생활습관을 유지하는 것이 좋다.

습관은 수험생의 평소 생활을 말한다. 대표적인 것으로 수면습관과 생활습관을 꼽을 수 있다. 특히 학생들은 수면습관에 상당히 관심이 많다. 잠을 실컷 자면 안 된다는 생각이 대부분의 학생들에게 인식되어 있다. 대부분 잠을 적게 자면서 공부를 해야 한다고 생각하지만 부족한 수면시간은 오히려 수업 도중 졸거나 집중력 저하로 이어지게 된다.

사람마다 꼭 자야 하는 시간은 각기 다르다. 자신만의 최소 수면시간을 찾아서 규칙적으로 그 시간을 최대한 유지하는 것이 바람직하다.

⑥ 즐겁게 운동하라

규칙적으로 운동하면 뇌에 산소와 영양분 공급이 활발하게 이루어져 기억력이 좋아진다. 반면에 짜증을 내거나 우울한 기분으로 운동을 하면, 여성 호르몬이 결핍되어 뇌의 운동이 저하된다. 운동을 할 때는 즐거운 마음으로, 운동시간이 길지 않더라도 매일 꾸준히 땀을 흘리는 것이 좋다.

⑦ 음악으로 신경세포를 자극하라

피아노를 연주하면 우뇌 피질이 자극되고 대뇌 운동이 활발해져 기억력이 좋아지고 학습능력이 향상된다. 피아노뿐만 아니라 뇌의 신경을 자극하는 클래식음악이나 타악기 연주를 듣는 것도 좋은 방법이다.

⑧ 휴대폰 알람을 이용하라

꼭 해야 할 일을 잊어버릴 것 같다면 단기기억을 증진시키는 연상법을 활용하는 것이 좋다. 예를 들어 하루의 스케줄을 미리 체크한

뒤 중요한 일을 해야 할 시간에는 휴대폰 알람으로 그 일을 상기시키거나 예약 메시지를 발송하면 중요한 일을 잊어버리는 경우를 방지할 수 있다.

⑨ 효율적인 학습법으로 기억력을 높여라

사람은 누구나 같은 종류의 일을 오래하면 권태와 피로가 쌓이고 능률이 떨어지게 된다. 수학과 물리는 다른 과목이지만 각종 법칙의 응용이나 계산문제 등 비슷한 점이 많다. 그렇기 때문에 이 과목을 잘하지 못하거나 관심이 없는 경우에 이 두 과목을 연이어 학습하게 된다면 권태와 피로가 겹쳐 더욱 나쁜 결과를 초래하게 된다.

반대로 긴 시간이라도 성격이 서로 다른 과목을 효과적으로 혼합하여 편성하면, 권태나 피로를 느끼지 않고 공부를 계속할 수 있다. 수학 다음에 영어나 국어를, 눈을 쓰는 과목 다음에는 귀를 쓰는 과목 등으로 공부 계획표를 작성하면 능률의 저하를 막을 수 있다. 이렇게 각기 다른 영역을 심리적으로 칸막이처럼 구분하게 되면 기억력도 높아지고 능률도 향상된다.

⑩ 우유 한 잔은 효과적인 아침 대용식이 된다

수험생들은 바쁜 일정에 아침식사를 거르기 쉽다. 이때 우유는 탄수화물, 단백질, 지방, 칼슘, 미네랄 등 114가지 영양소가 가득한 완전식품인 동시에 유당과 비타민B군이 많아 두뇌에 좋은 식품이다.

유치원생은 아인슈타인 우유, 초등학생은 서울우유, 중학생은 연세우유, 고3 전에는 건국우유, 고3은 저지방 우유를 마신다는 농담이 있다. 나이가 들수록 자식에 대한 학부모의 기대치가 갈수록 낮아지는 현실을 대학교와 이름을 일부 공유하는 우유로 표현한 것이다.

뇌는 만들어지는 것이다

전문가들은 '뇌는 태어나는 것이 아니라 만들어진다.'고 설명한다. 즉, 노화에 의한 퇴행보다 집중력 부족, 반복 기억 횟수 감소 등이 원인이라는 것이다. 나이가 들어서도 뇌 활동을 많이 하면 근육처럼 뇌신경 세포가 발달한다는 연구결과도 있다. 늙은 쥐와 젊은 쥐를 함께 생활하게 했더니 늙은 쥐의 뇌 무게가 10% 정도 늘었다고 한다. 흥미와 관심이 뇌 활동을 자극하고, 이로 인해 뇌신경 세포가 근육처럼 커진 것이다.

기억력을 감퇴시키는 주범은 오히려 생활습관에 있다. 우선 뇌에 걸리는 과부하를 들 수 있다. 과도한 학습, 수면 부족 등은 뇌를 지치게 하고, 피로한 뇌세포는 심각한 건망증을 일으키기도 한다.

뇌의 구조는 여러 가지 사항을 동시에 입력하지 못한다. 두 가지 일을 같은 시간에 할 수 없다. 따라서 동시에 기억할 내용이 있으면 한 가지에만 집중하고 나머지는 메모를 해 뇌의 과부하를 덜어줘야 한다.

스트레스 또한 기억력을 떨어뜨리는 또 다른 원인이다. 스트레스 호르몬인 코티졸이 기억기능을 맡고 있는 뇌의 일부를 손상시킨다는 연구결과가 있다.

뇌는 좌뇌와 우뇌를 골고루 자극해야 한다. 신경생물학자 로저 스페리 박사(Roger Wolcott Sperry, 1913~1994)는 좌뇌와 우뇌의 기능이 다르다는 것을 발견하여 노벨생리의학상(1981년)을 받았다. 좌뇌는 언어, 수리, 분석, 논리, 이성적인 면을, 우뇌는 비언어, 시공간, 직관, 감성적인 면을 맡는다. 로저 스페리 박사는 "우뇌가 좌뇌보다 기억용량이 1000배, 독서력 400배, 연산력 300배, 정보처리능력 1000배 정도가 뛰어나다"고 말했다. 기억력을 키우려면 전뇌를 골고루 발달시켜야 하지만 입시교육과 직장인의 업무는 대부분이 좌뇌 중심적인 삶에 의존하며 살고 있다. 그러나 우뇌의 효율성을 생각하면 의도적으로 우뇌 계발을 촉진시키고 좌뇌와 우뇌를 균형 있게 활용하여야 한다.

4차 산업혁명 시대를 살아갈 우리 학생들에게 창의적 역량을 갖춘 인재상을 요구하며 창의성이 화두로 떠오르고 있다. 미래에는 인공지능에 대체되지 않는 일을 해야 한다고 미래학자들이 입을 모아 말한다. 인공지능이 절대 가질 수 없는 인간 고유의 능력인 창의력 계발을 위해 우뇌의 시각, 직관, 감성적 능력이 창조적 상상력을 발휘하여 창의적 사고를 가능하게 한다.

미술이나 음악 등의 취미 생활을 즐기고, 맛있는 음식을 찾아다니고, 좋은 향을 맡는 행위도 우뇌를 자극한다. 우뇌를 발달시키는 데 손과 발을 활용하는 방법도 있다. 손발은 뇌가 파견한 기관이라는 말이 있다. 뇌 위치와 손은 반대이므로 왼손으로 작업을 하거나 왼

발로 공을 치는 등 활용도를 높인다.

① 좌뇌 발달시키는 법

(1) 주의집중은 최고의 기억력 증진 활동이다.

(2) 반복 학습으로 뇌신경회로를 강화한다.

(3) 지나친 학습으로 인한 뇌의 과부하를 조절한다.

(4) 사진을 찍듯 머릿속에 사물을 그려본다.

(5) 이름, 숫자, 색 등 특정 기억의 연결고리를 만들어본다.

(6) 새 기계를 사면 반드시 매뉴얼을 읽어본다.

(7) 업무, 공부 매뉴얼을 만들고 순서를 정해본다.

(8) 규칙적으로 운동한다.

② 우뇌 발달시키는 법

(1) 상대방의 눈과 표정을 보며 대화한다.

(2) 옷을 입을 때 색과 모양을 여러 가지로 조합해 입어본다.

(3) 비논리적인 상상과 공상을 해 본다.

(4) 말을 할 때 제스처를 쓰고 표정을 다양하게 구사한다.

(5) 평소 다니던 길을 벗어나 새로운 식당이나 찻집을 찾는다.

(6) 손가락을 이용한 작업이나 놀이를 한다.

(7) 공부한 내용을 기억할 때 이미지를 활용하고 스토리를 연결한다.

(8) 공부할 때 마인드맵을 활용한다.

하브루타 (Havruta)교육

친구를 의미하는 히브리어인 하베르에서 유래한 용어로, 학생들끼리 짝을 이루어 서로 질문을 주고받으며 논쟁하는 유대인의 전통적인 토론 교육 방법이다. 유대교 경전인 ≪탈무드≫를 공부할 때 주로 사용된다. 나이와 성별, 계급에 차이를 두지 않고 두 명씩 짝을 지어 공부하며 논쟁을 통해 진리를 찾아가는 방식이다. 이때 부모와 교사는 학생이 마음껏 질문할 수 있는 환경을 만들어 주지만 답을 가르쳐 주지 않는다. 학생이 스스로 답을 찾을 수 있도록 유도하는 역할을 하고 답을 찾는 과정을 통해 지식을 완벽하게 체득할 수 있고 새로운 해결법을 찾아낼 수 있도록 한다.

하브루타의 또 다른 장점은 다양한 시각과 견해를 알게 된다는 것이다. 하브루타를 하는 두 사람은 하나의 주제에 대해 찬성과 반대 의견을 동시에 경험하게 된다. 이를 통해 새로운 아이디어를 끌어낼 수 있다는 것이 이스라엘 교육 전문가들의 설명이다. '두 사람이 모이면 세 가지 의견이 나온다'는 이스라엘 격언은 이런 문화에서 나왔다. 탈무드 교육전문가인 헤츠키 아리엘리 글로벌엑셀런스 회장은 "토론의 승패는 중요하지 않다"며 "논쟁하고 경청하는 것이 중요한 과정"이라고 강조한다.

유대인은 친구와 떠들면서 대화, 토론, 논쟁을 하면서 공부한다, 끊임없는 질문과 토론으로 계속적으로 생각하게 된다. 이러한 과정을 거치면 저절로 안목과 통찰력과 지혜와 창의성이 생긴다.

또한 하브루타 교육방식으로 하나의 내용을 100개 질문하는 학습훈련을 한다. 강조하는 점은 질문하는 것을 두려워하지 말아야 한다는 점이다.

미국 사회에서 법적인 문제가 생겨서 변호사에게 변호를 맡길 때, 상대방의 변호사가 만일에 유대인이라면 그 변호사는 변론을 포기한다고 한다. 왜냐하면 말로 이길 수 없다는 것을 알기 때문이다.

유대교의 설교자는 유대인들을 대상으로 설교하는데 설교 도중에 손 들고 질문을 하면 설교자는 답변하고 또 이어가다가 또 질문하고, 답변한다. 이렇게 하브루타 방식을 교육현장 또는 가정에 적용시키면 많은 방법과 과정을 통해 효과적이고 높은 교육효과를 확인할 수 있다.

1. 공부습관 들이기
2. 예습복습의 기적
3. 예비 중·고생을 위한 맞춤 공부법
4. 수학을 잡아야 성적이 오른다

가네(Gagne)의 수학 위계학습이론

PART : 3

공부 잘하고 싶은 사람!

공부습관 들이기

공부 잘하는 체질이 따로 있다?

공부가 재미없는 아이들은 다음과 같이 말한다.

"몰라요.", "너무 어려워요.", "나는 바보 같아."

이렇게 자신감이 떨어진 말을 자주 내뱉는다.

이렇듯 공부에 자신이 없는 학생의 경우에는 공부하는 체질로 만들어야 한다. 공부하는 체질이 말처럼 특별한 것은 아니다. 누구라도 자신이 얼마만큼 집중하느냐에 따라 충분히 공부하는 체질로 바뀔 수 있다. 즉 습관을 바꿔야 한다. 성공하는 습관을 갖게 되면 성공한다. (여기서 말하는 성공이란 보편적으로 생각하는 성공의 의미도 있지만 자신이 의도한

대로 성취하는 것이라는 의미도 포함하고 있다) 공부도 마찬가지다. 공부를 잘하려면 먼저 좋은 습관을 갖도록 해야 한다.

① 공부가 어려운 원인

(1) 이해력 부족: 같은 내용을 반복해야 이해할 수 있다. 반복 설명 등으로 인해 많은 시간을 필요로 한다.

(2) 수업의 집중력이 떨어지고 산만하다: 장난을 치거나 딴짓 하느라 수업 내용을 놓치게 되어 진도를 못 따라간다.

(3) 학습에 소극적이다: 수업 시간에 멍하니 있거나 발표를 잘 하지 않는다.

(4) 대체로 부모의 관심이 부족하다: 가정과의 연계학습이 제대로 안 된다.

② 싫은 공부가 흥미로워지는 비결

공부에 있어서 좋은 습관은 일단 책상 앞에 앉는 것이다. 그렇게 되면 책상 앞에서 뭐라도 하게 된다. 그리고 책상 앞에 있는 것이 적응되면 점점 책상 앞에 앉아 있는 시간을 늘려나가서 점차 공부하는 체질로 자신을 바꾸는 것이다. 자신과의 싸움에서 이길 뿐만 아니라 돌발 상황도 해결해 나갈 수 있는 능력을 키워야 한다. 앞으로 살아가는 데 있어서 신체적 정신적, 정서적인 어려움을 갖게 될 수 있다. 하지만 공부를 통해 자신을 수없이 담금질해 낸다면 무엇이든지 이겨낼 수 있는 불굴의 투지를 키울 수 있게 된다. 명검이 오랫동안 반복된 담금질을 통해서 탄생한 아름다운 결과인 것처럼 공부를 통해 자신을 채찍질하고 담금질하면서 아름다운 미래를 그려나갈 수 있게 되는 것이다. 현재의 달콤함에 안주하지 말고 명검이 되기 위한 과정을 즐거운 마음으로 이겨내자. 그러면 자신이 하고자 하는 모든 일에 자신감을 가지고 남보다 앞서가는 성공적 삶을 살 수 있다.

③ 의사소통 능력으로 공부 능력을 키우자

인간은 사회적인 동물이다. 그렇기 때문에 다른 사람과 소통하지 않고서는 살아갈 수가 없다. 게다가 우리는 정보의 바다 속에 살고 있기 때문에 다른 사람과 정보를 얼마나 잘 주고받느냐가 얼마나 잘 살아가느냐를 결정하는 중요한 척도다. 이런 상황에서 의사소통 능력의 증진은 다른 사람의 말을 이해하고 나의 의사를 전달하는 시간을 단축시킬 수 있으므로 시간 관리에 있어서 매우 중요하다. 우리가 남들과 주고받는 의사소통은 보통 말하기와 듣기로 구성되어 있다. 그렇기 때문에 말하기와 듣기의 기술을 연마하는 것이 중요하다.

(1) 말하기의 기술

예로부터 말에 관한 속담과 명언은 많다. “말 한마디에 천 냥 빚도 갚는다.”, “말로서 말 많으니 말 말을까 하노라.”, “발 없는 말이 천 리 간다.” 등등이다. 말로 의사소통하는 것은 커뮤니케이션의 가장 기본적인 방법이다. 어떻게 효과적으로 말할 수 있을까? 요령을 살펴보자.

우선 한 사람에게 전하든, 백 사람에게 전하든, 사실을 잘 전달해야 한다. 정확성이 중요하다는 것이다. 또한 생각나는 대로 말해서는 안 되고, 생각을 분명히 정리한 후에 말해야 한다. 그뿐만 아니라 말을 끝도 없이 늘어놓아서는 안 된다. 최대한 간결하게 말해야 한다. 마지막으로 발성법에 주의해야 한다. 말을 입속에서 우물우물하면 듣는 사람이 제대로 이해할 수 없다.

(2) 듣기의 기술

말하기보다 듣기를 더 잘해야 한다. 남의 이야기를 잘 들으면 상대방을 더 잘 이해할 수 있고 판단도 잘 할 수 있다. 올바른 행동을 할 수 있으며 시간 절약을 많이 할 수 있다.

사람들은 말하기는 좋아하지만 듣기는 별로 좋아하지 않는 경향이 있다. 그러나 좋은 사회자보다도 좋은 청취자가 되어야 한다. 좋은 청취자가 되면 선생님의 말씀을 분명하게 이해할 수 있어서 좋은 성적을 얻을 수 있다.

잘 듣기 위해서는 훈련이 필요하다. 사람들은 1분에 약 120단어, 혹은 180단어의 속도로 이야기하는 반면 생각은 그것의 4배 혹은 5배 빨리 한다. 따라서 주의력은 산만해지고 상대방이 전하는 내용을 절반 정도밖에 받아들이지 못하는 것이다. 그러면 어떻게 듣기의 기술을 기를까? 다음 사항을 참고해 보자.

우선 정중하게, 말하는 사람을 존중하면서 들어야 한다. 그리고 그 사람이 말하고자 하는 내용을 편견 없이 들어야 한다. 또한 귀로만 듣지 말고, 시선을 맞추면서, 머리를 끄덕이고 손짓을 하고 미소를 지으면서 온몸으로 들어야 한다. 이렇게 하면 말하는 사람에게 자신이 관심 있다는 것을 나타냄과 동시에, 이해도도 높일 수 있다. 듣다가 모르는 내용이 나오면 그냥 넘어가지 말고 질문하고 확인하라. 마지막으로 말의 속도에 따라 빨리 이해하고, 핵심단어를 찾으면서 들으면 보다 잘 이해할 수 있다.

집중력은 성적향상의 열쇠

중국의 주자는 "정신을 집중하면 성취하지 못할 것이 없다."라고 하였고, 공자는 사람이 정신을 분산시키지 않고 한곳에 집중시키면 신(神)같이 된다는 말을 자주 인용하였다. 이처럼, 집중력을 발휘하면 아무리 어렵고 불가능해 보이는 일도 성공시킬 수 있다.

집중력은 성적향상에 있어서 매우 중요하다. 효율성을 결정짓는 가장 큰 요소가 집중력이기 때문이다. 즉, 집중은 시간의 밀도를 높여서 적은 시간에 많은 것을 달성할 수 있게 해준다. 언제나 공부할 것은 많고 시간은 부족한 학생들에게는 반드시 필요한 기술이 아닐 수 없다. 그렇다면 집중력을 기를 수 있는 방법에는 어떤 것들이 있을까? 다음의 다섯 가지를 참고하여 집중력을 길러보도록 하자.

① 구체적 목표와 마감 시간을 정해 놓는다

집중력을 방해하는 요인에는 내적 주의분산 요소와 외적 주의분산 요소가 있는데, 내적 분산요소를 다스리는 것이 한층 어렵다. 자신의 의지로 그 분산요소들을 물리쳐야 하기 때문이다. 이런 분산요소들을 마음속에서 내쫓는 좋은 방법 중 한 가지로 모든 일에 마감 시간을 정해 놓고, 그 안에 반드시 일을 완성해야 한다. 사람은 어떤 일을 완성해야 하는 기한을 정해놓으면 그렇지 않을 때보다 훨씬 큰 긴장감과 압박감을 느끼게 된다. 물론 과도한 긴장과 압박은 부정적인 결과를 낳지만, 적당한 초조함은 집중해서 일을 빠르게 처리할 수 있는 원동력이 된다. 이 일을 지금 해도 좋고 안 해도 좋다는 생각을 가져서는 절대로 집중할 수 없다. 지금이 아니면 안 된다는 생각을 가지고 열심히 노력해야 한다.

② 주위 환경을 다스린다

공부를 할 때 주위가 어수선하고 산만하면 집중이 잘 안 되는 것은 당연한 것이다. 또한 핸드폰이나 컴퓨터, TV 등의 유혹적인 요소가 주위에 있으면 집중하기는 더욱 어려워진다. 이처럼 외부에서 나의 집중력을 방해하는 요소들을 외적분산 요소라고 한다. 이런 외적분산 요소를 물리치기 위해서는 외적 자극, 특히 시각적이거나 청각적인 자극을 주위에서 제거해야 한다. 그러므로 공부를 하기에 앞서서 주위의 물리적 환경을 적당히 정리해야 한다. 책상 위에 불필요하거나 나의 주위를 분산시킬 위험이 있는 물건은 없는지, 지금 너무 덥거나 춥지는 않은지 등의 환경을 조절하여 정신을 집중할 수 있는 최상의 상태로 만들어야 한다.

③ 일에 대한 기대감, 호기심, 의지를 키워라

누구든지 싫어하는 일을 할 때보다는 좋아하는 일을 할 때 집중력이 높아진다. 공부를 할 때는 그렇게 안 가던 시간이 컴퓨터 게임을 시작하자마자 훅하고 지나가버리는 것도 이 때문이다. 따라서 자기가 지금 해야 할 일에 대한 호기심과 흥미를 가지려고 노력해야 한다. 아무리 하기 싫은 공부라도 그 안에서 자신에게 기쁨과 재미를 줄 수 있는 요소를 찾아야 한다. 공부를 좋아하면 공부를 잘하게 되는 것이다. 만약 아무리 노력하더라도 공부를 좋아할 수 없다면, 강한 의지를 길러야 한다. 집중력은 때로는 필요나 의지에 의해 길러질 수 있는 것이기 때문이다.

④ 집중이 잘되는 시간을 찾아 학습한다

집중이 가장 잘되는 시간대는 개인마다 다르다. 어떤 사람은 저녁 시간에 머리가 맑고 집중이 잘되는 반면, 어떤 사람은 모두가 잠든 새벽에 집중력이 최고조에 달한다. 이처럼 자신이 가장 집중할 수 있는 시간을 찾아서 그 시간을 최대한 활용하는 것이 좋다.

⑤ 심리적 안정을 유지한다

과거에 대한 후회, 미래에 대한 걱정, 쓸데없는 잡념 등으로 정신이 산만해지는 것을 예방해야 한다. 안정되고 편안한 심신을 가져야 현재 보고 있는 책에도 최대한 집중할 수 있는 법이다.

자신에게 맞는 공부 장소를 찾아라

공부의 가장 중요한 테크닉은 자기가 좋아하고, 자기에게 맞는 방법으로 해야 한다는 것이다. 학원이나 학교에서 가르치는 대로 한다고 해서 모든 아이들이 성적이 잘 나오는 것은 아니다. 또한 학생들은 흔히 똑바로 앉아서 공부하라는 말을 듣곤 하지만, 사실은 자신이 제일 편하고 집중이 잘되는 자세로 공부하는 것이 가장 효과적이기도 하다. 이처럼 자신에게 맞는 공부법과 공부 환경을 찾는 것은 시간과 노력을 절약하는 매우 좋은 방법이다.

공부 환경 중에서 학생에게 가장 큰 영향을 미치는 것 중 한 가지는 바로 공부 장소다. 자신에게 맞지 않는 공부 장소에서 공부를 하게 되면 노력하는 시간에 비해 얻는 결과가 적을 수밖에 없다. 그러므로 자신에게 맞는 공부 장소를 찾아서 거기서 꾸준히 공부를 하는 것이 좋다. 하지만 대부분의 학생들이 주로 책상에 앉아서 공부를 하는 곳은 학교, 집, 독서실이나 도서관인데, 이 중 자신에게 가장 맞는 장소를 일찌감치 발견하는 것이 좋다.

① 집에서 공부하는 경우

우선 집에서 차분히 집중해서 공부할 만한 장소가 있는지 탐색하는 것이 중요하다. 이런 장소의 기본 조건은 집에 사람이 많지 않고(특히 어린 동생이 없는 것이 좋다), 자신만의 방이나 공간이 있는 것이라고 할 수 있다. 또한 집에서 공부하기 위해서는 의지력이 강해야 한다. 집은 학교나 독서실에 비해 TV나 컴퓨터 등의 유혹거리가 훨씬 많기 때문이다.

집에서 공부하는 것을 선호하는 유형은 소심해서 주위의 경쟁자에게 신경을 쓰는 통에 집중을 할 수 없는 학생들이다. 이런 학생들은 자신이 잘 알고 편안하게 생각하는 자신만의 공간에서 혼자 공부를 하는 것이 효과적일 수 있다.

② 학교에서 공부하는 경우

집에 있는 유혹거리에 잘 넘어가거나 스스로를 제어하는 게 힘든 학생들은 학교에 남아서 공부하는 것도 효과적인 방법이다. 또한 다른 아이들의 공부하는 모습을 보면 자극을 받아서 덩달아 열심히 하게 된 경험이 있는 학생들에게는 학교가 적합한 공부장소가 될 수 있다.

하지만 학교에서 공부할 때 주의할 점은 주위의 친구들과 너무 많은 시간을 허비하지 않는 것이다. 공부 시간에 쪽지를 주고받거나 친구들 때문에 주의가 산만해지는 현상이 나타나면 학교가 자신에게 적합한 공부장소가 아니라는 것을 명심해야 한다.

③ 도서관이나 독서실(스터디 카페)에서 공부하는 경우

집에는 유혹거리가 너무 많고, 학교 교실이 너무 탁 트여서 산만하다든지 아니면 친구들 때문에 신경이 쓰여서 공부가 잘되지 않는 경우에는 칸막이가 있는 도서관이나 독서실에서 공부를 하는 것도 좋다.

하지만 이때 주의할 점은 친구와 자주 어울리지 않는 것이 좋다.

도서관이나 독서실은 학교나 가정과 달리 주의를 줄 어른이 없기 때문에 친구들과 어울려 놀러 다니게 될 가능성이 더 크기 때문이다.

또한 도서관이나 독서실(스터디 카페)에서는 조용한 환경 탓에 엎드려 자는 경우가 종종 있는데, 이는 공부의 흐름을 방해하고 공부의 집중력을 크게 떨어뜨리게 된다. 따라서 도서관이나 독서실에서 공부를 할 경우에는 짧은 시간 동안 공부할 분량을 정해놓고 그것을 그때그때 끝내면서 체크해나가는 방법이 좋다.

예습복습의 기적

수업을 듣기 전엔 어떻게 예습을 하고, 수업을 들은 후엔 어떻게 복습을 하는지를 알려주는 것이 학생이 공부하는 데 매우 중요하다.

예습: 열등감을 자신감으로 바꾸는 마법의 시간

왜 예습이 중요한 것일까? 많은 학생들이 복습에는 많은 시간과 노력을 쏟으면서도 예습은 소홀히 하거나 아예 하지 않는 경우가 많다. 하지만 예습을 하는 것은 복습을 하는 것과는 또 다른 엄청난 효과가 있다. 예습과 선행학습의 연관성도 염두에 두고, 예습이 가져오는 대표적인 이익은 다음과 같다.

첫 번째, 예습을 하면 수업시간에 중요한 내용이 무엇인지를 빨리 파악할 수 있다. 이미 눈으로 읽었던 내용을 귀로 듣는 것이기 때문에 내용이 훨씬 더 쉽게 이해될 뿐만 아니라 생각을 하면서 수업을 듣게 된다. 따라서 모르는 내용이나 이해가 안 가는 내용이 나오면 즉각 질문을 할 수 있는 등 수업에 적극적으로 참여하게 된다.

두 번째, 예습을 하면 복습하는 시간과 노력을 절약할 수 있다. 왜냐하면 복습을 할 때는 이미 같은 내용을 세 번째 반복하는 것이기 때문이다. 예습할 때는 1시간이 걸렸다면 강의를 듣고 복습을 할 때는 예습할 때의 절반 이하의 시간만으로도 그 이상의 학습 효과를 올릴 수 있다. 따라서 학교 수업이 잘 이해되지 않고, 이로 인해 성적이 잘 오르지 않는 학생은 예습 중심으로 학습 방법을 전환한다. 예습을 잘해두면 수업의 80~90%를 이해할 수가 있다. 따라서 복습 때는 수업 시간에 이해되지 않았던 나머지 10~20%만 하면 된다. 예습을 충분히 잘하면 수업을 잘 이해할 뿐만 아니라 복습 시간을 상당히 줄일 수 있게 되는 것이다.

세 번째, 예습은 기초학력 양성에 도움이 된다. 예습을 하다 문제에 부딪히게 되면 문제와 관련된 기초적인 부분을 다시 학습하지 않으면 안 되기 때문이다. 예습은 기초를 튼튼히 할 수 있는 좋은 기회다.

예습이 가져오는 네 번째 이익이자 예습의 가장 큰 효과라고도 할 수 있는 것은 열등감을 자신감으로 바꿔준다는 것이다. 수업내용을 알아듣지 못하면 '선생님이 질문하면 어떡하나?' 하는 불안감과 '내

머리가 나쁜 게 아닌가.' 하는 열등감 등을 느끼게 되고, 자연스럽게 수업에는 매우 소극적으로 참여하게 된다. 하지만 예습을 하면 '선생님이 내게 질문을 던져도 자신 있어! 선생님이 오늘은 무슨 질문을 던지실까?' 하는 기대감이 생기고 '어! 이 부분은 내가 생각한 것과 똑같네.' 또는 '어! 왜 내 생각과 다르지?'와 같이 수업 내용에 대해 생각을 하게 되면서 수업이 훨씬 재미있게 느껴진다. 같은 수업을 듣더라도 수업에 임하는 사람의 심리 상태가 어떠냐에 따라 학습 성과에 차이가 날 수밖에 없다. 공부에 열등감이 있는 학생이라면 예습하는 습관을 기르도록 하자.

마지막으로 예습을 하다 보면 자신이 확실히 알고 있는 것과 모르는 것, 그리고 아는 듯하면서도 모르는 것을 확실하게 구분할 수 있다. 따라서 수업시간에 선생님의 설명을 이해하는 부분은 가볍게, 모르는 부분은 주의 깊게, 그리고 들어도 이해가 가지 않는 부분은 질문을 통해 확실하게 이해하고 넘어갈 수 있다.

결론적으로 예습을 하면 하루의 대부분을 차지하는 수업 시간을 완전히 자신의 시간으로 만들 수가 있게 된다. 또한 복습에 필요한 시간을 단축하고 앞으로 배울 내용을 공부하면서 동시에 기초를 다지는 등 시간을 절약하면서 더욱 효율적으로 공부할 수 있다.

① 예습과목 미리미리 줄 세우기

공부할 과목은 많고 공부할 시간은 한정되어 있다. 따라서 모든 과목을 철저하게 예습하기는 현실적으로 어렵다. 그리고 모든 과목을 그렇게 예습할 필요도 없다. 내용에 따라 어떤 과목은 예습하지 않고 선생님의 설명만 들어도 쉽게 이해가 되는 반면, 어떤 과목은 예습을 하지 않고서는 도저히 이해되지 않는다. 그러므로 평소 자신이 어떤 과목의 수업을 어렵게 느꼈는지, 그리고 어떤 과목의 예습을 했을 때 가장 도움이 되었는지 등을 파악하여 과목의 예습 우선순위를 설정하는 것이 중요하다. 그리고 그 우선순위에 따라서 예습하지 않고서는 학교 수업을 따라갈 수 없는 과목을 정해 그 과목들은 반드시 예습을 하도록 한다.

② 모르면 체크해라

예습할 때는 자신이 모르거나 이해가 되지 않는 부분은 체크를 한다. 모르는 부분을 자기 스스로 찾아 조사해 알아두면 좋지만 자료가 부족하거나 시간이 없다면, 체크만 해두고 수업시간에 선생님의 설명을 통해 이해하거나 선생님께 질문을 해서 확실하게 이해하도록 한다.

③ 1차 예습은 3주 후 진도까지

예습을 할 때, 어느 범위까지 예습을 할 것인가가 고민될 것이다. 다음 수업시간에 어디까지 진도를 나갈지 모르기 때문이다. 어떤 때는 자신이 예습한 것보다 더 많은 진도를 나갈 때도 있다. 그렇게 예습하지 않은 범위까지 수업이 진행하게 되면 당황하게 된다.

이런 우려를 불식시키고 여유 있게 공부하기 위해서는 최소한 3주 뒤의 진도까지 예습해두는 것이 필요하다. 이렇게 하면 수업의 흐름을 파악하게 되고 예측 가능한 수업이 되기 때문에 2~3배의 효과를 얻을 수가 있다. 1차 예습은 3주 후의 진도까지 하지만 2차 예습은 다음 날 배울 내용 중심으로 예습한다. 한편, 학원이나 과외 등으로 평소에 충분한 시간을 내 예습할 수 없는 경우에는 주말을 이용해 일주일 분의 내용을 예습하는 것도 효과적이다.

④ 쉬는 시간의 또 다른 이름, 예습시간

경우에 따라서는 예습을 전혀 못 하고 수업에 들어가기도 한다. 이럴 때는 짧은 시간이라도 그 시간을 이용해 미리 교과서를 정리하는 것이 좋다. 아침 학교 가는 길 버스나 전철을 기다리거나 타고 내리는 동안에, 또는 수업 시작 5분 전이나 수업 시작 후 선생님이 교실로 들어올 시간 동안에, 또는 출석을 부를 때 등을 이용하면 된다. 오히려 시간이 짧기 때문에 집중적으로 읽을 수가 있고 머리에 잘 들어올 수 있다. 그리고 예습을 했다 하더라도 다시 한 번 위와 같은 방법으로 한 번 더 정리하면 효과를 더 높일 수가 있다.

복습: 성적 향상과 직결되는 시간

예습을 학교수업의 '준비'라고 한다면 복습은 '정리' 또는 '완성'에 해당된다. 제품을 만들기 위해서는 여러 단계를 거치는데 마지막 단계까지 마무리해야지만 완성된 제품이라 할 수 있다. 수업도 마찬가지다. 수업 시간에 이해한 것만으로 수업내용을 완전히 이해했다고 할 수 없다.

예습 중심의 공부를 하는 학생들 중에 '예습을 철저하게 했으니 복습은 하지 않아도 된다.'라고 생각하는 경우가 있다. 하지만 복습을 하지 않으면 예습한 효과가 확인되지 못한다. 어떤 일에든 균형이 필요하듯이 공부에서도 예습과 복습의 균형을 효과적으로 잡는 것이 중요하다. 복습은 들은 내용을 보다 강하게 기억시키기 위한 과정이다. 기억 속에 단순하게 쌓여 있거나 마구잡이로 뒤엉켜있는 지식을 체계적으로 정리해 기억시키는 과정이다. 기억의 손실을 줄이고 오래 기억하기 위한 가장 손쉬운 방법이 복습이다. 효과적인 복습은 기억력 향상뿐만 아니라 성적 향상을 가져온다.

① 복습도 내 스타일에 맞게

복습에는 정리, 연습, 보강의 3가지 방법이 있다.

정리는 여기저기 흩어져 있는 자료를 순서대로 연결하는 것이다. 여기에는 오늘 수업 시간에 배운 내용과 이전 시간에 배운 내용을 연결하는 것도 포함된다. 지식이나 기능은 본래 흩어져 있는 것이 아니기 때문에 이를 조직이나 계통에 집어넣어야 한다. 그래야 이해와 기억력을 높일 수 있다. 연습은 배운 것을 반복하는 것을 의미한다. 반복은 기억 강화의 절대적 조건으로 반복에 의해 뇌 속에 그 형태가 기억된다. 마지막으로 보강은 잊어버린 것, 알지 못했던 것을 보충하는 것이다. 수업만으로는 불충분한 것 또는 수업 내용을 응용하는 것 등을 보충하는 것이다.

능동적이고 효율적인 복습이란 '한 과정의 본질적인 부분들에 대한 계속적인 자기 시험의 과정'이라고 할 수 있다. 따라서 효과적인 복습은 두 단계를 표현한다. 첫째는 내용을 본질적인 요점으로 압축하고, 그 본질적인 요점을 다시 압축하는 과정이다. 내용이 갖고 있는 핵심적인 단어의 의미를 정복할 때까지 이런 과정을 반복한다. 둘째는 지속적인 '자기 시험'을 통해 핵심적인 내용을 주기적으로 검토하는 것이다. 내용을 이루고 있는 모든 단어를 자유롭게 구사할 수 있고, 즉각적으로 단어를 말할 수 있을 정도가 되어야 한다.

② 모범적인 복습 방법

복습시간의 간격은 초기에는 짧게 잡고 점차 넓혀 나간다. 모범이 될 만한 복습방법은 다음과 같다.

(1) 제1회 복습

일반적으로 50분 수업을 하고 10분 정도 쉰다. 첫 번째 복습은 수업이 끝나고 주어지는 10분의 쉬는 시간 중 5분을 할애해 방금 배웠던 내용을 복습한다. 에빙하우스의 망각곡선에서 알 수 있듯이 방금 들었던 수업내용은 아직까지 머릿속에 남아있기 때문에 5분 정도면 배운 내용을 간단히 복습할 수 있다. 이렇게 해서 배운 내용을 100% 기억 상태로 계속 유지할 수가 있다.

(2) 제2회 복습

그날 배운 공부 내용은 반드시 그날 저녁에 복습해야 한다. 만약 그렇게 하지 않으면 배운 내용의 60% 정도가 그냥 머릿속에서 사라지게 된다.

(3) 제2.5회 복습

이 단계를 2.5회라고 부르는 이유는 2회 복습이 끝나고 3회 복습을 하기 전에 꼭 들어가야 할 필수적인 단계이기 때문이다. 이 단계에서는 2주 전에 배운 내용을 먼저 다시 한 번 복습하고 지난주에 배운 내용을 복습하면서 전체적인 체계를 다시 한 번 떠올려야 한다.

(4) 제3회 복습

주말은 일주일 동안 배운 학습 내용을 다시 완전하게 복습할 수 있는 절호의 기회다. 제1회와 제2회 복습을 통해 학습 내용을 주말까지 거의 100%에 가깝게 기억했다면, 세 번째 복습을 통해 100%의 기억 상태를 계속해서 유지할 수 있게 된다. 세 번까지 복습을 하면 언제 시험을 치러도 자신이 있다. 주말에 일주일 학습 내용을 복습하고 다음 주 예습까지 완성하면 월요일 아침에 등교하는 마음이 훨씬 가볍고 기분이 좋을 것이다. 자신도 모르는 사이에 자신감과 활력이 솟아날 것이다.

③ 쉬는 시간: 복습의 황금 타이밍 5분

땀을 흘려 무작정 열심히 노력한다고 해서 무조건 박수를 쳐줄 수는 없다. 일에서든 공부에서든 효율성이 중요하다. 공부시간에 열심히 집중하고 남는 시간에 편하게 쉬면서 재충전을 하기 위해서는 효율적인 공부법이 필요하다.

중국 속담 중에 '열 걸음 중 아홉 걸음이 반'이라는 속담이 있다. 마지막 한 걸음을 걷지 않으면 반밖에 안 온 것이나 마찬가지라는 뜻으로, '시작이 반'이라는 속담에 반하는 뜻이다. 이를 수업 시간에 적용시켜보면, 수업을 열심히 듣는 것이 아홉 걸음이라면, 수업이 끝난 직후에 내용을 다시 한 번 훑어보는 것이 마지막 한 걸음이라고 할 수 있다. 이처럼 수업 직후의 복습이 가장 중요한데, 그중 가장 큰 효과를 올릴 수 있는 방법이 5분 학습법이다.

수업시간에 열심히 들었는데 돌아서면 기억나는 게 하나도 없어 절망적인 기분이 들 때가 많았을 것이다. 우선 수업시간에는 그 시간에 배우는 내용에 집중하자. 그런 다음 수업이 끝난 뒤 딱 5분만 방금 전에 배운 내용을 다시 한 번 짚어보는 시간을 갖는 것이다.

5분은 짧은 시간이라 배운 내용을 외울 수는 없다. 하지만 한번 정리해 볼 시간으로는 충분하다. 고등학생을 기준으로 하루 8교시의 수업을 듣는다고 하면 쉬는 시간에 5분씩만 복습에 투자하면 하루에 약 40분가량 더 공부하는 것이 된다. 물론 하루에 40분이라는 시간이 그다지 길지 않은 시간으로 느껴질 수 있다. 하지만 일주일 뒤 기억량을 보면 5분간 복습을 안 한 경우보다 학습량이 다섯 배 정도 많게 된다. 즉 5일 동안 5분 학습법을 이용해서 복습한 학생의 경우, 실제로 추가적으로 공부한 시간은 200분이지만 기억의 양은 200분의 5배, 즉 1000분을 스스로 학습한 효과가 있다. 결국 15시간 이상 공부를 더 한 셈이니 이는 실로 어마어마한 차이가 난다. 일주일에 하루도 쉬지 않고 공부를 한다고 해도 하루에 2시간 이상을 더 공부한 효과가 있다는 뜻이다.

밤늦게까지 공부하고 주말도 없이 공부를 하는데 성적이 오르지 않는다면 수업 직후의 5분을 이용하라. 그리고 주말에는 잠을 푹 자고 친구들과 놀기도 하고, 취미 생활도 즐기자. 그렇게 해도 성적은 훨씬 좋아질 것이다. 고생한다고 해서 누구나 반드시 좋은 결과를 얻을 수 있는 것은 아니다. 모든 일에는 중요한 타이밍이 있다. 복습의 최적 타이밍은 수업 직후다. 따라서 수업이 끝나면 필기한 것을 중심으로 다음과 같은 요령으로 배운 것을 복습하고 정리한다.

(1) 새로 배운 내용을 전에 배운 내용과 비교하고 전체 학습 주제와 흐름, 범위를 생각해 본다.

(2) 미비하거나 문제가 있다고 생각되는 부분을 다시 한 번 살펴보고, 교과서의 내용과 필기를 요약해 정리한다.

(3) 모르는 점이나 미비한 점이 발견되면 선생님에게 직접 질문하거나 교과서

나 참고문헌 등을 통해 확실하게 알아두도록 한다.

(4) 예습과 수업 내용, 복습 등의 과정에서 학습한 것을 총 정리해 중요한 내용을 자신의 언어로 표현하고 체계화시킨다.

(5) 수업 내용을 머릿속에 그려서 전체내용의 흐름을 하나의 사진으로 영상화시킨다.

학습효과를 바꾸는 노트정리

서울대 국문과에 합격한 김유나 양의 경우 노트정리를 통한 효율적인 학습으로 성공한 확실한 방법을 제시하였다. 우선 노트정리가 한눈에 보이도록 정리함은 물론이고 형광펜, 색연필, 삼색볼펜 등을 이용하여 중요한 핵심용어(keyword)를 잘 표시하고 머릿속에 체계적으로 정리하여 최상의 학습효과를 갖게 되었다.

① 상위 1%로 가는 노트 정리 비결

(1) 바인딩 노트를 사용하라

효과적으로 노트를 정리하기 위해서는 다 쓴 다음에 노트를 헤쳐서 다시 묶을 수 있는 바인딩 노트(binding note)를 사용하는 것이 좋다. 1~3권의 바인딩 노트에 각 과목별로 견출지를 붙여 구분하면 모든 과목을 한두 권의 노트에 필기할 수 있고, 나중에 분량이 많아지면 과목별로 다시 하나의 노트로 묶을 수가 있다. 또한 보충할 내용이 있는 경우에는 언제든지 중간에 삽입시킬 수가 있어서, 노트를 두고두고 정리하며 보기에 편리하다.

(2) 여백은 충분히, 수업마다 페이지를 달리하라

노트는 답답하지 않도록 충분한 여백을 두고 깨끗하고 정확하게 써야 한다. 노트를 쓸 때, 지면을 절약한다고 빽빽하게 쓰는 학생이 있는데, 이는 효과적인 노트 사용이 아니다. 그렇게 필기를 하면 각 내용이 너무 붙어 있어서 내용을 구별하기가 어렵고, 나중에 보충할 내용을 덧붙이려고 해도 기입할 공간이 없어 기입을 못 하게 된다. 따라서 노트는 여백을 충분히 두고, 다음 항목과의 사이를 넉넉히 띄워놓는 게 좋다. 이때 색 볼펜이나 형광펜을 이용하여 중요도의 우선순위를 표시하여야 학습 효과를 높일 수 있다.

같은 맥락에서, 수업시간마다 페이지를 달리해 쓰는 것이 좋다. 선생님이 강의를 할 때, 그날그날 수업시간의 목표가 분명히 있고, 진도도 균등하게 나가기 때문에 수업시간마다 페이지를 달리해서 쓰는 것이 합리적이다. 이는 후에 자신이 원하는 부분을 찾는 시간을 절약해줄 뿐만 아니라 나중에 빠진 것을 써넣을 수도 있어 편리하다.

(3) 주제와 소제목을 붙여라

노트 필기도 어느 정도 체제를 갖추어서 해야 한다. 책과 마찬가지로 강의주제와 소제목을 붙이고 그에 따른 진술을 요약해서 기입한다. 선생님들이 강의를 할 때 대개 주제와 소제목을 칠판에 쓰거나 강조해서 설명하는데, 그때 그것을 노트에 적어두면 된다.

특별히 이러한 구분을 하지 않고 계속 강의하는 경우에는 자신이 직접 내용에 따라 제목을 붙여가면서 필기를 한다. 그리고 노트에는 반드시 날짜를 쓰고 색인을 붙여 나중에 알아보기 쉽도록 한다. 강의하는 선생님의 색분필 활용을 통해 중요한 강조점을 파악한다.

② 노트 정리의 8가지 법칙

(1) 단순화하고 압축한다

개요는 압축하고 줄여서 가능한 짧게 만든다. 문장 대신 구(句)를 쓰고, 불필요한 단어나 상세한 설명은 뺀다. 종속적인 문장은 한두 단어로 해서 다른 문장에 섞는다. 몇 개의 외우기 쉬운 단어가 될 때까지 줄인다.

(2) 핵심어 활용을 극대화한다

순서대로 하나의 개념이 다른 개념과 연결되도록 한다. 이렇게 하면 최초의 개념만 생각하면 자동적으로 다음 것이 떠오르게 된다.

(3) 노트를 나눠라

한 장의 노트라도 여러 부분으로 나눠서 쓰면 더 효과적으로 사용할 수 있다.

노트를 나누는 방법에는 여러 가지가 있는데, 첫 번째는 수업 내용의 복습을 더욱 효과적으로 만들기 위한 방법이다. 노트를 쓰기 전에 노트의 왼쪽과 오른쪽 양 끝에 3~5cm가량의 여백이 있도록 위에서 아래로 줄을 긋는다. 그리고 수업시간에는 노트의 가운데 부분에 수업 내용과 선생님이 설명하는 것을 필기한다. 수업이 끝나면 노트 중앙에 기록해둔 것을 읽고 중요한 내용을 짤막한 단어나 구절로 요약해 왼쪽 여백에 기입한다. 그리고 오른쪽 여백에는 그 페이지에 나오는 내용 전체를 두서너 줄로 요약해 적어둔다. 이런 식으로 노트를 사용하면 내용을 일목요연하게 볼 수 있을 뿐만 아니라 이 과정에서 자동적으로 복습하는 셈이 되어 효과적인 학습을 할 수 있다.

또 한 가지 방법은 예습과 수업시간, 복습의 내용을 모두 한쪽에 포함하는 방법이 있다. 이때는 노트 한 면이 세 부분으로 분할되도록 2개의 가로선을 적절히 긋는다. 그리고 제일 윗부분은 예습할 때 이번 수업시간에 배울 내용을 미리 간단히 요약해서 적어 넣는다. 그리고 가운데 부분은 수업을 들으면서 필기를 한다. 이때 중요한 내용을 표시해 두고 이해가 가지 않는 부분은 알아볼 수 있도록 표시하는 것이 중요하다. 그리고 맨 아래 칸은 복습할 때 사용하는 부분으로, 내용을 간단히 몇 개의 구절로 요약한 다음에, 복습을 위한 문제 등을 뽑아서 풀어 놓으면 좋다.

(4) 숫자를 사용한다

숫자는 공부 내용을 이해하거나 기억하는 데 매우 유용하게 쓰일 수 있다. 예를 들어 '노트 정리를 향상시키는 비결'에는 8가지 방법이 있다는 것을 인지하면 노트정리 비결을 확인할 때 8가지가 떠오르지 않는다면 무엇인가가 빠졌다는 사실을 스스로 알 수 있다.

(5) 들여쓰기를 한다

각 장의 주제 및 부차적인 개념들을 쓸 때는 중요도와 관계에 따라 뒤쪽으로 이어서 세로줄에 맞춰 들여쓰기를 한다. 그러면 그들 간의 관계를 알 수 있게 된다. 즉, 단락을 나눠 첫줄의 첫 글자를 안으로 3~4자 들여 넣어 쓰기 시작하면 행이 바뀌는 것을 쉽게 알 수 있다.

(6) 현장감을 느끼게 한다

노트를 작성할 때, 강의한 날짜, 수업 중 질문이나 선생님의 농담, 동료의 실수 등을 간단하게 메모하면 나중에 노트를 복습할 때 마치 그 수업 현장으로 돌아간 느낌이 들면서 기억이 더욱 생생해질 수 있다.

(7) 지우개를 사용하지 않는다

잘못 적었더라도 지우개를 사용하지 말고, 붉은 펜으로 정정한 증거를 남긴다. 특히, 예습에서 풀었던 문제의 해석이나 해답이 틀렸을 경우, 무엇이 잘못되었는지, 그리고 어떻게 고쳤는지를 한눈에 파악할 수 있도록 다른 색의 글씨로 정정해 증거를 남겨둔다. 이렇게 하면 자신이 어떤 부분을 제대로 몰랐는지에 대해서 더욱 주의하게 된다.

(8) 시각화한다

그림과 표를 사용하면 문장에 의한 설명보다 10배 이상 쉽게 이해할 수 있고 기억할 수 있다. 그리고 문장으로 설명하는 것에는 한계가 있는 복잡한 관계나 시대의 흐름 등은 그림이나 표, 그래프, 지도,

연표 등으로 시각화하면 한눈에 금방 이해할 수 있다.

손으로 직접 그림을 그리는 것이 가장 효과적이지만, 시간상의 이유 또는 다른 제약으로 인해 그릴 수 없는 그림은 교과서와 참고서, 또는 백과사전의 그림이나 도표를 복사해 노트에 오려붙이면 매우 효과적이다.

③ 핵심 필기 내용을 잡아라

(1) 중심 개념을 생각하며 듣는다

강의는 우선 잘 들어야 이해할 수 있고, 이해한 후에야 노트 정리를 잘할 수 있다. 어려운 강의라 하더라도 흥미 있는 점을 찾도록 하자. 가장 중요한 것은 언제나 중심 개념과 아이디어에 초점을 맞춰 듣도록 하는 것이다. 막연하게 들리는 것을 전부 듣는 것이 아니라 중심 개념 또는 아이디어와의 관계를 생각하면서 체계를 잡도록 한다. 강의 중 필기에 지나친 노력과 시간을 집중하지 말고 강의 내용을 집중적으로 듣고 정리하는 데 중점을 둔다.

(2) 핵심 필기 내용은 이런 것이다

지저분한 노트는 노트로서의 가치가 없다. 노트필기를 할 때는 강의의 요점을 잡아 중심내용을 알 수 있는 항목만 필기하는 것이 바람직하다. 일반적으로 강의요점을 지적해주는 단서는 다음과 같은 것들이 있으며, 이것들을 중심으로 필기하도록 한다.

- 강의에서 제시하는 제목
- 판서·지도·그래프·실험결과 등
- 중요하다고 언급하거나 강조한 곳
- 반복적으로 설명하는 내용
- 가나…, ab…, 12… 등 조목별로 나누어 설명하는 것
- 억양의 변화로 강조하는 부분
- 선생님이 요약해 주는 것

대체로 선생님들은 위와 같은 방법을 통해서 중요한 내용을 강조하지만, 선생님마다 판서 스타일은 매우 제각각이다. 그렇기 때문에 각 선생님의 수업방식에 적응하도록 한다. 선생님의 설명방식이나 말투, 부적절한 수업환경 등에 자신을 맞추려는 노력도 있어야 한다. 선생님을 크게 두 가지 항목으로 분류해보자면, 판서를 체계적으로 해주시는 경우와 그렇지 않은 경우로 나누어 볼 수 있다.

판서를 체계적으로 하는 선생님의 경우에는, 선생님이 칠판에 하는 판서를 노트에 그대로 받아 적으면 된다. 그런 다음에 형광펜이나 색 볼펜 등을 이용하여 중요한 부분이나, 자신이 특히 이해가 잘 가지 않거나 주의해야 할 것 같은 부분을 꼼꼼히 표시하여 자기만의 노트를 만들면 된다. 그런 다음에 주석이나 해설같이 선생님이 판서 내용에 대해 덧붙인 설명이나 자신이 추가하고 싶은 내용을 채워 넣으면 수업 필기 노트가 완성된다.

반면에 판서를 체계적으로 하지 않는 선생님의 경우에는 학생 쪽에서 조금 더 노력해야 한다. 선생님이 중요 단어만 칠판에 쓰는 경

우에는 수업 시간에 집중해서 들은 다음 앞뒤 맥락을 파악하여 그 맥락까지 노트에 기록해두는 것이 중요하다. 이런 내용들을 노트 여백에 재빨리 핵심어(키워드)를 사용하여 기록한 다음 복습을 통해 꼼꼼히 다시 정리해두어야 한다.

(3) 수업이 끝난 직후, 노트 교정을 보라

수업이 끝나면 반드시 자신이 쓴 노트를 다시 한 번 훑어보고 교정을 보도록 한다. 가급적 가까운 시간에 다시 보고, 잘못된 부분과 적당하지 않은 말을 교정하고 빠진 것과 이해가 덜 된 것은 보충하며, 중요한 곳은 색연필 등으로 중요표시를 해 놓는다. 시간이 흐른 후에는 기억이 흐려져 고치기가 어려워진다.

어떤 학생은 학교에서 초벌 필기를 하고 집에 돌아와 정식으로 노트에 다시 옮겨 쓴다. 이런 방법을 계속하면 집에서의 공부시간을 노트정리에 대부분 소비하게 된다. 또한 정리하지 못하고 미루다 보면, 나중에는 정리하지 못한 노트가 너무 많아져 손을 댈 수조차 없게 된다.

필기한 것을 다시 고쳐 쓰는 것은 낭비다. 그리고 다른 사람의 노트를 빌려 옮겨 쓰는 것도 좋지 않다. 노트필기를 어떻게 해야 할지 모를 때는, 1~2주일 동안만 학교에서 초벌 필기를 하고, 집에서 정식 노트를 만든다. 그러면 수업내용의 요점 정리방법을 익힐 수 있게 된다. 그리고 그 이후에는 수업 중에 정식 노트에 써 넣어 시간을 낭비하지 않도록 한다.

(4) 교과서에 필기하여 '자신만의 참고서'를 만들어라

교과서는 학습의 중심이다. 따라서 교과서를 어떻게 활용하는가에 따라 학습 능률이 달라진다. 중요 사항에 밑줄을 긋거나 색칠을 하는 방법은 일반적이다. 이 외에도 추가사항을 써 넣으면 교과서를 멋지게 활용할 수 있다. 교과서를 효과적으로 사용하는 방법을 몇 가지 제시한다. 하지만 이에 한정짓지 말고, 스스로 연구해 자신이 가장 사용하기 쉬운 방법으로 '자신만의 참고서'를 만든다.

- 교과서 문장만으로 설명이 부족한 경우 써넣기로 보충한다. 예를 들어, 국어에서의 '지시어의 내용'이라든가 '보충해야 할 생략사항' 등이 그것이다.
- 설명이 길게 늘어진 문장이라서 내용을 한눈에 파악하기 힘들 때는 포인트를 조목별로 여백에 적는다.
- 그림 옆에 간단한 설명과 관련사항을 적는다.
- 단락의 요점이나 교과서에 나오는 제목을 더욱 세분화한 '작은 제목'을 여백에 적어 놓으면 총정리 할 때 편리하다.
- 수업 중에 선생님이 특별히 강조한 부분이나 칠판에 적은 내용 등에 중요 표시를 해둔다. 표시를 구분해 사용하면 이후에 수업내용을 생각해내기가 쉽다.
- 특히 수학시간 중 출제빈도가 높은 문제를 설명할 때는 특별히 표시하여야 한다.

예비 중·고생을 위한 맞춤 공부법

실력이 낮으면 기초부터 다시 시작하라

명문고에서 좋은 대학을 많이 보낸다고 하면 너 나 할 것 없이 명문고로 몰린다. 그런데 중요한 사실은 잘못된 결과에 대해 책임지는 사람이 없다는 것이다. 명문고에 진학한 학생이 무조건 그렇지 않은 학생보다 좋은 대학에 진학하는 것 또한 아니다. 즉, 검증되지 않은 채 진리로 받아들여지는 가설들이 항상 옳지는 않다.

학습목표를 세울 때 다른 학생의 목표가 반드시 자신의 목표와 같을 필요가 없다. 수학 실력이 중학교 수준밖에 안 되는 고등학생은 과감히 중학교 과정의 내용을 다시 점검하고 다시 공부해야 한다. 반에서 중간 정도 하는 학생이 다음 달에 전교 일등을 목표로 하거나, 체력이 좋지 않은 학생이 네 시간만 자고 공부하는 목표를 세우는 것은 나만의 목표를 세우는 것이 아니다. 현재 자신의 실력을 올

바로 파악하여 나에게 맞는 목표를 세워야만 그 목표를 위해 땀을 흘릴 수 있고, 그 목표를 이룰 수가 있다.

부모님이나 선생님, 친구들에게 보여주기 위한 목표는 자신에게 도움이 되지 않을 뿐만 아니라 자신의 목표를 이루지 못한다. 자신의 목표에 자신만큼 관심 있는 사람은 없다. 그리고 목표를 달성했을 때, 가장 큰 이익과 기쁨을 느끼는 사람도 자신이다. 목표를 세울 때는 누군가의 눈치를 보지 말고, 나를 위한 목표를 세워야 한다. 그래야 꿈을 이룰 수가 있다.

입학 전 겨울방학을 노려라

① [예비 중1 겨울방학 공부법] 한 학기 주요단원 핵심만 잡아라

기말고사도 서서히 마무리되고 곧 겨울방학이 시작된다. 겨울방학을 얼마나 효과적으로 보내느냐에 따라 학생들이 새 학년을 맞이했을 때 느끼는 자신감이 달라진다. 그중에서도 예비 중학교 1학년 학생들에게 겨울방학은 각별히 중요한 시간이 될 것이다. 정신적으로, 학습적으로 어떤 대비책을 마련했는지에 따라 중학생활의 출발이 달라지기 때문이다.

(1) 학습계획을 세워라

계획은 구체적으로, 다시 야심차게 세우는 것이 좋다. 어떤 교재를 어떤 방식으로 공부하여 언제까지 마감할 수 있을지, 공부의 과정을 통해 스케치해보는 것이 필요하다. 방학 전체의 계획이 다시 일주일 단위의 계획으로 세분화되고, 다시 그날 공부할 계획으로 구체화해야 한다.

(2) 선행학습은 짜임새 있게

이 시기에는 특히 조급함이 앞선 나머지 무리한 선행계획을 세우는 경우가 많다. 그러나 실력에 따른 객관적 판단을 기준으로 실천 가능한 범위의 선행계획을 세워야 한다. 굳이 성적에 따라 나눈다면 90점 이상 학생의 경우 더 높은 흥미와 학습에 대한 호기심 유발을 위해 선행학습이 심화학습과 연계될 수 있으므로 개인의 능력과 사정에 따라 선행학습을 하는 게 좋다.

중학교 과정은 어려울 것이라 지레 겁먹을 것이 아니라, 학원 선택 등 여러 가지 사항을 다양하게 점검할 필요가 있다. 우선 중학교 1학년 교과서와 개념정리에 충실한 참고서를 구해 앞으로 배우게 될 내용이 무엇인지 전체적인 내용을 훑어본다. 공부를 하는 것이 아니라 '무엇을 배우게 될 것인가'를 파악하는 것이 중요하다. 그리고 상세하고 친절한 교재를 선택해 스스로 읽고 이해하는 훈련을 한다. 국·영·수를 중심으로 1학기 주요 단원의 핵심 정도를 이해해 보겠다는 생각으로 시작한다면 좋을 것이다. 영어단어나 한자와 고사 성어 등 용어 파악과 이해를 중심으로 평소 꾸준한 시간 투자가 필요한 공부는 겨울방학 때 시작하는 것이 적합하다.

특히 수학의 부족한 부분을 파악하여 효율적인 학습이 되도록 하여야 한다.

(3) 후행학습은 선행학습의 지름길

한 학생의 사례를 보자. 상위권이 아니었던 학생이 있었다. 그 학생은 예비 중1 겨울에 부모님의 권유로 초등학교 6학년 전 과정을 복습했다. 배울 당시에는 잘 몰랐던 부분도 조금 커서 복습하니 잘 받아들여져 한 달 반 동안 6학년 전 과정을 성공적으로 마무리했다. 비록 선행학습의 많은 분량을 하지 못했지만 매일 예습과 복습을 하는 과정에서 공부의 재미를 느끼기 시작했다. 그리고 학생은 중학교 1학년 첫 중간고사에서 평균 90점으로 반에서 2등을 했다. 겨울에 한 후행학습을 통해 기초를 단단히 다질 수 있었을 뿐만 아니라 공부하는 습관까지 기르게 되어 중학교 과정을 성공적으로 시작할 수 있었던 것이다.

학교가 바뀌는 과도기의 경우 많은 학부모가 불안감에 선행학습만 포커스를 맞추기 쉽다. 그러나 성적과 관계없이 모든 학생에게 필요한 것은 후행학습이다. 후행학습은 자칫 퇴보의 의미로 받아들여질 수도 있으나, 이는 중학교 과정을 효과적으로 받아들이기 위해 학생의 학습체질을 강하게 만드는 데 필요한 작업이다.

특히 예비 중1에겐 수학, 과학 과목의 중1 과정과 초등학교 6학년 과정을 연계하는 계통별 학습이 효과적이다. 예를 들어 중학교 1학년 1학기 과정의 수와 연산과 방정식 부분을 제대로 학습하기 위해서는 6학년 교과의 연산부분의 충분한 숙지가 선행되어야 한다.

같은 예로 중학교 1학년 2학기 과정의 도형에서 어려움을 겪지 않으려면 우선 초등학교 학년별로 제시되었던 도형의 기본개념에 대한 복습이 필요하다. 이렇게 후행학습을 거친 학생의 경우 선행학습만 하는 학생보다 시작은 늦을 수 있으나 이후에 이해도와 학습 가속도는 나날이 높아짐을 느낄 것이다. 후행학습과 함께 기초다지기와 선행학습을 병행하면 학습의 틀이 더욱 튼튼히 잡힌다.

(4) 방학 끝날 땐 반성과 정리를

방학이 끝날 때쯤에 방학을 통해 정리한 것과 부족한 점 등을 정돈하며, 전체를 통찰할 수 있는 시간이 필요하다. 또한 흘려보낸 시간에 대한 총정리 작업은 다가오는 새로운 시간에 대한 계획으로 이어질 수 있어야 한다. 새로운 출발을 위해 이와 같은 마무리 작업을 수행하는 것은 학생들에게 도전정신을 높이는 기회로도 의미가 있다.

② [예비 고1 겨울방학 공부법] 국·영·수 '개념 공부'로 기초를 쌓아라

현 대입제도에서는 학생들의 학업 부담이 매우 크다. 내신도 잘해야 하고, 수능에서도 좋은 등급을 얻어야 하며, 대학별 논술과 구술까지 대비해야 하기 때문이다. 그렇다면 끊임없이 변화하는 입시제도에 맞는 예비 고1 학생들의 과목별 겨울방학 공부법을 살펴보자.

(1) 국어

최근 각종 시험에서 어휘 관련 문항이 크게 늘어난 것에서 알 수 있듯이 고교 과정에서는 수준 높은 어휘력이 필요하다. 어휘력을 키우기 위해서는 평소 어휘를 검색하는 습관이 몸에 배도록 하는 게 좋다. 모르는 단어는 반드시 확인하고, 매일 일정량의 관용구(속담, 한자성어 등)를 공부하는 것은 기본이다.

등급제로 내신평가 방식이 바뀌면서 학교시험이 더 어려워지고 있다. 이에 대비해 겨울방학에 최소한 1학기 기말고사 범위까지는 예습하는 것을 목표로 삼되 개인의 능력에 따라 최대한의 학습계획을 세우는 것이 중요하다. 이때는 단원목표와 학습 원리 이해, 학습활동 문제를 비롯한 많은 문제를 풀어보는 것이 좋다.

특히 쓰기-말하기-읽기가 연계된 논리력 문제나 교과서 외에도 지문과 혼합된 문제, 서술형 심화 문제는 1등급을 목표로 하는 학생이라면 꼭 해결해야 한다. 국어의 학습 범위는 어휘부터 문학, 비문학, 쓰기, 어법까지 광범위하기 때문에 2, 3학년에 가서 준비하면 이미 늦다. 기본 개념과 원리가 잘 설명되어 있는 기본 문제집을 풀어 기초 실력을 미리 키워야 한다. 문제집은 매일 꾸준히 풀고, 틀린 문제는 반드시 확인하고 넘어가야 한다.

문학은 각 출판사에 수록된 문학교과서 수록 작품을 중심으로 장르별로 학습하고 우선 고1 과정에서 활용도가 높은 고전시조나 현대시를 공부해 두는 것이 좋다. 또한 비문학은 문장을 통한 독해력 향상에 노력하여야 한다.

(2) 영어

영어 공부의 처음은 어휘력이다. 영어는 접두사나 접미사가 붙어 다양한 파생어가 만들어지기 때문에 한 단어에서 파생되는 단어를 함께 알아두면 어휘량을 빨리 늘릴 수 있다. 단어를 외울 때는 강세를 살려가면서 소리 내어 읽고, 단어장에 어휘가 활용된 예문을 함께 써 두면 도움이 된다. 특히 외워지지 않는 단어는 별도 표시를 해서 예문과 함께 익히는 반복학습을 하면 효과적이다.

문법은 시간이 많이 걸리는 부분이다. 처음부터 너무 수준 높은 교재로 문법을 완성하겠다는 과욕은 버리고, 겨울방학을 이용해 기초적인 문법을 정리해 보는 것이 좋다. 시제의 일치, 동명사, 부정사, 수동태, 동사 등 자주 출제되는 개념을 이해하고, 확인 문제로 실제적 쓰임까지 알면 실력을 착실히 쌓을 수 있다.

듣기는 연음, 탈락, 축약, 묵음 등 문장 내에서 변화하는 소리를 파악하고 상황별 어휘 표현, 구어적 표현 등을 익히기 위해 연습을 꾸준히 해야 한다. 듣기에만 그치지 말고 문제를 풀고, 풀이 후에는 다시 들어서 놓친 부분이나 틀린 부분을 확인해야 한다.

독해는 고1 수준에서 속독보다 정독을 통해 단락 나누기, 핵심어, 중심문장 찾기, 추론 등 문장 독해 중심의 기본기를 익힌다. 동화와 같이 쉬운 내용에서 시작해 문학, 사회, 경제, 예술, 과학 등 다방면의 글을 많이 접해 보는 것이 독해력을 키우는 지름길이다.

(3) 수학

수학 공부는 문제만 많이 풀면 성공한다고 생각하기 쉽다. 그러나 수학에서 가장 중요한 것은 개념정리다. 따라서 평소 공부한 뒤 간단하게 단원의 개념정리노트를 완성하는 습관을 길러야 한다. 틀린 문제는 모범 답안을 외우려 하지 말고 풀이과정을 정확히 쓰면서 관련 개념을 익히는 계기로 삼는다.

수학 실력은 하루아침에 올릴 수 없다. 중학교 수학부터 기초가 잘 잡혀있어야 고등학교 수학을 배우면서 기본을 익히고 정확한 용어를 통한 개념을 쌓아올릴 수 있다. 문과든 이과든 수학 성적의 뒷받침 없이 원하는 대학을 가기란 쉽지 않다. 내신이 많이 반영되는 수시모집도 그렇고, 수능 점수가 당락을 결정하는 정시모집도 수학을 안 보는 대학을 찾기조차 쉽지 않다. 그래서 전국의 고등학생들이 수학 공부에 많은 시간과 노력을 투자하지만 원하는 만큼의 수학 성적을 얻는 것 또한 쉽지 않은 일이다. 그만큼 수학은 기초가 중요하고 공부 시간도 많이 소요된다.

일단 올바른 공부 방법으로 수학 1등급을 유지하는 실력을 갖추게 되면 수학만큼 견고해지는 과목도 없다. 수학을 정복하면 다른 과목에 투자할 수 있는 시간에 많은 여유가 생긴다. 당연히 다른 과목의 성적도 오를 수밖에 없다. 수학 공부가 전체 성적을 좌우하게 되는 것이다.

교육청 출제 기출문제 및 수능 기출문제를 풀어보는 일은 매우 중요하다. 기출문제는 시험을 출제하는 기관이 직접 출제한 문제이다. 특별히 교육청 기출문제는 오랜 기간 동안 검증된 출제위원들이 정제된 문제를 출제하기 때문에 학교 내신문제가 많은 학교에서 교육청 기출문제를 변형하여 출제하는 경향이 분명하다. 각 고등학교 기출문제를 보면 어떤 식으로 시험 문제가 구성되는지, 어떤 내용을 출제했는지를 파악할 수 있고 그에 맞는 시험 대비를 철저히 해야 한다.

수학은 생각하는 과목이다. 따라서 문제를 해결할 때는 반드시 생각을 하는 과정이 필요하다. 자신이 가지고 있는 개념 도구들 중에서 어떤 내용을 가져다 활용할지를 부단히 생각하고 연구한 사람만이 성적을 올릴 수 있다. 입시 수학은 주어진 문제의 '해결책'을 잘 찾는 훈련이다. 해결책을 찾고자 고민하는 과정에서 수학 실력이 향상된다.

올 겨울 방학엔 '수학(상), 수학(하)'의 기본 개념을 정리해야 한다. '수학(상), 수학(하)'는 수학 전체 내용의 가장 기본이 되기 때문에 철저히 익히고, 심화과정에 기본이 되는 개념을 연계하여 학습해야 한다. 하지만 제한된 시간 동안 이를 모두 끝내는 것은 힘들다. 따라서 '수학(상)'은 개념학습과 실전문제 학습까지 끝내서 1학기 시험대비에 철저히 준비할 필요가 있고 '수학(하)'는 단원정리만 한다는 생각으로 공부하는 것이 좋다.

학교 시험과 수능시험 준비는 별개의 것이 아니다. 내신을 수능, 논술, 면접시험과 연계해 동시에 대비하는 전략이 필요하다. 그러기 위해서는 교과 과정에 있는 모든 공식의 유도 과정을 반드시 익히고 교과서나 문제집에 나오는 증명문제도 확실하게 정리해야 한다. 종합적인 사고력을 필요로 하는 문제와 기출문제를 풀어보고, 교과서 심화학습 문제도 빠짐없이 학습하여야 한다.

수학은 이전 학년에서 배운 기초가 없으면 학년이 올라갈수록 해당 학년의 내용을 이해할 수가 없다. 중1 과정의 일차방정식을 제대로 이해하지 못하면 중2 과정의 일차함수를 알 수가 없다. 일차함수 수업 시간에 초 집중을 하고, 일차함수 단원의 문제를 아무리 많이 풀어도 일차방정식을 모르면 일차함수의 내용을 제대로 이해할 수가 없다. 일차함수를 모르면 이차함수도 당연히 이해하려야 이해할 수가 없다. 중학교 때 수학을 제대로 공부하지 않은 학생이 고등학교 과정의 연계성을 이해하고 기본개념과 필수문제를 철저히 익혀야 한다. 수학은 단원의 연관성이 매우 크기 때문에 단기간에 해결될 수 없다. 고등학교 수학을 잘하기 위해서는 중학교 과정의 수학 기초가 필수적이다.

선행학습 자체가 나쁜 것은 아니다. 학교 진도까지 충분히 깊게 공부하고, 심화문제까지 해결할 수 있다면 선행학습을 해도 좋다. 여기서 충분히 깊게 공부했다는 것은 남에게 설명할 수 있는 수준을 뜻한다.

고난도 문제를 풀며 복습하는 '심화학습'이 올바른 수학 공부의 길이라 여기는 것이다. 심화학습도 선행학습과 절대적 연관이 많다. 어려운 문제를 주로 다루는 심화학습은 사실 수학적 사고력을 높이기에 가장 적절한 방법이다. 주어진 조건을 최대한 활용하고, 문제를 풀어내기 위해 다양한 시도를 해야 한다.

심화학습을 제대로 하려면 개념학습을 이미 탄탄하게 다져놓은 상태여야 한다. 내신 유형 문제집은 이미 학기 중에 완전학습이 되도록 준비하고 심화학습을 통한 수학적 사고력을 향상시키는 노력이 필요하다. 선행학습은 개인별 실력과 차이가 있지만 방학 때 한 학기 분량 정도만 예습하는 것이 적절하다.

기본서, 유형 문제집, 수능 기출 문제집까지 세 가지 문제집은 반드시 한 권씩 마스터해야 한다. 이 세 권만 완벽하게 숙지할 만큼 여러 번 반복해서 공부하는 것만으로도 공부해야 할 양이 상당히 많다. 이 세 가지만 확실하게 자기 것으로 만든다면 수능 1등급은 충분히 가능하다.

가네(Gagne)의 위계학습이론에 따르면 수학은 학년이 올라갈수록 난이도가 올라간다는 특징이 있다. 수학은 아래 학년에서 배운 내용(개념)을 토대로 새로운 내용을 배우게 된다. 초등학교 수학에서 개념을 제대로 다지지 않으면 중학교 수학의 개념을 이해하기 어렵다. 중학교 수학에서 개념을 탄탄하게 하지 않으면 고등학교 수학의 개념을 이해할 수 없다.

고등학교 과정 안에서 답을 찾기 어렵다면 중학교 개념을 토대로 연계성을 찾아봐야 한다. 중학교 과정을 살펴보면 1, 2, 3학년 모두 1학기에는 수와 연산, 문자와 식, 함수 관련 단원을 배우고, 2학기에는 도형(기하), 확률과 통계 관련 단원을 배운다. 즉, 중학교 1학년 1학기 때 배운 내용이 중학교 2학년 1학기 내용으로 이어지고, 중학교 2학년 1학기 내용은 중학교 3학년 1학기 내용과 깊은 연관이 있다. 2학기도 마찬가지다. 중학교 1학년 1학기에 배운 내용과 중학교 1학년 2학기에 배운 내용은 크게 연관이 없다. 만약 현재 학생이 중학교 3학년 1학기를 대비한다면 직전 학기인 중학교 2학년 2학기를 복습하는 것이 아니라 중학교 2학년 1학기를 복습해야 직접적으로 효과를 볼 수 있다. 이는 수학 계통도를 보면 더 명확해진다.

수학 계통도를 보면 수학을 전체적으로 한눈에 볼 수 있게 된다. 수학 계통도란 말 그대로 수학의 계통을 나타낸 그림이다. 이를 통해 매 학년, 학기, 단원에서 배우는 여러 수학 개념 간의 연계성과 개념의 흐름을 파악할 수 있다. 수학은 흐름이 있는 과목이다. 동시에 차근차근 단계를 밟아 나가야 하는 학문이다. 밟아 나가는 단계 중 한두 단원에 소홀하면 그다음 단계의 단원을 해결하는 데에 어려움이 있다. 지금 공부하는 단원을 아무리 봐도 이해가 가지 않는다면 수학 계통도를 참고해서 부족한 부분이 어디인지 추적해 보자.

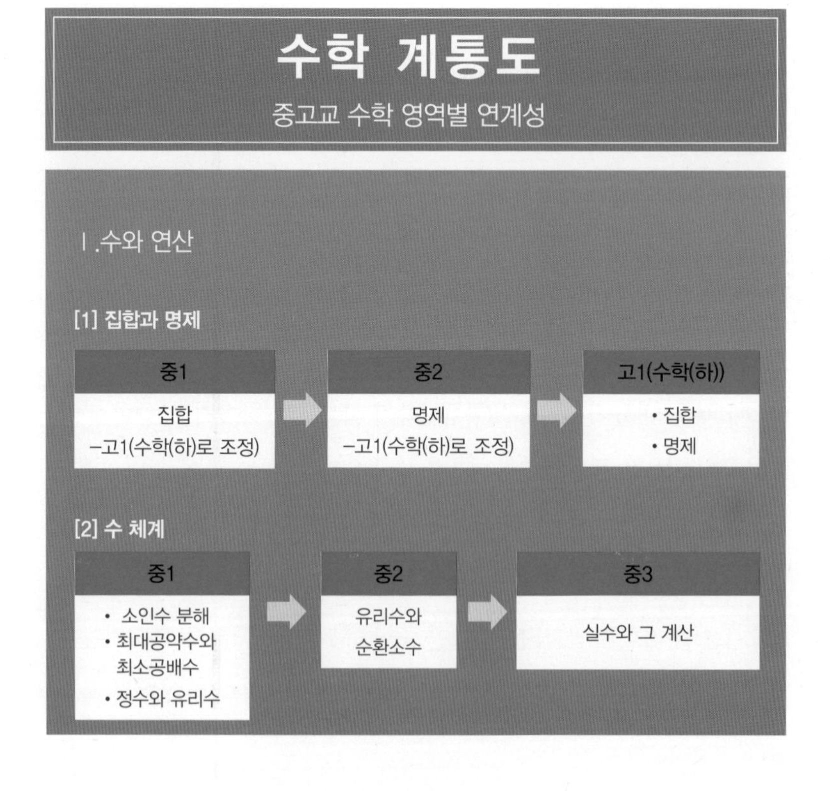

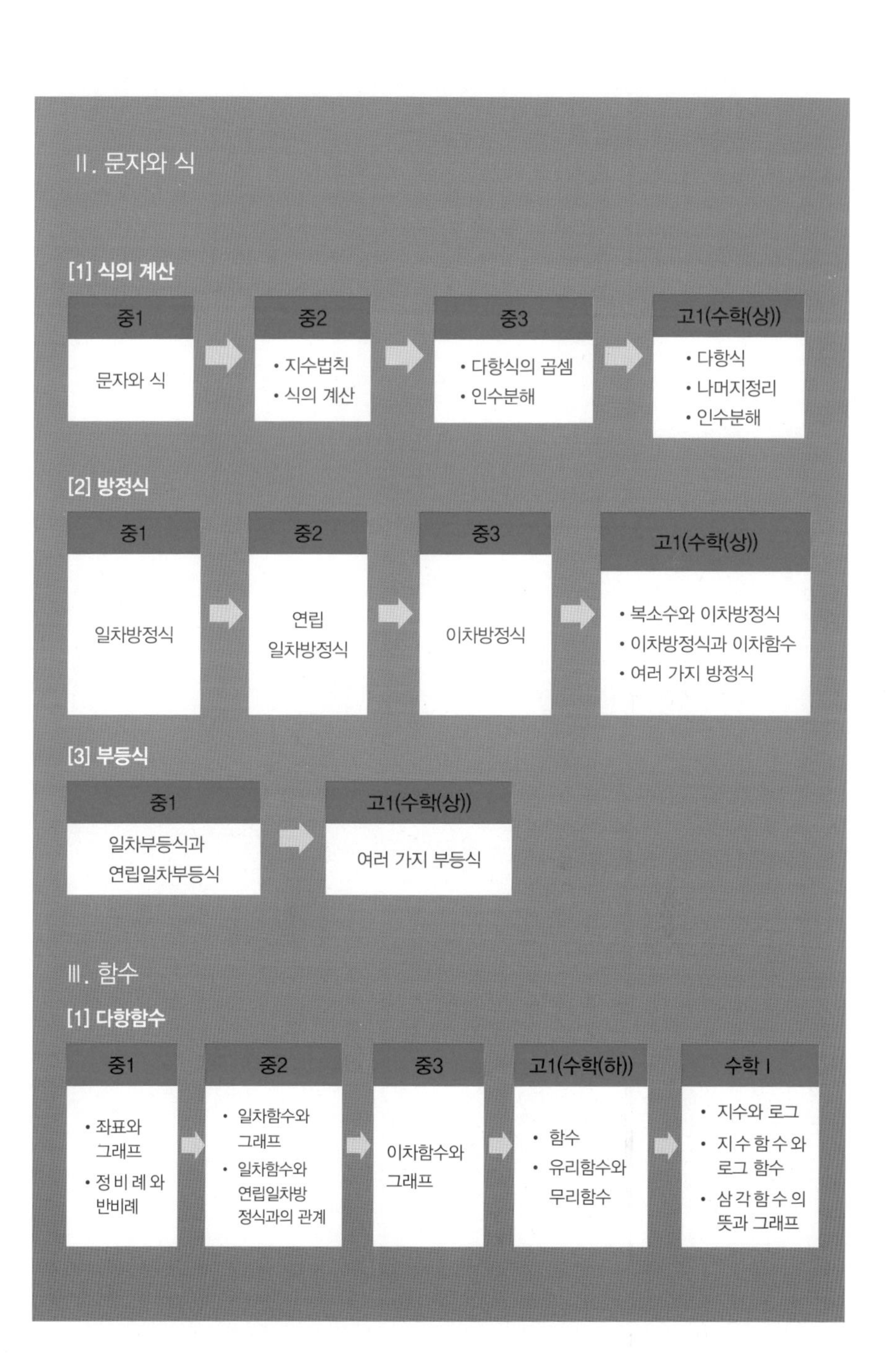
Ⅱ. 문자와 식
[1] 식의 계산
중1
문자와 식
중2
• 지수법칙
• 식의 계산
중3
• 다항식의 곱셈
• 인수분해
고1(수학(상))
• 다항식
• 나머지정리
• 인수분해
[2] 방정식
중1
일차방정식
중2
연립
일차방정식
중3
이차방정식
고1(수학(상))
• 복소수와 이차방정식
• 이차방정식과 이차함수
• 여러 가지 방정식
[3] 부등식
중1
일차부등식과
연립일차부등식
고1(수학(상))
여러 가지 부등식
Ⅲ. 함수
[1] 다항함수
중1
• 좌표와
그래프
• 정 비 례 와
반비례
중2
• 일차함수와
그래프
• 일차함수와
연립일차방
정식과의 관계
중3
이차함수와
그래프
고1(수학(하))
• 함수
• 유리함수와
무리함수
수학 Ⅰ
• 지수와 로그
• 지 수 함 수 와
로그 함수
• 삼 각 함 수 의
뜻과 그래프

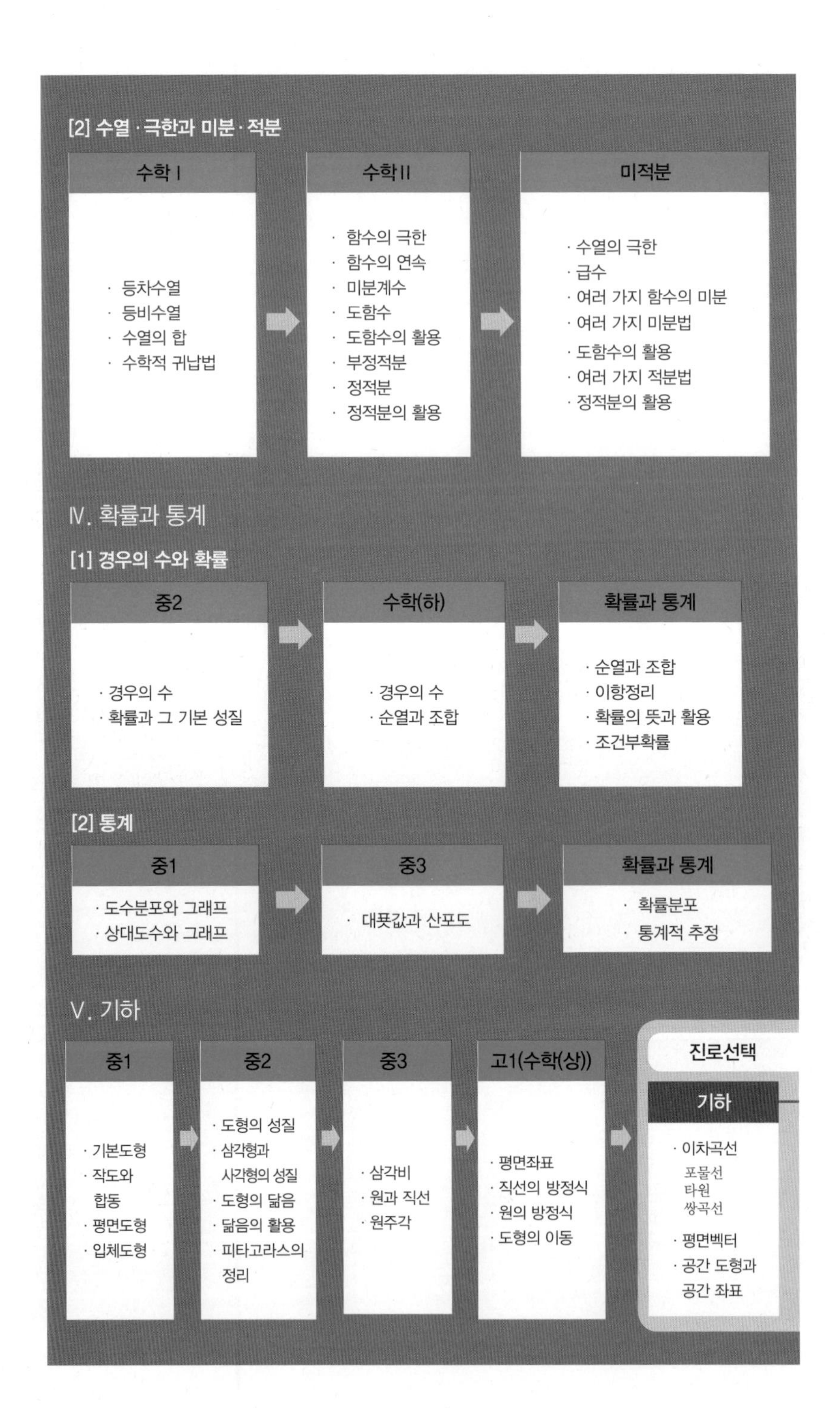
[2] 수열 · 극한과 미분 · 적분
수학 I
· 등차수열
· 등비수열
· 수열의 합
· 수학적 귀납법
수학 II
· 함수의 극한
· 함수의 연속
· 미분계수
· 도함수
· 도함수의 활용
· 부정적분
· 정적분
· 정적분의 활용
미적분
· 수열의 극한
· 급수
· 여러 가지 함수의 미분
· 여러 가지 미분법
· 도함수의 활용
· 여러 가지 적분법
· 정적분의 활용
Ⅳ. 확률과 통계
[1] 경우의 수와 확률
중2
· 경우의 수
· 확률과 그 기본 성질
수학(하)
· 경우의 수
· 순열과 조합
확률과 통계
· 순열과 조합
· 이항정리
· 확률의 뜻과 활용
· 조건부확률
[2] 통계
중1
· 도수분포와 그래프
· 상대도수와 그래프
중3
· 대푯값과 산포도
확률과 통계
· 확률분포
· 통계적 추정
Ⅴ. 기하
중1
· 기본도형
· 작도와 합동
· 평면도형
· 입체도형
중2
· 도형의 성질
· 삼각형과 사각형의 성질
· 도형의 닮음
· 닮음의 활용
· 피타고라스의 정리
중3
· 삼각비
· 원과 직선
· 원주각
고1(수학(상))
· 평면좌표
· 직선의 방정식
· 원의 방정식
· 도형의 이동
진로선택
기하
· 이차곡선
포물선
타원
쌍곡선
· 평면벡터
· 공간 도형과 공간 좌표

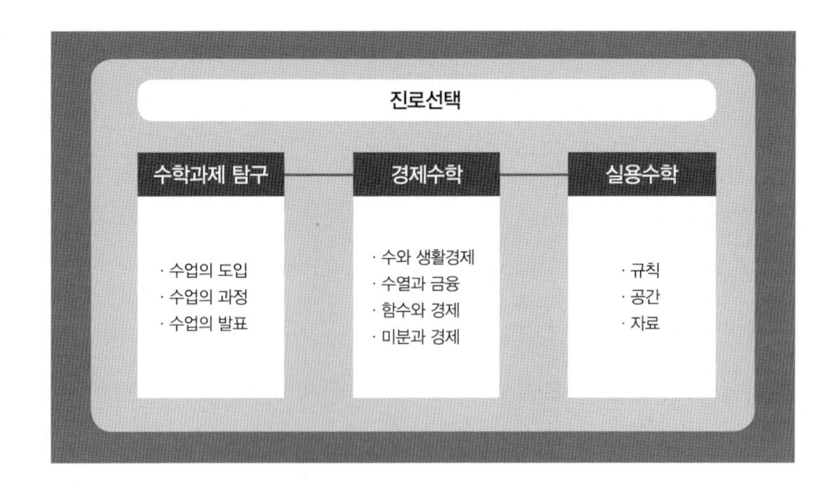

③ 겨울방학, 모두가 잠든 새벽에 공부를 시작해보자

겨울방학은 여름방학과는 매우 다른 느낌이다. 방학이 지나고 나면 학년이 바뀌거나 상급학교로 진학해야 하기 때문이다. 그래서 방학을 특별학기라고 표현하기도 한다. 겨울방학을 어떻게 보내느냐에 따라 다음 학년과 상급학교의 봄 학기 성적과 자신감에 커다란 영향을 주게 된다. 그리고 학기 중과는 다른 환경 속에서 공부를 해야 하기 때문에 공부내용과 방법도 다소 달라야 한다.

겨울방학을 잘 보내느냐의 관건은 아침시간 활용에 달려 있다. 학교를 가지 않는 겨울방학에는 늦잠의 유혹이 크기 때문이다.

이번 방학에는 아침형 공부를 습관화해서 모두가 잠들어 있는 새벽에 공부를 시작해보자. 그리고 오후에는 운동을 하거나 독서를 하는 등 취미생활에 빠져보는 것이 바람직하다. 늦잠은 사람을 게으르게 만들고 자신이 마치 패배자가 된 느낌을 갖게 하는 부작용이 있다. 일찍 일어나 평소에 부족했던 수학 공부를 정오까지 하고 입시를 앞둔 학생이 아니라면 점심식사 후 저녁까지 자유 시간을 보낸다. 의욕이 앞서 시간표를 세밀하게 짜놓으면 실천하기 힘들다. 자유시간은 그야말로 자유로운 시간이다. 공부를 해도 되고 친구를 만나도 된다. 책을 읽어도 되고 영화를 봐도 된다. 학원 수강을 할 수도 있다. 학기 중에는 많은 학습량이 필요한 영어, 수학 공부시간이 절대적으로 부족하다. 그래서 우등생들은 대개 영어, 수학은 방학 때 집중해서 공부하고 다른 과목은 학기 중으로 미뤄놓는 경향이 있다.

방학 때 공부해야 할 분량을 미리 정하고 그것을 다 끝내고 나서는 여행을 적극적으로 권한다. 공부계획을 절대 시간으로만 정하지 말고 이번 방학에는 외워야 할 단어, 구문, 문법과 풀어야 할 수학문제의 양을 정하고 목표를 달성하도록 하자. 그리고는 공부로부터 다소 자유로운 마음을 가져보는 것도 좋다. 만일 건강이 좋지 못하다면 방학기간을 공부보다는 건강을 회복하는 기회로 삼아야 한다. 치료받아야 할 병이 있다면 치료를 하고, 운동을 해야 한다면 운동을 하자. 좋지 않은 습관을 가지고 있다면 이번 방학에는 고쳐보도록 하자.

수학을 잡아야 **성적**이 오른다

수학 과목의 중요성

주변에 국어나 영어 학원을 안 다니는 친구들은 있더라도 수학 학원을 가거나 과외를 받지 않는 친구는 거의 보지 못했을 것이다. 그만큼 수학이 중요하기도 하고, 어렵기도 하다는 것을 의미한다. 그렇다면 수학은 왜 이렇게 많은 시간을 투자해야 할 만큼 어렵고도 높으면서도 반드시 넘어야 할 중요한 벽이 된 것일까?

우선 수학이 중요한 가장 큰 이유 중 첫 번째로 4차 산업혁명 시대를 주도할 산업의 주요 분야를 주목해 보면 모두 수학을 중심으로 과학기술을 접목하였기 때문이다. 특히 우리가 살아가는 공간은 기하학을 통해서 이해되고 있으며 스마트카, 3D프린팅, 드론, 가상현실,

인공지능, 로봇 등의 산업이 모두 기하학을 기초로 하는 기술들이다. 우리 학생들은 미래 먹거리 즉, 미래 산업을 위한 직업을 얻기 위해 수학이라는 과목을 반드시 정복해야 한다.

두 번째로 수학은 일상생활에 매우 중요한 역할을 한다. 특별히 덧셈, 뺄셈, 곱셈, 나눗셈과 같은 사칙연산, 일차 방정식과 부등식, 함수, 수열, 무한수열, 미분, 적분, 확률, 통계, 기하와 같은 수학 개념이 일상에서 절대적으로 필요하다. 수학은 단순히 대학입시를 위한 수단이 아니다. 인간이 사회에서 삶을 영위하는 데 반드시 필요한 개념이다. 대입을 준비하는 고등학생들은 반드시 명심해야 할 사실이다.

대학은 공학자, 개발자, 창의적 인재를 양성하기 위해 존재하는 기관이다. 그래서 수학, 과학과 같은 교과목을 잘 이수했는지를 판단해 학생을 선발한다. 그리고 이러한 학문적 지식을 토대로 각 학과의 전공 지식을 더해 인재를 양성한다.

수학을 공부하는 아이들에게 수학을 왜 공부해야 하는지에 대한 물음을 제일 먼저 해결해 주어야 한다. 수학은 이러이러한 분야에 활용되고, 수학을 배워서 어디에 활용할 수 있는지 확인하는 것이 중요하다. 그래야만 수학 공부에 부담을 갖지 않고 즐거운 마음으로 학습할 수 있다.

수학은 배우는 단위수가 높다. 국어, 영어, 수학은 모든 과목들 중에서 배우는 단위수가 가장 높다. 그렇기 때문에 내신 성적에서도 가장 큰 비중을 차지한다. 이렇게 내신에 큰 영향을 미치는 수학을 단단히 잡아둬야 한다는 것은 누구나 알 것이다.

수학 실력이 어느 정도 다져지지 않으면, 중요한 과목인 수학을 못한다는 생각에 사로잡혀 수학에 많은 시간을 투자할 수밖에 없게 된다. 그러면 자동적으로 그만큼 다른 공부를 할 시간이 줄어들게 된다. 결국, 수학만 공부하다가 다른 과목을 공부할 시간까지 부족해진다. 게다가 수학은 다른 과목에 비해 학습 방법에 따라 공부 시간이 오래 걸리는 과목이기 때문에 수학을 든든한 내 편으로 만들어 놓았을 때 버는 시간은 굉장히 크다. 마지막으로, 잘 다져진 수학 실력은 보험과도 같다. 사회나 과학 같은 과목은 조금만 암기를 게을리해도 성적이 뚝 떨어지고, 조금만 열심히 외우면 성적이 쑥 오르는 반면에, 수학은 한번 갖춰진 실력이 좀처럼 떨어지지 않기 때문이다.

그렇다면 학생들은 수학을 왜 그토록 어려워하는 것일까? 먼저 수학은 앞에서 배운 내용에 대한 기초가 탄탄히 잡혀 있어야 다음에 나오는 내용을 이해할 수 있다. 수학은 단계적 학습이 중요한 과목이다. 수학은 학년이 올라갈수록 이전에 배운 내용이 다시 나오는 나선형 구조를 가지고 있다. 그래서 앞에서 배운 내용에 대한 이해도가 높지 않으면 갈수록 문제 해결 능력이 떨어진다. 즉, 수학을 못하던 학생이 그 학년의 내용만 열심히 공부한다고 해서 한 순간에 성적이 쑥 오르는 일이 거의 없다는 것이다. 수학은 이전 내용에 대한 이해도가 상위권과 중위권, 하위권을 가르는 중요한 요인이 되기도 한다.

또한 수학 실력을 올리는 데 많은 노력과 시간이 든다는 점 역시 학생들이 수학을 어려워하는 중요한 이유 중 한 가지로 꼽을 수 있다. 물론 단기적인 집중에 의해서도 단원별 실력은 상승할 수 있다. 하지만 긴 시간을 투자해서 많은 노력을 들여야만 진짜 수학 실력이 향상된다. 따라서 학생들이 좀처럼 오르지 않는 수학 점수를 보고 좌절할 위험이 있다.

흔히 우리들이 자주 말하는 "피할 수 없으면 즐겨라"를 수학에 적용하여 기쁜 마음으로 수학 만점을 정복할 수 있는 방법을 구체적이고 자세하게 알아보도록 하자.

수학의 핵심은 개념이다

수학을 공부하기에 앞서 제대로 된 수학 공부법을 배우고 학습을 시작하는 것이 타당하다. 대한민국의 많은 학생들이 수학을 어려워하고 두려워하지만, 오히려 쉽게 수학을 학습하는 방법이 분명히 존재한다. 입시는 상대평가다. 남들이 어려워하는 것을 남들보다 잘하면 큰 역전을 할 수 있다. 더 이상 수학을 두려워하지 말자. '수포자'에서 탈출하자. 올바른 공부법으로 수학을 바라보면 이제는 수학이 어렵지 않다.

수학 공부의 큰 축은 '개념'과 '문제'다. 수학에서 좋은 성적을 거두기 위해서는 개념을 암기하는 것이 아니라 이해해야 한다. 개념을 제대로 이해하면 그 밑에 깔려있는 근본 원리를 이해한 것이기 때문에 어떤 변형된 문제가 나와도 해결할 수 있다.

즉 수학 '개념 공부'를 완벽하게 하고 넘어가야 한다. 여기에서 '개념 공부'란 수학 공식을 말하는 것이 아니다. 공식이 나오기 전, 공식이 어떻게 해서 나오게 되는지를 설명해 주는 부분이 개념이다. 공식의 유도과정을 백지에 풀어낼 수 있을 정도로 개념 공부를 깊게 한다면 그 단원에서 소개된 공식은 저절로 외워지게 된다.

개념 학습이 중요한 이유로는 몇 가지가 있다. 우선 고난도 문제를 풀기 위해서다. 쉬운 문제는 문제에 식이 주어진다. 주어진 식에 주어진 조건을 이용해서 문제를 비교적 쉽게 풀 수 있다. 반면 고난도 문제는 식이 주어지지 않는다. 문제의 조건을 보고 스스로 식을 세워야 한다. 개념 학습을 잘해놓으면 이런 고난도 문제의 식을 세울 때 큰 힘을 발휘하게 된다. 그리고 고난도 문제는 한 가지 개념만 사용하는 것이 아니라 여러 단원이 섞여서 문제가 출제된다. 따라서 개념의 정의를 확실히 이해하고, 공식을 유도하는 과정을 스스로 해 본 학생은 고난도 문제를 풀기 위한 다양한 수학적 도구와 수학적 사고력 훈련이 필요하다.

입시 수학은 개념이라는 도구를 활용해서 문제를 해결해야 한다. 교과 과정에서 제시하는 다양한 수학적 도구를 활용하여 훈련하면 겉으로는 어려워 보이는 수학 문제도 쉽게 풀어낼 수 있다.

수학 개념공부의 기본: 독해력을 키워라

수학 공부를 할 때 가장 중요한 것은 수학 개념의 근본 원리를 이해하고자 하는 의지와 노력이다. 여기에 올바른 공부 방법이 더해지면 수학 1등급을 넘어 만점에까지 도전할 수 있다. 높은 수학 점수는 수학적 머리로 얻을 수 있는 것이 아니다. 근본 개념을 정확히 이해하고 이를 문제풀이에 잘 활용하면 얻을 수 있다. 정확한 개념의 숙지와 반복 연습을 수행한다면 결국 고수의 경지에 오를 수 있다. 수학 성적이 안 나오는 건 수학적 머리가 나빠서가 아니다. 선천적인 머리보다 후천적으로 학습하고 노력하는 것이 훨씬 더 수학 성적에 영향이 크다는 것을 기억하자.

학년이 올라갈수록 수학의 개념은 점차 어려워진다. 특히 대학 입시를 앞둔 고등학생들은 수학을 더욱 어렵다고 생각한다. 사실 어렵다는 것은 무슨 뜻인지 모른다는 것과 같다. 수학의 개념은 교과서에 우리말로 '설명'되어 있다. 그래서 중학교 때부터는 수학에서 배우는 개념을 정확한 독해를 통해 내 것으로 만들어야 한다. 독해력이 우수할수록 훨씬 쉽게 개념을 파악할 수 있다. 독해 능력은 학문을 수행하는 핵심 도구이다. 문제 안에 답이 있다는 확신을 가지고 출제의도를 정확하게 분석하여 조건에 맞는 답을 해결해야 한다.

그렇다면 독해력을 높이기 위한 방법으로는 어떤 것이 있을까? 중요한 것은 단연 '독서'다. 모든 공부의 기본인 독해력은 독서에서 시작된다. 독서를 통해 기본적인 읽기 능력과 이해 능력을 향상시킬 수 있다. 독서를 한다는 것은 개념화를 정리하는 훈련이 필요하다.

수학이 너무나도 어렵게 느껴지고 문제풀이 연습을 혼자 해나가기 힘들다면 교과서를 꼼꼼하게 읽어보는 것을 추천한다. 수학의 개념이든 문제 풀이든 이해를 위해서는 먼저 용어와 기호에 익숙해져야 한다. 용어와 기호에 조금이라도 더 익숙해진다면 개념의 정확한 파악과 함께 문제 해결력에도 큰 도움이 된다.

중요한 것은 단원의 핵심용어(key word)의 정의를 통한 개념정리와 문제해결 능력을 위한 문제연습이 필요하다. 지문이 긴 수학 문제를 풀기 위해서는 문제에서 요구하는 개념을 이해하고 있어야 하고, 기호와 수식의 의미를 알아야 한다. 그래야만 문제에서 제시하는 바를 파악할 수 있다. 특히 문제에 주어진 조건을 정확하게 파악하는 것이 중요하고 문제 안에서 답을 구하는 연습을 지속적으로 해야 한다.

문제를 정확하게 독해해야 그에 맞는 해결책을 찾을 수 있다. 비록 우리말로 표현되어 있다 할지라도 수학에서 독해 연습이 필요한 이유다.

수학점수가 높은 최상위권 학생들은 어떤 공식이 나왔을 때, 반드시 유도과정을 이해하고 손으로 직접 유도해 본다. 수학 개념학습의 기본은 '이해'를 한 다음에 넘어가는 것이다. 공식이 어떻게 만들어졌는지 유도과정을 강조하는 것이 중요하다. 공식이 태어난 배경과 유도된 과정을 숙지하고 남에게 설명해줄 수 있는 정도의 수준이 되면 공식은 자연스럽게 머릿속에 암기가 되어 고난도 문제를 해결하는 지름길이 된다.

수학 성적이 견고하게 1등급을 유지하게 되면 다른 과목에 투자할 수 있는 시간이 충분하다.

수학 성적 올리는 법

① 수학 성적 올리는 십계명

(1) **모르는 것을 알 때까지 질문하는 집요함을 가져야 한다.**

선생님의 설명에 집중하고, 그날 배운 것을 반드시 복습하여 수업 내용의 핵심과 원리를 익히고 모르는 것을 알 때까지 질문하여 완전학습을 한다.

(2) **눈으로 하는 학습이 아닌 반드시 손으로 써가면서 공부해야 한다.**

수학문제를 풀이할 때는 눈으로 학습하거나 머리로 대충 익히지 말고 직접 손으로 풀어서 수학문제에 대한 연산을 실수하지 않도록 해야 한다.

(3) **수학에 대한 흥미와 자신감을 가져야 한다.**

스스로 즐거움을 찾는 일은 행복한 일이다. 수학을 재미있게 접근하고 게임을 하는 느낌으로 흥미를 갖는 것이 필요하다.

(4) 개념과 원리를 바탕으로 기본에 충실하고 문제훈련을 해야 한다.

수학은 개념을 단순화하고 다양한 문제풀이 방법의 훈련이 필요하다.

(5) 공식을 무조건 외우지 말고, 증명 방법을 통해 수학적 사고력을 길러야 한다.

공식의 여러 가지 증명 방법을 이용하여 공식을 익히고 활용할 수 있는 다양한 문제훈련을 한다.

(6) 주어진 풀이에 의존하지 않고 자신만의 풀이 방법을 습득하여야 한다.

선생님의 모범적인 문제 풀이방법에 집중하고, 다양한 문제 해결과 풀이방법을 터득하고, 새로운 유형의 수학 문제(응용문제)를 자신만의 풀이방법으로 스스로 해결하는 실력을 갖추어야 한다.

(7) 오답 노트 작성을 꾸준히 습관화해서 철저히 반복학습을 한다.

틀리는 문제를 다시 틀리는 경우가 많으므로 취약 부분의 문제를 오답노트에 정리하여 수학에 자신감을 갖도록 반복 훈련하여야 한다.

(8) 조금씩이라도 문제는 매일 풀어야 한다.

필수문제, 학교 기출문제와 모의고사 문제를 통해 다양한 문제를 매일 10~20문제 정도는 꼭 풀어야 하고 풀이와 내용 정리 및 단원별 유의사항을 통하여 만점을 얻도록 한다.

(9) 항상 문제 안에 답이 있다는 확신을 가져야 한다.

문제 해결이 되지 않을 때는 상식적인 접근으로 생각을 바꾸면 문제의 뜻을 파악하게 되고 조건에 맞는 답을 찾을 수 있다.

(10) 시험을 치를 때 시간을 잘 활용하여 실력을 최대한 발휘할 수 있도록 해야 한다.

시험지를 받아서 먼저 쉽게 풀 수 있는 70% 문제를 먼저 해결하고 다음에 20%를 해결하고 난해하거나 생각을 많이 하게 되는 문제 10%를 마지막까지 정리하여 시간안배와 고득점의 훈련에 집중하여야 한다. 〈70%, 20%, 10%〉

② 예습과 복습은 필수

수학은 단원 간에, 그리고 학년 간에 연계성이 다른 과목에 비해 크기 때문에 예습과 복습이 매우 중요하다. 예습과 복습을 특별한 공부라고 생각해서는 안 된다. 예습과 복습은 자신의 몸에 배인 습관처럼 생활화되어 있어야 한다. 여기서 말하는 예습은 수업을 듣기 전에 모든 내용을 이해하는 수준을 말하는 것이 절대 아니다. 예습은 말 그대로 예습인 것이다. 앞으로 배울 내용을 훑어보면서 학습 목표와 기본 내용이 무엇인지, 그것이 전에 배운 단원이나 내용과 어떻게 연결이 되는지 이해하는 과정이다. 그리고 예습을 통해서 앞으로 배우게 될 내용이 무엇인지 알아본 후에, 내용을 살펴보았을 때 어떤 내용이 잘 이해되지 않았는지 점검하고 본 학습 때 유의해서 볼 수 있도록 표시해 두어야 한다.

복습은 반드시 수업 당일에 해야 한다. 이때는 수업시간에 배운 내용을 다시 살펴보면서 이해가 되지 않거나 조금 더 알고 싶은 부분을 참고서를 이용해서 보충해야 한다. 그리고 그날 공부에 관련된 다양한 문제를 풀어보면서 완전히 이해하였는지 평가해보아야 한다. 마지막으로 복습하면서 그날 배운 공식이나 새로운 개념을 다시 한 번 외우고 정리하는 시간을 가져야 한다.

이때, 예습과 복습의 기본 도구는 교과서이다. 교과서는 모든 공부의 기본이며, 수학 역시 예외는 아니다. 우선 교과서를 가지고 예습, 본 학습과 복습까지 충분히 해야 한다. 그 이후에 부족하거나 보충 또는 심화 내용이 필요할 때 참고서를 가지고 공부해야 한다. 그리고 내용을 이해한 이후에 반복과 연습을 통해 수학적 문제해결 능력을 향상시킨다.

③ 문제를 풀기 전에 개념부터 튼튼히

수학 공부의 중점을 문제풀이에 두는 학생들이 많은데, 이는 잘못된 생각이다. 모든 공부가 그렇듯이 수학 공부의 기본이자 가장 중요한 주춧돌 역할을 하는 것은 개념 이해이다. 개념을 제대로 이해하지 못하면 아무리 응용문제를 풀더라도 혼란스럽고 정리가 되지 않는 느낌을 받게 될 것이다.

특히 수학은 다른 과목에 비해 연계성이 아주 강하기 때문에 그만큼 개념을 제대로 이해하고 넘어가는 것이 중요하다. 우선 처음 접하는 새로운 개념이나 원리가 나오면, 그 순간에 그 자리에서 정확하게 그것을 이해하는 것이 중요하다. 그래야지만 그다음에 배우는 내용을 제대로 이해할 수 있기 때문이다. 또한 이해를 하지 않은 채 암기만 하는 것은 전혀 의미가 없다. 공식이 어떤 과정을 통해서 도출되었는지, 왜 그 공식이 여기에 나왔는지를 확인하고 스스로 공식을 유도해낼 수 있어야 그 개념을 완벽하게 이해한 것이라고 할 수 있다. 사람의 암기력은 한계가 있기 때문에, 시간이 지나면 외웠던 공식이라도 잊어버리는 일이 많다. 이때 이해를 하지 않은 채 암기만 한 학생은 그 공식을 모르는 것과 다를 바가 없는 반면에, 공식이 어떻게 유도되는지 이해한 학생은 스스로 공식을 도출해 내어 적재적소에 적용할 수 있게 되는 것이다.

물론 그렇다고 해서 암기가 아예 필요 없는 것은 아니다. 수학은 이해하는 과목인 동시에 암기과목이기도 하다. 기본적인 공식은 반드시 암기하고 있어야 한다. 이런 공식들은 수학문제를 푸는 데 있어서 기본적인 도구라고 할 수 있다. 이처럼 수학의 개념을 이해한 후에는 그 개념의 결과물인 공식이 저절로 암기되어진다. 뿐만 아니라 다양한 문제를 풀다 보면 비슷한 유형의 문제를 접하게 되고, 고난도 문제도 풀이를 쉽게 해결하게 된다.

④ 문제는 어떻게 풀까?

수학은 문제를 풀어서 답을 맞추는 즐거움을 찾는 과목이다. 먼저 개념을 이해하고, 지속적인 문제풀이를 통해서 개념을 활용하는 문제해결 능력을 통해 실전에 대비하는 연습을 해야 한다. 하지만 문제 풀이도 무작정 많은 문제를 푼다고 해서 좋은 것은 아니다. 문제풀이도 각 단계별로 따라야 할 요령이 있다.

(1) 우선 개념을 다 공부한 이후에 문제를 풀기 시작하는데, **처음에는 예제와 유제부터 풀어봐야 한다.** 그리고 이때 해결 못한 문제가 생기면 해설을 참고해도 좋지만, 반드시 다시 개념 부분으로 돌아가서 왜 못 풀었는지 살펴보아야 한다. 이렇게 문제풀이를 시작하는 단계는 기본기를 닦는 과정으로 삼는다. 이렇게 하면 개념에 관한 문제부터 풀어보아야 개념을 한 번 더 점검하고 넘어갈 뿐만 아니라, 뒤에 응용문제가 나와도 어떤 개념이 적용된 것인지 정확하게 구별해낼 수 있게 되는 것이다.

문제집을 풀 때도 역시 기본 개념에 대해 묻는 기본 문제부터 여러 가지 단원을 활용하여 풀어야 하는 응용문제까지 단계적으로 해결하는 것이 좋다. 그래야만 이전 단계를 이해했다는 것을 확실히 짚고 넘어갈 수 있으며, 자신이 어디에 취약한지를 잘 점검할 수 있기 때문이다. 문제집을 풀 때 또 한 가지 주의할 점은 다양한 유형의 문제를 풀어봐야 한다는 것이다. 응용문제에도 다양한 유형이 있는데, 시험에는 어떤 것이 나올지 모르기 때문에 두루두루 익혀두어야 시험을 치를 때 어떤 유형의 문제가 나오더라도 당황하지 않을 수 있다.

(2) 문제 풀이에 있어서 **가장 중요한 것 중 한 가지는 선생님의 강의나 설명에 의존하지 말아야 한다.** 영어나 사회 같은 과목은 선생님이 문제를 풀거나 해설하는 것만 잘 보더라도 자신의 머릿속에 각인되는 부분이 상당히 있는 반면에, 수학은 남의 설명을 통해서 자기의 지식이나 자신의 실력이 되는 부분이 상대적으로 아주 적다. 게다가 다른 사람이 설명할 때는 다 이해하고 아는 것 같아도 직접 풀 때는 그렇지 않은 경우가 굉장히 많다. 물론 그렇다고 해서 강의내용을 무시하고 혼자 문제 풀이에만 전념하라는 말은 절대 아니다. 모든 공부의 기본은 수업시간에 선생님의 수업을 충실히 듣는 것이다. 하지만 수학은 듣는 것만으로는 실력을 키울 수 없다. 그렇기 때문에 문제는 반드시 자신이 직접 종이에 써가면서 풀어야 자신의 실력으로 만들어야 한다는 것이다. 혹시 선생님이나 다른 사람이 문제를 푸는 설명을 들었다면, 그 이후에 반드시 처음부터 끝까지 자신의 힘으로 풀어서 답을 구할 수 있는지 확인해야 한다. 직관적으로 해결할 수 있는 쉬운 문제나 이전에 푼 문제와 비슷한 문제가 나오더라도 반복하고 복습한다는 의미에서 스스로 문제를 푸는 습관을 가지는 것이 좋다.

(3) **수학 공부에 있어서 가장 중요한 것 중 한 가지는 반복이다.** 개념을 여러 번 반복해야 한다는 것은 많은 학생들이 알고 있을 것이다. 수학 문제를 풀 때 자신을 제외한 그 누구도, 때로는 자기 자신조차도 알아볼 수 없을 만큼 복잡하게 문제를 해결하는 학생들이 있는데, 이런 습관은 당장 고쳐야 한다. 수학을 잘하기 위해서는 수학 문제를

해결할 때 풀이 과정을 깔끔하고 자세하게 써서, 그 문제를 해결하지 못하는 사람도 나의 풀이 과정을 따라가면 이해할 수 있도록 하여야 한다. 주어진 문제가 객관식이든, 주관식 단답형이든, 서술형이든 간에 수학 문제의 풀이 과정은 반드시 서술형의 형태로 해결하는 습관을 가져야 한다.

이런 습관을 형성하기 위해서는 먼저 노트에 깨끗하게 정리하여 해결하는 습관을 가지는 것이 좋다. 처음에는 줄이 그어져 있는 노트에 문제를 정리하면서 일목요연하게 서술하는 연습을 하고, 익숙해지면 실전 모의고사 형태의 문제집 여백에 풀이 과정을 정리하고 해결하는 연습을 한다. 이렇게 하다가 실력이 더 쌓이면 일반 문제집을 풀 때 연습장 없이 작은 여백에 풀더라도 완벽하게 문제를 풀 수 있게 된다.

여기서 풀이과정을 서술형으로 쓰는 것이 좋은 이유는 간단하다. 한 번 푼 문제를 다시 볼 때 훨씬 효율적이기 때문이다. 맞은 문제는 굳이 다시 해결할 필요가 없는데, 풀이 과정을 알아볼 수 없게 쓰면 어쩔 수 없이 다시 정리해야 한다. 하지만 이렇게 풀이를 깔끔하게 서술했을 경우에는 풀이 과정을 보면서 그 당시 자신이 어떻게 해결하였는지 손쉽게 이해할 수 있어서 복습 시간을 절약할 수 있다. 또한 틀린 문제를 다시 해결하는 과정에서도 자기가 어디서 잘못되었는지를 파악하는 것이 용이하다. 단순히 계산 실수 때문에 틀린 것인지, 아니면 어디 부분의 개념을 다시 봐야 하는지 등을 알 수 있어서 그다음에 어느 부분을 집중해서 공부해야 할지 정할 수 있게 된다.

(4) **수학 문제를 풀 때 가장 중요한 것은 반드시 답이 나올 때까지 풀어야 한다.** 문제를 보고 어떻게 풀어야 할지 떠오르면 끝까지 답을 내지 않고 넘어가는 학생들이 종종 있는데, 무슨 문제든지 계산까지 마치고 답을 내야 한다. 계산은 가장 기본이지만, 실수하면 치명적인 오류를 낳을 수 있다. 명심해야 할 것은 계산 '실수'는 단순한 실수가 아닌 실력의 일부라는 것이다. 그렇기 때문에 아무리 쉬운 문제더라도 계산까지 다 해서 답을 내고 답을 확인해야 문제를 풀면서 계산 실력을 키우는 확실한 방법이 된다.

(5) 마지막으로, 혹시 문제를 풀다가 답이 쉽게 안 나오는 문제에 부딪히더라도 포기해서는 안 되고 **끝까지 해결하려는 노력을 해야 한다.** 모르는 문제가 있다고 해서 바로 풀이를 보거나 답을 찾아보는 습관을 들이면 문제에 대해 깊이 생각하고 여러 가지 방면에서 바라보는 관점을 기르는 연습을 할 수 없기 때문이다. 게다가 처음에는 못 풀던 문제를 힘들게 풀어서 정답을 구했을 때 느껴지는 성취감은 수학 공부를 하면서 행복감을 느끼게 해준다.

⑤ 문제를 다 푼 이후가 중요하다

포기하지 않고 문제를 붙잡고 씨름을 해봐도 도저히 답이 안 나오거나 어떻게 풀어야 할지 감조차 안 잡힌다면 어쩔 수 없이 정답과 해설을 보고 이해할 수밖에 없다. 하지만 답만 보고 넘어가거나 풀이를 대충 읽고 이해했다고 해서 그대로 넘어가서는 안 된다. 우선 해설을 이해할 때는 문제를 어떻게, 왜 그렇게 풀고 있으며, 어떤 내용과 어떤 성질을 이용하고 있는지 등을 관심 있게 보고 이해하여야 한다. 그리고 해설을 그냥 읽지만 말고 실제로 손으로 써보는 연습을 하자. 수학 문제를 풀 때는 반드시 손으로 써야 한다. 그리고 풀이를 보고 이해한 문제는 반드시 자기가 직접 풀어서 답까지 구하고, 며칠 뒤에 다시 풀어보고 자기가 완벽하게 이해하였는지를 점검해야 한다.

문제를 풀다가 해설을 봤는데도 이해가 안 되는 것은 뒤로 미루지 말고 반드시 빠른 시간 안에(되도록이면 하루 안에) 의문점을 해결하고 이해하여야 한다. 모르는 것을 뒤로 미루기 보다는 정확히 어떤 부분이 궁금했는지, 그리고 그것이 문제와 어떻게 연결되는 것인지 등 확실한 해결방법을 바로 찾아야 한다.

틀린 문제와 모르는 문제를 해설을 보고 이해한 후에 마지막으로 거쳐야 할 과정은 틀린 문제를 스크랩해서 자신만의 오답노트를 만드는 일이다. 오답노트에는 풀다가 틀린 문제나 풀다가 포기한 문제를 옮겨 적거나 문제집을 그대로 오려 붙인 다음에 그 밑에 풀이를 정리해야 한다. 특별히 한 문제를 다양한 풀이로 접근함으로써 고도의 문제 풀이 훈련을 할 수 있다.

이상적인 풀이와 더불어 자신이 어떻게 문제를 해결하였는지를 정리해 놓고, 어디서 잘못되었는지, 문제의 어떤 부분을 제대로 이해하지 못했는지 다른 색의 펜으로 표시를 해 놓는 것이 좋다. 이렇게 하면 나중에 문제를 처음부터 다시 정리할 필요 없이, 자신이 틀린 부분부터 살펴보면 되기 때문에 시간과 노력을 절약할 수 있으며, 확실하게 정리하여 효과적으로 활용할 수 있다. 또한 오답노트에는 틀린 문제뿐만 아니라 평소에 이해가 잘 되지 않은 내용이나, 다시 한 번 꼼꼼히 살펴보아야 할 내용 등을 평소에 기입해두면, 시험 직전에 매우 효과적인 나만의 정리 노트가 될 수 있다.

⑥ 수학 공부의 마지막 tip!

(1) 공부와 동시에 다른 행동을 하지 말라

텔레비전이나 라디오가 켜져 있을 때, 한가로운 대화에 한몫 끼고 있을 때, 그 밖에도 방 안에 정신을 산만하게 할 만한 것이 있을 때는 수학공부를 해서는 안 된다. 수학은 다른 과목에 비해서도 논리적인 과목이기 때문에 그것에만 집중하여 차근차근하게 공부하는 것이 중요하다. 음식을 먹으면서, 음악을 들으면서 공부를 하는 것도 삼가는 것이 좋다. 그 정도쯤이야 나의 집중력을 방해할 수 없다는 생각이 들 수도 있겠지만 알게 모르게 정신집중에 방해가 된다.

(2) 지나치게 편한 자세로는 공부하지 말라

너무 안락한 의자나 소파 등에 몸을 기대고 있거나, 배를 붙여 엎드려 있거나, 누워서는 본격적인 수학 공부를 할 생각은 말아야 한다. 공부는 바른 자세로 해야 한다. 불편한 자세로 해서도 안 되지만 긴장이 풀어질 정도로 편안한 자세를 취해서도 안 된다.

(3) 언제나 한곳에서 공부하라

자신에게 가장 적합한 공부 장소를 일찌감치 찾아두는 것이 중요하다. 그리고 그런 장소를 찾았으면 그곳에서 꾸준히 공부해야 한다. 한곳에서만 공부하는데 익숙해지면 정신이 흐트러지는 일이 적어지고 공부에 집중이 잘될 것이다.

(4) 책상에 앉기가 무섭게 시작하라

책상에 아무 생각 없이 앉아있는 일이 없도록 해야 한다. 앉기가 무섭게 시작하라. 수학은 다른 과목과 달리 정신집중이 되어야 공부에 능률이 오르기도 하지만, 빠른 시간 내에 정신집중이 가능한 과목이다. 그러므로 일단 정신 차리고 공부하기 시작하면 정신집중은 이내 자연스럽게 된다.

(5) 그래프·도표·도식에 면밀히 주의를 하라

책을 읽다가 그래프가 나오면 적당히 넘겨 버려서는 안 된다. 그래프와 도표는 내용을 정리하여 종합해서 나타내고 있으므로 잘 활용하면 본문의 이해를 돕고 기억을 수월하게 한다. 또한 도식이 중요한 이유는 중요한 내용이 조그마한 내용에 요약되어 있기 때문이다. 이제부터는 책에 그래프나 도식이 나오면 반드시 이해하고 넘어가도록 하자. 또한 그래프를 직접 그려보는 것도 좋은 방법이다. 손으로 직접 그려본 것은 쉽게 잊히지 않고, 이해하기도 더욱 쉽기 때문이다.

가네(Gagne)의 수학 위계학습이론

가네의 연구는 주로 학습위계와 그에 따른 학습유형에 관한 것이다. 그는 자신의 연구로부터 나온 이론을 검증하고 적용하는 데 수학교과를 매체로 이용하였기 때문에 그의 이론은 수학학습 지도와 관련이 깊다.

가네는 수학의 목표를 직접적 목표와 간접적 목표의 두 가지로 분류하고 있다. 직접적 수학학습의 목표는 수학적 사실, 기능, 개념, 원리의 학습이고 간접적 수학학습의 목표는 학습 전이 효과, 탐구력, 문제 해결력, 수학의 구조에 대한 인식 등이다. 수학학습의 직접적 목표는 바로 수학학습 내용에 대한 분류라고 할 수 있다.

수학적 사실이란 수학의 표기와 같은 일종의 약속 체계이다. 예를 들어 3은 셋이라는 말을 나타내는 표기이며, +는 덧셈이라는 연산을 표기하는 방식이다. 수학적 사실은 암기나 훈련, 연습, 시험 등 기계적 학습 방식을 통해 얻어질 수 있다. 그리고 이에 대한 학습 여부는 그 사실을 진술할 수 있고 여러 상황에 적용할 수 있는가에 따라 파악될 수 있다.

수학적 기능이란 학생들의 연산을 빠르고 정확하게 훈련하는 과정을 의미한다. 수학적 기능은 사칙 연산과 교집합과 합집합을 찾아내거나 도형의 주어진 각의 이등분선을 작도하는 능력을 의미한다. 이와 같은 수학적 기능은 예시적인 설명이나 연습 등을 통해 배울 수 있다. 또한 이에 대한 학습여부는 다양한 문제를 통하여 필요한 기능을 적절히 적용할 수 있는가에 의해 확인할 수 있다,

수학적 개념은 주어진 수학적 대상이나 사실들을 분류하여, 특정한 수학적 대상이나 사실들이 어떤 수학의 추상적 아이디어에 합당한 예시가 되는지 아니면 반례가 되는지를 구분할 수 있게 하는 추상적 아이디어를 의미한다.

수학적 원리는 일련의 개념들이 서로 관계를 유지하면서 형성해 놓은 것으로 수학의 직접적 학습 대상 중 가장 복잡한 경우라고 할 수 있다. 이와 같은 원리는 과학적 탐구방법이나 안내된 발견학습 방법, 소모임 토론의 방법으로 습득될 수 있다. 수학적 원리에 대한 학습여부는 그 원리를 구성하고 있는 개념들 각각을 파악할 수 있어야 하며 각 개념들 사이의 관계를 이해하고 주어진 상황에 적절한 원리의 사용이 가능한가에 의해 판단될 수 있다.

1. 시험도 실력이다
2. 시험문제는 수업시간에 다 나온다
3. 실전! 시험 요령

PART : 4

시험도 실력이다

시험도 실력이다

시험을 잘 해결하는 것도 실력이다. 공부를 열심히 하는 데도 성적이 오르지 않는 학생들을 보면, 중요한 것과 그렇지 않은 것을 구별하지 못하고 같은 비중으로 공부하는 경우가 많다.

시험에 자주 나오는 핵심부분을 어떻게 알 수 있을까. 기출문제를 참고하면 된다. 최근에는 수능 기출문제든 학교시험 문제든 어떤 부분이 자주, 많이 출제되었는지 쉽게 알 수 있다. 기출문제를 해결할 때는 유형을 분석하는 습관을 들이는 것이 중요하다. 예를 들어 사회 기출 문제를 푼다면, 차이점을 비교하는 문제인지, 개념을 묻는 문제인지, 기능을 묻는 문제인지 등을 파악해두는 것이 좋다. 선생님들이 중요하다고 생각하는 내용은 대체로 변하지 않기 때문에 특정 제도의 기능을 묻는 문제가 기출문제에 계속해서 등장한다면 이번에도 출제될 가능성이 높다는 것을 의미하기 때문이다. 이렇게 유형을 분석하면서 기출 문제를 풀면, 그 개념을 다시 한 번 살펴볼 수 있고, 출제 가능성이 높은 유형까지 머릿속에 정리할 수 있다.

문제집을 잘 활용해서 실력 테스트용으로만 쓰지 말고, 핵심부분을 찾는 도구로 사용해야 한다. 즉 책과 문제집을 동시에 보면서 문제집에서 많이 다룬 부분을 찾아 중요도에 따라 별 한 개, 두 개, 세 개 하는 식으로 표시를 해두면 좋다. 선생님도 기존에 자주 출제되었던 부분에서 시험문제를 내는 경우가 많기 때문이다.

이처럼 한 권의 책에는 반드시 외우고 넘어가야 할 부분과 충분히 이해해야 할 부분, 대충 읽고 넘어가도 큰 문제가 없는 부분이 있으니, 먼저 구분을 하고 공부를 하는 것이 좋다. 교과서를 처음부터 끝까지 모조리 외우는 사람은 없다. 또 모든 부분을 비슷한 비중으로 공부하다 보면 맞는 문제는 언제나 맞고 틀리는 문제는 언제나 틀린다. 외워야 하는 부분은 반드시 시간을 들여서라도 확실히 외워서 시험에 대비하자.

시험문제는 **수업시간**에 다 나온다

수업시간 200% 활용하기

학생에게 학교수업은 기본이며 가장 중요하다. 명문고등학교나 명문대학교에 간 학생들의 이야기를 들어보면, "교과서에 충실했다.", "수업시간에 열심히 했다." 등의 말을 자주 한다. 그만큼 공부의 기본이자 핵심이 학교 수업에 충실하게 임하는 것임을 확인해주고 있다.

선생님은 담당과목에 있어 전문가다. 같은 과목을 여러 해 동안 되풀이해 가르치기 때문에 풍부한 경험과 노하우를 갖고 있다. 즉, 자신의 과목에 대한 전체적인 맥락과 핵심을 정확히 알고 있으며, 특히 시험이나 입시 문제의 출제 경향과 내용의 중요도 등을 잘 파악하고 있다는 것이다.

수업 시간을 통해서 학생은 궁금하거나 의문이 생기는 점이 있으면 언제든지 질문하고 바로 답변을 들을 수 있다. 선생님 또한 질문 등을 통해 학생들이 학습 내용을 제대로 이해했는지 여부를 바로 바로 확인하고, 학습 내용을 어려운 것과 쉬운 것, 중요한 것과 틀리기 쉬운 것 등으로 구분하여 요령 있게 전달해줄 수 있다.

학교 수업에 충실히 임하는 것은 입시 공부는 물론이고 좋은 내신 성적을 받는 것에도 유리하다. 학교에서 실시하는 시험은 평소 선생님이 수업 중에 가르친 내용 중심으로 문제가 출제되기 때문이다. 방학기간을 제외하고 학교 수업은 공부 시간 중 가장 많은 양을 차지한다. 그리고 수업 시간은 학생들의 두뇌활동이 가장 활발한 시간이다. 그렇다면 이렇게 중요한 수업 시간을 어떻게 보내는 것이 가장 효율적이고 유익할까?

① 강의 내용을 예상해본다

수업 시간에 선생님이 강의하는 것을 충분히 이해하고 제대로 파악하기 위해서는 강의할 내용에 대한 기초적인 예비지식이 있어야 한다. 이를 위해서는 우선 강의할 내용을 미리 읽어보고 내용을 개괄적으로 파악해두는 것이 좋다. 그리고 수업 시간에 어떤 내용이 다뤄질 것인가를 예상해보고, 이해가 잘되지 않거나 의문점이 생기는 내용을 정리해본다. 그리고 이때 발생한 의문점이 수업을 들은 후에도 해소되지 않으면 선생님께 바로 질문할 수 있도록 핵심내용을 메모해둔다.

② 듣기의 달인이 되자

수업시간에 완벽히 이해하고 넘어갈 수 있는 내용을 따로 시간을 내어 다시 공부하는 것은 낭비다. 시간을 효율적으로 사용하고 학습 효과를 높이기 위해서는 수업 시간에 강의 내용을 잘 경청해야 한다. 이때 효과를 배가시키기 위해서는 그냥 들어서는 안 되고 적극적인 듣기를 해야 한다.

첫째로 쳐다보는 것이 왜 중요한가. 고개를 숙이거나 옆으로 돌리면 학생의 귀의 방향이 선생님의 입과 연결되지 않아 제대로 들을 수 없기 때문이다. 영어를 배울 때 입모양을 보면 발음이 더 잘 들리는 것도 이와 같은 원리다.

둘째로 그때그때 핵심을 놓치지 않고 적는 것이 중요하다. 들으면서 받아쓸 때 핵심단어(key word)를 놓치지 않는 것이 중요하다. 그렇다면 핵심단어는 어떻게 찾아야 할까?

사람의 기억력에는 한계가 있기 때문에 반드시 강의를 들을 때는 필기를 해야 한다. 그런데 무조건 필기만 하는 것은 옳은 공부방법이 아니다. 필기는 하되 모든 내용을 적는 것이 아니라 전체의 흐름과 핵심 그리고 중요한 것만 적는다.

대부분의 선생님이 내용의 중요한 부분만 적으면서 강의하기 때문에 선생님의 판서를 적는 것이 필기의 기본이다. 그리고 그중에서 선생님이 강조한 것, 중요하다고 지적하는 것을 특별한 방법으로 표시하는 것이 노트필기의 일반적인 방법이다.

칠판에 적지 않거나 중요하다고 일일이 지적하지 않는 선생님일 경우에는 스스로가 선생님이 전해주는 특별한 단서를 찾아서 기록해야 한다. 같은 것을 반복해서 설명하거나, 억양 등을 변화시켜 강조하거나 할 때는 중요한 내용임을 확인하고 그 내용을 필기해두는 것이 좋다.

셋째로 강의에 적절히 맞장구치는 방법이 있다. 선생님의 강의를 들으며 작고 낮게 그리고 짧게 맞장구를 침으로써 집중도를 높이고 두뇌가 이 내용을 오래 기억할 수 있게 만들 수 있다.

넷째로 생각하면서 듣기란 무엇인가. 듣기의 달인은 듣기 편한 말뿐만 아니라 듣기 불편한 말까지 경청할 줄 안다. 마음의 문을 열고 그릇을 비워야 한다.

③ 교과서의 중요성을 확인하자

참고서는 학생들에게 필요충분조건이다. 이는 참고서가 교과서의 내용을 보완, 심화하여 보다 체계적인 학습을 하는 데 중요한 몫을 담당하기 때문이다. 현실적으로 교과서나 학교 수업만으로는 충분한 학습효과를 기대하기 어렵기 때문에 학생들은 학습 부교재를 통해 부족한 부분을 해결한다. 따라서 학습 부교재의 선택은 그만큼 중요하기 때문에 학습효과를 높이기 위해서는 참고서 선택에 있어서 신중을 기해야 한다.

여러 가지 학습교재 중에서 가장 으뜸으로 생각해야 할 교재는 바로 교과서다. 시험을 잘 보기 위해서는 교과서를 완벽하게 이해하면 된다.

이유는 첫째, 교과서는 기본 교육과정을 수록한 교재이기 때문이다. 학교에서 선생님이 가르치고 학생이 배워야 할 학습내용, 그리고 수많은 종류의 참고서가 설명하고 해설하고 있는 학습내용이 바로 교과서에 수록된 내용이기 때문이다. 선생님이 수업 시간에 설명하는 내용은 모두 교과서를 바탕으로 한 것이기 때문에 교과서만 잘 학습하여도 수업 내용을 이해할 수 있다.

둘째, 교과서는 학생이 꼭 알아야 할 교육과정의 핵심을 가장 체계적이고 요령 있게 설명한 교재이다. 불필요하거나 버려야 할 부분이 없기 때문에 교육과정을 학습하는 데 시간과 노력이 가장 절약된다.

셋째, 교과서는 입시문제 적중률이 가장 좋은 교재이다. 입시문제는 기본교육과정 내에서 출제되는 것이 원칙이며, 기본교육과정이란 바로 교과서 중심의 학습내용을 말하는 것이다. 특히 학교시험이나 모의고사에서 출제자가 가장 중요하게 참고하는 자료가 교과서임을 명심하라. 모든 시험 문제는 교과서에서 나온다는 말을 선생님들은 자주 한다. 교과서는 내신 시험 문제와 입시 문제 모두의 가장 기본이 되는 것이며, 이 범위를 벗어나는 문제를 출제해서는 안 되기 때문에 모든 문제가 교과서에서 나온다는 말은 한 치의 거짓도 없는 말이다.

교과서를 소홀히 하지 말고 다른 참고서를 공부하기에 앞서 교과서의 내용을 이해하고 소화하는 데 노력을 기울여야 한다.

올바른 문제집 활용법

문제집은 교과서 내용을 충실히 이해하고 있는지를 확인·점검하는 출제 예상 문제 묶음이다. 잘 꾸며진 문제집은 어렴풋이 이해하고 있는 내용을 단계별로 향상시켜 주면서 확인·점검하는 동안에 목표 수준에 도달하게 해준다. 즉, 기초에서 복합적 응용력까지 최대한 발휘할 수 있도록 짜인 문제집이 좋은 문제집이다.

문제집은 이미 공부한 교과서나 기본 참고서 내용을 얼마나 충실히 이해하고 있는지를 점검하고, 부족한 부분을 찾아내 다시 공부함으로써 실력을 보충하는 데 필요한 교재다. 그러므로 문제집은 기본 교육과정 내용을 완전히 공부한 다음에 사용해야 한다. 교과서와 기본 참고서를 완전히 이해하지 못한 채 문제집을 풀면, 혼란만 가중될 뿐 실력이 쌓이지 않는다.

① 기초 문제와 기본 문제를 완전히 익힌 다음 응용문제를 풀어라

기초문제를 풀지 않은 채 기본문제를 풀거나, 기본문제를 건너뛰고 응용문제를 푸는 것은 의미가 없다. 교과서와 기본 참고서를 확실하게 익히고 문제집을 통해서 응용문제를 해결해야 한다.

② 기본 문제는 꼼꼼하게, 응용문제는 두 번에 나눠 푼다

한 권의 문제집을 선택해 풀 때, 첫 장 첫 문제부터 빠짐없이 푸는 것이 좋지만 잘못하다간 처음 부분에서 맴돌다가 뒷부분은 아예 확인하지도 못하는 경우가 발생할 수 있다. 이런 폐단을 방지하기 위해서는 기본문제는 빠짐없이 골고루 풀고, 응용문제는 홀수번호만 풀어 문제집 전체를 한번 훑어보도록 한다. 또한 두 번째로 문제집을 풀 때는 틀렸던 문제와 나머지 문제만 풀면 되기 때문에 진도도 잘 나갈 수 있고, 반복효과도 있어 학습능률이 오른다.

③ 문제집은 '풀지 못하는 문제'를 발견하기 위해 있는 것

문제집을 풀다가 풀 수 없는 문제를 만나면 실망할 것이 아니라 기뻐해야 한다. 풀지 못하는 문제는 자신이 지금까지 알지 못했던 점을 지적해주기 때문이다. 자신의 약점을 알면 실력도 그만큼 향상된다. 풀 수 없는 문제를 만났을 때는 우선, 문제의 의미를 잘 알지 못해서 풀지 못하는 문제일수도 있기 때문에 문제를 자세히 읽어 출제자의 의도를 파악하도록 한다. 또한 기본적인 해결 방향이 애매해서일 수도 있으므로 그 부분의 교과서나 기본 참고서를 다시 한 번 복습해본다. 그래도 이해가 안 되면 해답을 보고 기본을 어떻게 응용하면 되는가를 확인하고 별(★) 표시를 해둔다.

별 표시를 해둔 문제는 일주일 내에 다시 한 번 풀어보는 것이 좋다. 일주일 후에 풀 수 있으면 동그라미(○) 표시를 하고, 풀지 못하고 해답을 또 보아야 한다면 별 표시를 두 개 하는 것이다. 이렇게 해서 별 표시가 한 개 또는 두 개 있는 문제가 모두 동그라미 표시로 바꿔면 문제를 모두 자기 힘으로 풀었다는 것이 된다. 풀 수 있는 문제를 몇십 개 풀기보다는 풀 수 없는 문제를 하나라도 해결하는 것이 실력 향상의 지름길이다. 자신이 잘하는 쪽을 늘리기보다는 틀린 문제를 하나라도 줄이는 것이 좋은 점수를 딸 수 있는 것이다. 문제집은 항상 취약부분을 발견하기 위해 이용하도록 한다.

④ 모르는 문제가 나오면 기본 참고서로 그 부분을 다시 공부하라

풀 수 없는 문제가 나오면 교과서와 기본 참고서를 보고 확실히 이해한 후에 해결해야 한다. 미리 해답부터 보고 해결하려 들면 실력이 늘지 않는다. 객관식 문제의 경우, 정답이 아닌 다른 지문의 의미까지, 즉 출제자가 왜 그런 지문을 선택했는지 출제자의 의도도 확실히 파악해야 풀지 못한 문제를 완전히 소화하는 것이 된다. '답이 무엇이다.'라는 식으로 공부하면 아무리 많은 문제를 풀어도 실력 향상보다는 시간과 노력만 낭비할 뿐이다.

⑤ 문제를 자세히 읽고 아는 것은 틀리지 않도록 한다

문제집은 시험에 대비해 실전능력을 키우는 유용한 도구다. 평소에 문제를 자세히 읽는 버릇을 들여 아는 것은 절대로 틀리지 않도록 해야 한다. 평소에 대충 문제를 푸는 버릇이 있다면 시험에서도 실수하기가 쉽다. 몰라서 틀리는 것도 억울한데, 아는 것을 실수로, 그것도 문제를 잘못 읽어서 틀리는 어리석음은 범하지 말아야 한다. 그러므로 평소에 문제를 풀 때는 아무리 쉬운 문제라도 반드시 처음부터 끝까지 차근차근 읽고 무엇을 묻는가를 확인한 다음에 주어진 조건 하나하나의 내용도 그 뜻을 완전히 확인한 후 답을 쓰는 습관을 길러야 한다. 수학이나 과학같이 계산을 주로 하는 과목의 경우에도 계산을 틀리지 않게 하겠다는 각오로 문제를 풀어야 한다.

⑥ 문제는 해법의 유형을 파악하는 데 중점을 두고 푼다

응용능력과 실전능력을 키우기 위해 많은 문제를 푸는 것이 필요하지만 단순히 문제만 많이 푼다고 해서 실력이 느는 것은 아니다. 계산연습이라면 모르지만 문제만 많이 푸는 것은 시간과 노력을 낭비하는 비능률적인 방법일 수 있다.

짧은 시간에 능률적으로 문제집을 이용하기 위해서는 해법의 유형을 파악해야 한다. 즉, 문제는 달라도 '이런 유형의 문제는 이렇게 풀면 된다.'는 방법을 익히는 데 중점을 두고 공부해야한다. 특히, 기초가 되는 예제문제의 해법을 확실하게 익혀두면 응용력이 형성되기 때문에 아무리 어려운 문제가 나와도 풀 수 있는 능력이 생기게 된다.

⑦ 풀어본 문제는 반드시 흔적을 남긴다

문제집을 한 번 풀었다고 해서 그냥 내동댕이쳐서는 안 된다. 3-4번 반복해서 복습해야 한다. 그런데 복습을 효율적으로 하기 위해서는 일단 문제를 풀어본 후 그 문제에 대한 평가를 한다. 평가는 대체로 다섯 가지 정도로 분류한다. 즉, 완전히 이해와 암기가 되어 있어 후에 다시 확인할 필요가 없는 문제는 ×로, 지금은 충분히 풀 수 있지만 후에 한두 번 다시 확인해볼 필요가 있는 문제는 ○표, 몰랐거나 실수로 틀린 문제는 ◎표, 문제의 질문 내용이 명확하지 않거나 해답이 자신의 견해와 다른 문제는 △표, 풀었건 못 풀었던 상당히 중요하다고 생각되는 문제는 ☆표 등을 붙인다.

이렇게 해두면 문제집을 한 권 다 풀고 나서 다시 복습할 때, ×표 한 것은 그냥 지나쳐도 되기 때문에 그만큼 시간이 절약되고, 틀린 문제나 중요한 문제는 더욱 중점적으로 공부할 수 있게 된다. 이렇게 해서 거의 모든 문제가 ×표로 바뀌게 되면, 경향이 다른 문제집이나 한 수준 높은 문제집을 한 권 더 풀어본다. 그리고 그 문제집 역시 같은 방법으로 공부한다.

본격적인 시험 준비

① 시험 계획을 세워라

시험을 잘 보기 위해서는 계획을 잘 세워야 한다. 너무 많이 준비하는 것도, 준비기간이 너무 짧은 것도 바람직하지 않다. 주의할 점은 예기치 못한 일들이 생길 수 있다는 점을 고려해 시간 여유를 두어야 한다.

그럼 구체적인 시험 계획은 어떻게 세우면 좋을까. 우선 시험 일주일 전에 모든 과목을 한번 반복해서 볼 수 있는 분량만큼 준비기간을 정해두고 공부한다. 그다음에는 시험 전날 공부할 수 있는 분량으로 내용을 요약해서 학습량을 줄여간다. 마지막으로 시험 보는 날 아침에 복습할 수 있는 분량으로 줄여서 공부하는 것이 좋다.

② 싫은 과목 정복을 위해 '짧은 시간'이라는 미끼를 던져라

누구나 자신이 좋아하는 일을 할 때는 의욕이 생기고 재미가 있기 때문에 시간이 가는 줄 모르고 열심히 하게 된다. 반대로 싫은 일을 할 때는 의욕도 생기지 않고 지루하게만 느껴진다. 공부도 마찬가지다. 좋아하는 과목을 공부할 때는 집중도 잘 되고 시간 가는 줄 모르는 반면에, 싫어하는 과목을 공부할 때는 재미가 없고 능률도 떨어지게 된다. 그렇기 때문에 자기가 좋아하는 과목 위주로만 공부를 진행하게 될 가능성이 있다. 머리가 신선하고 의욕이 있을 때, 짧은 시간이라도 싫은 과목에 시간과 노력을 투자해 싫은 과목에 대한 해결 방법을 찾아야 한다.

대체로 처음 공부를 시작할 때는 의욕이 넘치고, 머리도 신선한 상태다. 체력 또한 넉넉하기 때문에 어렵지 않게 싫은 과목을 정복할 수가 있다. 한참 공부한 후, 머리 회전이 둔해지고 피로가 쌓였을 때 잠시 휴식을 취한 후, 쉽고 좋아하는 과목을 공부하면 똑같은 시간에 더 높은 효과를 낼 수가 있다. 자신이 싫어하는 과목을 먼저 공부하고 나중에 좋아하는 과목을 하게 되면 끝까지 하게 될 확률이 높아지는 것이다.

싫어하는 과목을 정복하기 위해서는 '짧은 시간'이라는 미끼를 스스로에게 던져 날마다 계속 공부하는 습관을 가진다. 짧은 시간도 매일 쌓이면 긴 시간이 되고 그만큼 실력도 향상된다.

내신과 수능의 효과적인 학습법

① 내신 시험과 수능의 차이

내신 문제는 기본적으로 암기와 유형의 시험이다. 내신 문제는 보통 문제길이가 짧다. 식을 제시하고 계산을 하도록 유도하는 문제가 대부분이다. 게다가 시험범위도 한 학기 분량의 절반 정도다. 내신 문제는 한정된 범위 내에서 보는 시험이고 수능이나 논술과는 비교할 수 없을 만큼 문제 출제 범위가 한정적이다. 출제 범위가 한정적이라는 것은 출제할 수 있는 문제가 그만큼 많지 않다는 뜻이다.

그리고 유형별로 문제풀이 연습을 하면 많은 도움이 되고 시험장에서 풀 수 있는 문제가 많이 출제된다. 암기와 유형 연습으로 60%~70%의 문제를 해결할 수 있다. 하지만 최근에는 내신 문제도 수능형으로 많이 출제되고 있는 것이 사실이다. 암기와 유형 연습만으로 100점은 불가능하다.

내신 대비 문제집을 보면 간략한 개념 설명과 공식, 이후에 유형별로 주요 문제들을 쭉 나열해 놓았다. 유형별 문제풀이는 내신 문제 유형을 연습하고 계산하는 방법을 손에 익히면 해결된다.

수능은 이해와 응용의 시험이다. 수능은 적은 과목을 시험보지만 전 범위를 공부해야 하니 한 번 다 끝내는 데 긴 시간이 걸린다. 한정된 범위에 집중적인 공부가 필수인 내신과는 다르게 최소 1년 이상 긴 준비를 통해 학습해야한다.

'수능'이라는 줄임말로 수능의 정식 명칭은 '대학수학능력시험'이다. 이 능력의 측정으로 '선발의 공정성과 객관성을 확보'하는 것이 수능의 목적이다. 대학에서 수학(修學, 익히고 배운다는 의미)할 능력이 어느 정도 되는지를 측정하는 시험이다. 한국교육과정평가원에서 공개한 대학수학능력시험의 성격과 목적은 다음과 같다.

1. 대학 교육에 필요한 수학 능력 측정으로 선발의 공정성과 객관성 확보
2. 고등학교 교육과정의 내용과 수준에 맞는 출제로 고등학교 학교교육의 정상화 기여
3. 개별 교과의 특성을 바탕으로 신뢰도와 타당도를 갖춘 시험으로서 공정성과 객관성 높은 대입 전형자료 제공

② 수능의 일반문제, 준킬러 문제, 킬러문제

수능은 킬러(약10%/1등급권), 준킬러(약2-30%/2,3등급권), 일반문제(나머지/3등급 하위~4등급권)로 이루어져 있다.

일반문제는 그 과목의 전 범위 진도를 정리해야 한다. 진도란 **개념정리, 기본문제 유형 숙지, 기출문제 분석**으로 구성된다. 이것은 오랜 시간이 소요되어서 그렇지 누구나 노력하면 할 수 있는 부분이다.

준킬러문제는 노력과 훈련을 통한 사고력 연습이 필요하다. 준킬러문제를 극복하는 일반적 방법은 오랜 공부를 통해 그 과목문제에 대한 훈련을 통하여 사고력을 끌어올리는 것이다. 쉽게 말해 노력하면 누구나 어느 정도 해낼 수 있다는 것이다.

킬러문제는 노력과 사고력을 요하는 최상위 수준의 문제이다. 이러한 문제를 해결하기 위해 10년 이상의 기출문제를 거의 다 완벽하게 훈련하여 완전학습을 해야 한다.

최근 2년간의 수능은 점차 킬러문제를 약화시키고 준킬러문제를 좀 더 어렵게 내는 쪽으로 변화하고 있다.

③ 정시준비생의 공부요령

고1, 고2는 각 과목별로 진도를 완성하는 시기이다. 보통 내신을 통해 완성하는 것이 계획이 밀리지 않고 꼼꼼하게 정리하기에 가장 좋다. 따라서 정시준비생이라 하더라도 수능과목 내신은 아주 철저히 공부해야 한다. 고2 말까지 진도를 모두 정리하고 수능 일반 문제만큼은 만점을 목표로 공부해야 한다.

고3은 전체진도를 단권화로 총정리하고 충분히 숙지해야 하며 그다음 본격적으로 수능형 문제들을 풀어가면서 준킬러와 킬러 문항에 대한 반복 훈련으로 완전학습이 필요하다.

정시준비라 함은 아예 내신을 안 하겠다가 아니고 수능과목 내신은 철저히 하고 다른 과목은 균형 있게 학습해야 한다. 특별히 문제훈련을 더 많이 해야 한다.

(1) 수학, 국어, 영어, 탐구과목 중 수능에서 선택할 과목은 내신을

철저히 공부해야 한다.

(2) 개념용 학습서와 학교 프린트, 교과서 등을 확실히 숙지하고 개념정리 노트와 오답노트를 통해 반복 훈련이 필요하다.

(3) 기본 유형 문제집과 심화 유형 문제집을 풀고 취약부분을 보완해야 한다.

(4) EBS교재(수능특강, 수능완성), 고3모의고사 기출문제 중 범위에 해당하는 부분을 해결하고 수능기출문제에 대한 오답문제 분석이 필요하다.

흔히 학생들은 내신 안 하고 정시만 한다고 하며 수학공부만 한다거나 수학, 국어 공부만 하는 경향이 있다. 즉, 자신이 비교적 쉽게 적응할 수 있는 과목만 공부하려 하고 시간의 압박 없이 좀 더 편안한 상태에서 공부하고 싶어 한다. 이런 학생은 문제점을 확인해 보면 다음과 같다.

(1) 탐구과목과 영어가 제대로 안 되어 있어서 최종 수능에서 균형 잡힌 성적을 받지 못한다. 보통은 고3 후반부에 탐구와 영어에 집중하다가 수학 국어마저 놓치는 우를 범하게 된다. 따라서 내신의 스케줄에 따라 체계적으로 고2까지 미리 수능 전 과목을 철저히 공부하는 게 1, 2등급 받는 데 아주 중요하다.

(2) 긴장감이 극에 달하는 고3 후반기에 집중력을 잃고 방황하게 되고 특히 마지막 마무리가 약하다 보니 평소 실력대로 수능을 치르

지 못하는 경우가 많다. 물론 고3을 독하게 보내는 소수의 학생들은 잘 해내기도 하지만 다수의 학생들은 우왕좌왕하다가 수능장에 들어가게 된다. 이때 마지막까지 정신력을 강화해야 한다. 정시준비생들은 이러한 상황을 정확히 인식하고 절대로 내신을 소홀히 하면 안 된다.

④ 신유형 문제와 출제자의 의도

최근 내신 시험의 핵심은 이해와 응용을 바탕으로 문제를 풀어야 하는 30%~40%의 '수능형' 문제다. 이 부분에서 최상위권, 상위권, 중·하위권이 갈리게 된다. 중학교에서 우수한 성적을 받았던 학생이 고등학교에 올라가서 성적이 곤두박질치는 사례를 종종 발견할 수 있다. 중학교까지는 '내신' 시험만 경험했기 때문에 암기가 통했다. 하지만 고등학교는 수능형 문제 출제비율이 점점 높아지는 추세이기 때문에 암기만으로 100점을 기대할 수 없다.

수능시험의 출제 원칙은 '신유형 문제'를 출제하는 것이다. 선발된 수능 출제위원들은 출판된 모든 문제집을 검토해서 같은 유형의 문제를 출제하지 않는다. 따라서 수능시험을 준비하는 학생은 개념학습을 철저히 하고 신유형 문제의 사고력을 높여야 한다. 처음 보는 문제를 이리저리 궁리해서 최종적으로 정답을 내는 연습을 많이 해야 한다. 즉 문제해결 능력을 높이는 것이 중요하다.

이러한 요소에 집중하여 공부를 하면 수능 공부만 했는데 나도 모르게 논술까지 저절로 대비를 할 수 있다. 수능 공부 하나로 3가지의 시험에 모두 대비가 가능하다. 따로따로 대비하면 마음도 복잡해지고 집중도도 낮아지게 된다. 수능 공부를 중심에 두고 수학 기본서를 이해해 나간다면 내신, 수능, 논술을 동시에 공략할 수 있다.

수학 시험문제 출제자의 관점에서 볼 때 수학 문제의 출제방식을 제대로 이해하면 초·중등 고난도 문제, 고등학교 내신, 모의고사, 수능 기출문제 등을 공부할 때 문제를 바라보는 시야가 한층 더 넓어질 것이다.

최근에는 내신 시험에도 수능이나 모의고사와 같이 생각을 깊이 해야 풀 수 있는 문제들이 꽤 많이 출제되고 있다. 변별력을 높이기 위한 방법으로 내신 시험에서도 수능 스타일의 문제를 자주 만날 수 있다. 따라서 내신 유형 문제집 한 권을 마스터한 후에 수능 스타일의 문제풀이 연습을 추가하면 만점을 기대할 수 있다.

수능이나 모의고사 문제는 기본적으로 교과서의 내용을 바탕으로 한다. 교과서에서 제시하는 개념을 바탕으로 하되, 기존 기출문제와 유사한 풀이방법을 따른다.

수능 수학은 총 30문제가 출제된다. 이 중 16개의 문제는 2, 3점짜리이고 14개는 4점짜리 문제가 출제된다. 배점이 높은 4점짜리 문제라고 해서 전부 다 어렵게 출제되는 것은 아니다. 4점짜리 문제 중에서 열 문제가량은 개념학습만 충실히 했다면 충분히 풀 수 있는 평이한 수준이다. 그 외 3-4 문제만 어려운 편에 속한다.

객관식의 마지막 21번 문제와 주관식의 마지막 30번 문제는 소위 '킬러문항'이라고 불리는 초고난도 문제들이다. 킬러문항은 보통 단일 개념이 아닌 여러 단원의 개념이 혼합된 형태로 출제된다. 그렇기 때문에 수학을 꽤 잘하는 사람도 출제자의 의도를 쉽게 파악하기 어렵다.

킬러문항의 바로 앞 문항인 객관식의 20번 문제와 주관식의 29번 문제는 킬러문항에 준하게 어려운 수준이라는 의미로 '준킬러문항'으로 불린다. 이 네 개의 고난도 문제가 상위 등급을 결정짓는 중요한 역할을 한다. 보통 킬러문항 두 문제만 틀리고 나머지 28개의 문제를 모두 맞히면 1등급이다. 킬러문항 두 문제와 준킬러문항 두 문제 중 하나를 틀리면 2등급이라고 보면 된다. 킬러와 준킬러문항을 모두 틀리면 3등급 수준으로 보면 된다.

수능 기출문제와 평가원 기출문제 풀이를 통해 수학적 사고력의 바탕을 충분히 쌓아 두고, '해결책 찾기 능력'을 키워야 한다. 개념 학습부터 수능 기출 문제 풀이까지 최선의 자세로 수많은 연습을 해야 문제 출제자의 출제의도를 쉽게 파악할 수 있고, 1등급을 넘어 만점에까지 도전할 수 있다.

실전! **시험 요령**

시험 준비 4단계

시험을 잘 보기 위해서는 다음의 4단계를 철저히 지키면 된다.

① 철저한 '시험 대비 계획서'를 작성한다

시험 준비의 첫 단계는 시험시간표가 발표된 뒤 공부해야 할 과목 수와 난이도에 따라 공부시간을 배분하는 것이다. 만일 영어가 어려울 경우, 이틀 정도를 영어에 할애하고 나머지 과목은 하루씩 배정하는 등 자신의 수준을 고려해 학습시간표를 짠다. 날짜별로 하루에 한 과목씩 짜되 시험 보기 전날은 비워 두는 것이 좋다. 또한 교과서의 기본 내용을 정리하고 빠진 필기 내용을 보충하는 등 공부하기 전에 필요한 자료들을 준비해둔다.

② 하루에 한 과목을 정하고 집중적으로 파고든다

두 번째 단계는 정리한 내용을 보면서 핵심을 암기하고, 문제집을 풀어보고, 나아가서는 본인이 예상문제를 만들어 풀어보는 것이다. 공부를 할 때에는 먼저 중요한 개념을 정리한 뒤 그에 따르는 세세한 내용을 공부하는 것이 효과적이며, 예상문제를 만들 때에는 친구들과 서로 문제를 내고 답하는 방법이 좋다. 또한 이때 자신에게 취약한 과목이나 내용을 체크하여 보충을 한다.

교과서에는 소위 '함정'이라는 것이 없다. 그러나 학교 시험에는 선생님이 파놓은 함정이 곳곳에 도사리고 있다. 이런 함정을 슬기롭게 해결하기 위해서는 훈련이 필요한데, 가장 좋은 훈련방법이 문제집을 통해 응용력을 키우는 것이다. 물론 이때는 개인차가 있어 공부 잘하는 학생은 금방 성적이 오를 것이고, 중간 정도의 학생은 조금 더 시간이 걸린다. 또 평소에 공부를 잘하지 못했던 학생은 조금 더 시간이 걸린다. 공부도 집중해서 자꾸 하다 보면 좋은 결과가 있기 마련이다.

③ 요점을 노트 한두 장으로 추려 보관한다

세 번째 단계에서는 시험 전날 당일을 위해 정리했던 내용과 문제집을 풀면서 틀린 문제와 예상문제, 핵심개념을 다시 간략하게 정리한다. 단기간에 시험 범위를 복습해 당장 좋은 점수를 받는 것이 가장 중요하게 느껴질 수 있다. 하지만 그것이 진정한 실력을 키워 주는 것이 아니라면, '내가 정말 공부를 잘하고 있었는지, 한 번 틀리더라도 자연스럽게 시험을 보자.' 하는 것도 바람직한 자세다.

④ 마지막 날 '요점정리 노트'로 공부한다

시험공부 마지막 날은 정리한 책이나 참고서, 문제집의 핵심정리, 노트, 요점정리 노트의 순서대로 정리한다. 특히 '요점정리 노트'는 마지막 핵심내용이므로 최선을 다해서 공부한다. 시간이 남는다면 문제집의 문제로 응용력을 키워야 하지만 그렇지 않으면 남은 시간은 '요점정리 노트'만으로 공부한다.

이와 같은 방식으로 계획을 세워 시험을 준비하면 교과내용을 2~3번 반복할 수 있지만, 2~3주의 시간이 필요하다. '벼락치기'로 좋은 성적을 기대하는 학생들이 많은데 그렇게 해서는 원하는 결과를 얻을 수 없으므로 꾸준하고 충실히 공부하는 습관을 기르자.

내신시험 전날에는 틀렸던 부분 위주로 공부해야 한다. 많은 학생들이 계산에서 실수하거나 기본개념에서 틀릴까봐 교과서를 처음부터 다시 풀려고 한다. 시험 전날 이런 식의 공부는 별 도움이 되지 않는다. 내신시험은 대부분 하루 2~3과목을 보기 때문에 시험 전날 한 과목에 투자할 수 있는 시간은 많아야 8시간 정도다. 그런데 교과서를 처음부터 다시 풀다 보면 시간은 그냥 지나가고 만다.

누구나 틀렸던 것을 다시 틀린다는 것을 명심하자. 교과서는 중요한 정의나 증명을 다시 한 번 확인하고, 연습문제 중 어렵거나 중요한 문제만 골라서 해결하는 정도로 공부해야 한다. 그 정도는 2~3시간이면 충분하다. 나머지 시간은 지금까지 공부하던 문제집이나 참고서 등에서 틀렸던 문제, 중요하다고 생각하는 문제에 투자해야 한다.

미리 오답노트를 만들어놨다면 오답노트 중심으로 공부하는 것이 좋다.

시험 전후 대처요령

① 시험시간 10분 전: 시험 불안감은 다 가라!

시험시간 10분 전은 불안이 극도에 다다를 시간이다. 이때 눈을 감고 천천히 복식호흡을 한다.

시험시간에 무엇보다 긍정적인 사고를 갖는 것이 중요하다. 시험을 잘 봐야 한다는 강박적인 생각보다는 '내가 공부한 만큼 시험을 보겠다.'는 마음가짐이, '도저히 모르겠다.'고 포기하기보다 우선 마음을 가다듬고 차분히 생각해 보는 것이 시험에 대한 부담감과 불안을 줄이는 데에 도움이 될 것이다.

위에서 언급한 것과는 다른 내용이지만, 평소에 시험에 대한 불안감을 없애는 훈련을 하는 것도 좋은 방법이다. 많은 학생들이 평소에 공부한 내용도 시험이 시작되면 기억이 나지 않거나 머릿속이 완전히 텅 빈 상태를 느끼는 경험을 한 적이 있을 것이다. 이를 바로 시험 불안이라고 한다. 시험 불안을 없애는 방법 중 한 가지는 지속적인 이미지 트레이닝을 하는 것이다. 즉, 시험장에 들어가서 책상에 앉고 시험지를 받고 문제를 풀기까지의 과정을 지속적으로 머릿속에서 생생하게 그려보면서 익숙해지도록 하는 것이다. 우리가 모의고사를 계속해서 보는 것도 수능 시험 때 긴장하지 않고 시험시간에 익숙해지기 위해서이다. 이처럼 평소에도 이미지 트레이닝으로 시험 에 대비하는 환경을 머릿속에서라도 익혀두면 시험장에 가서 극도의 불안감에 시달리는 것을 조금은 방지할 수 있을 것이다.

② 시험지를 받는 즉시(1): 시험지를 메모지로 활용하라!

시험을 치를 때의 두려움 중 하나가 바로 조금 전까지 애써 외웠던 내용을 잊어버리지 않을까 하는 것이다. 이보다 더 억울한 일이 있을까! 좋은 방법이 있다. 시험지를 받는 즉시 암기하고 있던 수학공식이나 영어단어, 용어 등을 시험지 구석에 메모하는 것. 그러면 결코 갑자기 내용을 잊어버려서 당황하는 일이 없을 것이다.

③ 시험지를 받는 즉시(2): 승부는 최초 3분에 좌우된다!

시험지에 반, 번호, 이름을 쓴 후 바로 할 것이 하나 있다. 문제를 푸는 것이 아니라 보는 것이다. 간단하게 문제 전체의 내용을 쭉 훑어보는 것이다. 그리고 확실히 풀 수 있는 문제에는 ○, 조금 생각할 필요가 있는 문제에는 △, 못 풀 문제에는 ?를 해두자. 그런 후 ○한 문제부터 풀어가는 것이다. 그다음 당연히 △와 ? 순이다. 이 방법을 사용하면 어려운 문제에 매달리다가 시간이 부족해서 아는 문제까지 못 푸는 일을 미연에 방지할 수 있다.

시험을 치르는 방법도 중요하다. 많은 학생들이 다른 시험에 비해서 수학시험 시간이 모자란다는 이야기를 한다. 현재 시험시간은 중학생 45분, 고등학생 50분이다. 그 시간 안에 20~30문항을 풀어야 한다. 수학이라는 과목의 특성상 주어진 문항에 비해 시간이 너무 짧기 때문에 시간관리가 가장 중요하다. 문제를 읽고 30초 내에 어떻게 풀지 해결전략이 떠오르지 않는다면 표시를 해놓고 과감하게 다음 문제로 넘어가야 한다. 잘 안 풀리거나 모르는 문제를 잡고 시간을 허비하면 뒤에 남은 쉬운 문제도 시간이 없어 풀지 못한다. 더욱이 시간에 쫓기면 불안감 때문에 실수가 많아진다. 확실히 아는 문제 위주로 빠르게 문제를 풀고, 남는 시간에 표시해두었던 어려운 문제를 다시 차분하게 풀어야 고득점이 나올 수 있다. 처음 문제부터 끝 문제까지 중학생은 30분, 고등학생은 35분 안에 일단 푸는 것이 관건이다.

그다음 시험을 보면서 어떻게 문제를 풀어야 할까?

- 문제는 침착하게 전체적으로 한 번 훑어본다.

- 시험이 어렵게 출제되었다고 느껴지면 쉬운 문제부터 푼다.

- 서두르지 말고 문제를 정확히 읽고 아닌 것과 맞는 것에 동그라미를 치거나 밑줄을 그어 함정에 빠지지 않도록 주의한다. 차분하게 끝까지 읽고, 보기도 이해를 해가며 읽다 보면 의외로 답이 문제에 숨어 있는 경우도 많다. 위나 아래쪽 문제의 보기에 답이 나오는 경

우도 있으니 문제는 최대한 차분하고 정확하게 읽어나가야 한다.

- 급하게 서두르다 보면 ②번이 정답인 것을 알면서도 ③번을 쓰는 경우가 있으므로 정확하게 확인한 후 천천히 풀어 나간다.

- 의외로 쉬운 문제에 함정이 많이 있다. 쉽다고 건성으로 읽지 말고 꼼꼼히 읽는다.

- 쉬운 문제를 풀고 남은 시간을 활용해서 모르는 문제나 어려운 문제에 모든 지식을 총동원해서 마지막 문제까지 푼다.

- 문제를 다 풀었다면, 1번부터 차근차근 확인해 본다. 만약 시간이 5분 이내로 남았다면 의심스러웠던 문제, 어려운 문제, 모르는 문제에 시간을 활용해 집중적으로 생각해 낸다.

④ 첫 시간 시험이 끝난 직후: 다음 시험만 생각해야 한다!

첫 시간의 시험이 실패로 끝났을 때, 그 여파로 다음 시험까지 망치는 경우를 자주 경험한다. 그러나 이것은 정말로 어리석은 짓이다. 이미 지나간 일 때문에 고민한다고 달라지는 것은 하나도 없다. 잊을 것은 빨리 잊는 것만큼 현명한 사람은 없다. 하나 더, 괜히 친구들과 답 맞춰보다가 기분만 상하지 말고 다음 시험이나 준비하자!

⑤ 첫날 시험이 끝나면: 잠만큼 정신에 좋은 보약은 없다!

시험기간에 좋은 것 중 하나가 바로 일찍 끝난다는 것. 그러나 괜한 기분 내다가 돌이킬 수 없는 후회의 늪에 빠지게 되니 반드시 긴장의 끈을 놓지 말도록. 집으로 바로 돌아와서 잠을 자는 것이 최선책이다. 진한 낮잠으로 머리의 피로를 말끔히 씻고 오후에 일어나 다음 날 시험 준비에 박차를 가한다. 충분한 휴식은 머리를 맑게 하는 청량제 역할을 한다.

⑥ 시험이 모두 끝난 후에: 해방감을 느끼기 전에 오답노트를 작성한다!

보통 시험이 다 끝나면 '아 드디어 끝이다.'는 해방감에 젖어 시험지를 팽개치고 다시는 보지 않거나 버리는 학생들이 많다. 그러나 시험지를 잘 활용하는 것도 훌륭한 학습 방법의 하나임을 강조하고 싶다. 특히, 학기말 고사나 학년말 시험을 준비할 경우에는 이전에 배웠던 모든 학습 내용을 한꺼번에 복습해야 하기 때문에 많은 시간과 노력이 필요하다. 이때 지난 시험지를 보며 핵심내용을 정리하고, 틀린 문제를 다시 확인해보면 적은 노력으로 큰 효과를 거둘 수 있다.

틀린 문제는 자신의 약점을 모아 놓은 보물창고와 다름없다. 틀린 문제는 비슷한 유형으로 다시 출제되면 또 틀리기 십상이다. 그래서 틀린 문제를 다시 한 번 풀 때, 새로운 문제를 보는 것 같은 느낌을 주기 위해서 문제집에는 풀이과정을 생략하고 노트에 정리하는 습관이 필요하다.

내가 틀린 문제는 나의 정확한 약점이다. 이런 약점만 모아서 다시 보강해야 한다. 오답노트는 말 그대로 틀린 문제를 기록한 노트를 의미한다. 이 노트의 취지는 틀린 문제를 해설지만 보고 넘기지 말고 왜 틀렸는지, 어떤 부분을 모르는지, 어떤 개념이 부족한지 등을 스스로 돌아보고 복습하는 데 있다.

시험지 정리 및 오답정리에는 4단계의 순서가 있다.

1단계에서는 시험지에 날짜와 시험 종류(중간고사, 기말고사 등), 시험 범위를 기입한다. 2단계에서는 정답을 적는다.

3단계에서는 틀린 문제를 확인하여 틀린 원인에 따라 각각 다른 표시를 한다. 예를 들어, 실수로 틀렸으면(문제를 잘못 읽었거나, 다른 내용과 혼동된 경우 등) '∨'로, 몰랐던 내용이면 '〈〉'로 표시하는 등, 자기 자신만 알아볼 수 있는 것으로 체크해둔다. 이때 모르는 내용이지만 추측으로 맞은 경우, 자신의 찍기 실력과 운에 감사하며 다시 보지 않는 학생이 많은데, 반드시 표시를 해두고 왜 정답인지를 확인하고 넘어가야 한다. 찍어서 맞은 문제는 몰라서 틀린 문제와 다를 것이 없기 때문에 제대로 짚고 넘어가야지만 비슷한 문제가 나왔을 때 자신 있게 문제를 해결할 수 있다.

마지막 4단계에는 틀린 문제와 관련되는 내용이나 교과서와 참고서의 페이지를 적어 다음에 시험지를 볼 때 한눈에 알아보기 쉽도록 정리한다. 그래야 나중에 시험지를 학습자료로 다시 사용할 수 있다.

다음 시험에서 좋은 결과를 얻으려면, 시험지를 버리지 말고 이와 같이 적극적으로 활용해야 한다. 그러면 점수와 등수 확인에 집착해서 쉽게 좌절하기보다 자신의 학습 수준과 부진한 부분을 명확히 파악할 수 있어 다음 시험에 자신감 있게 대처할 수 있다.

오답노트

인간에게는 무의식적으로 자신에게 부적합한 것이나 싫은 것을 잊어버리려고 하는 경향이 있다. 따라서 시험에서 틀린 문제는 빨리 잊어버리려고 한다. 이러한 인간 심리의 맹점에 빠지지 않기 위해서는 잘못된 경험을 어떤 형태로든 기록해 두는 것이 좋다. 가령, 시험 문제에서 틀린 부분만을 스크랩하거나 틀린 답만을 기록하는 전용 노트를 만들어 정확한 해답과 함께 기록해 수시로 확인한다.

시험이나 연습은 자신이 틀리기 쉬운 문제를 발견할 수 있기 때문에 의미가 있다. 평소 시험에서 자신이 틀렸던 문제들을 노트에 기록해놓고 틈틈이 들여다보면 자신의 취약부분이 어디인가를 쉽게 알 수 있기 때문이다. 한 번 틀렸던 문제는 두세 번 틀리는 경우가 훨씬 많다. 그래서 오답노트가 매우 중요한 것이고, 그렇기 때문에 반드시 작성하여 활용할 필요가 있다.

염두에 두어야 할 것은 오답노트는 기초가 튼튼한 상위권 학생일수록 효과가 크다는 것이다. 기초가 부족한 학생은 오답노트에 적을 것이 너무 많아 적기가 곤란하고, 취약한 문제 유형을 파악하는 것 또한 어렵다. 따라서 이런 학생들은 처음에는 암기과목에 국한해 작성하다가 차츰 주요과목으로 확장해 나가는 것이 좋다.

오답노트: 두 번 실수란 없다!

(1) 시험지를 복사해 틀린 문제만 오려서 붙인다. 본문이 있는 국어나 외국어 문제는 지문도 함께 오려 붙인다.

(2) 틀린 이유를 구체적으로 분석해 표기한다. 전혀 모르는 부분에서 틀렸는지, 계산 착오로 틀렸는지, 실수로 틀렸는지, 문제를 끝까지 정확하게 읽지 않아서 틀렸는지, 공식이나 원리를 잘못 적용해 틀렸는지 등을 적어 놓는다.

(3) 정확한 해답을 쓰고, 교과서와 참고서의 관련 내용이나 페이지를 적어 놓는다.

(4) 특기사항이나 유의사항은 본문과 다른 색으로 눈에 띄게 적고, 중요하거나 아깝게 틀린 곳은 형광펜으로 표시한다.

(5) 오답노트에는 틀린 문제뿐만 아니라 찍었는데 운 좋게 맞은 문제나 어떻게 풀었는지 확실하게 이해가 되지 않는 문제도 기록한다.

(6) 시험에서 틀린 문제뿐만 아니라 문제집을 풀다가 틀린 문제도 정리한다.

(7) 국어는 지문의 내용파악보다 암기를 요하는 문장을 기록한다. 영어는 주의를 요하는 발음, 숙어, 틀리기 쉬운 문법 등을 예문을 통해 정리한다. 수학과 과학은 해답뿐만 아니라 관련 공식이나 풀이 과정을 함께 기록한다.

고3을 위한 수능 D-30 실전 유의사항

수능까지 단 30일의 시간만이 주어지게 된다. 수험생이라면 주어진 30일을 어떻게 활용하느냐에 따라 내 수능 성적이 달라질 수 있음을 염두에 둔 학습 전략을 세워야 한다. 무작정 문제풀이에만 매진하는 등의 막연한 학습은 실제 수능 성적 향상으로 이어지기 어렵다. 수능까지 남은 30일은 지금까지 공부한 내용을 수능이라는 특수한 시험에 맞게 재정리하는 시간이자, 고사장이라는 낯선 환경에서 효율적으로 문제를 해결하는 방법을 익혀야 하는 실전 대비의 시간이다. 즉, 수능에 최적화된 상태로 정비하는 시간으로 남은 30일을 활용할 수 있어야 한다.

① 적절한 시간 분배로 과목 간 학습 균형을 유지하라

수능을 30여 일 앞으로 남겨둔 시점이 되면 성적이 잘 나오지 않는 과목에 대한 걱정으로 학습 시간의 대부분을 취약 과목에 쏟는 경우가 많다. 그러나 특정 과목에만 매진할 경우 해당 과목에 대한 대비는 어느 정도 가능할지 몰라도, 그만큼 다른 과목에 대한 관리는 소홀해질 수밖에 없다. 수능 당일 믿었던 과목에서 예상치 못한 실수를 하거나, 시간 배분에 실패해 전체적인 성적은 평소보다 더 하락하는 상황이 발생하는 것도 이 때문이다.

따라서 지금부터는 확실한 성적을 보장하는 과목일지라도 매일 정해진 양의 기출문제를 풀거나 주요 개념을 정리하며 실전 감각을 잃지 않도록 하는 게 중요하다. 또 취약 과목이 있다 하더라도 그 과목에만 매진하기보단 적절한 시간 분배로 과목 간 학습 균형을 유지하는 것이 좋다. 단기간에는 한 과목을 장시간 공부하는 것보다 여러 과목을 번갈아 학습하는 것이 집중력과 효율성을 높이는 데 더 도움이 된다.

단, 수능 대비가 미비한 하위권 학생이거나 수시 지원 전형의 수능 최저학력기준 충족이 목표인 학생이라면 성적 향상 가능성이 높은 과목 위주로 전략을 세워 30일 동안 집중하는 것이 더 성공적일 수 있다. 그러나 이 경우 그만큼 위험부담이 따르므로 반드시 자신의 수능 학습 정도 및 수시 합격 가능성 등을 충분히 고려한 뒤 과목별 학습계획을 세워야 한다.

② 새로운 내용보다는 지금까지 공부한 것을 정리하는 데 집중하라

수능은 그 자체로 극도의 긴장감을 유발하므로 시험 당일 자신이 아는 것을 완벽히 풀어내기도 어려운 것이 사실이다. 따라서 수험생은 공부한 내용을 시험에 적용해 내는 실전훈련에 집중해야 한다.

공부한 내용을 시험에서 막힘없이 적용하기 위해선 공부한 내용이 체계적으로 정리되어 있어야 한다. 무작정 문제풀이에만 매달리거나 새로운 교재를 공부하기보단, 기존의 교재 및 지금까지 풀었던 문제들을 활용해 공부한 내용을 정리해보자. 틀린 문제나 다시 확인해야 할 문제에 적용된 개념은 반드시 짚고 넘어가 자신이 이를 완벽히 이해하고 있는지 확인해야 한다. 이렇게 정리한 요점정리노트를 수능 당일 쉬는 시간마다 활용해볼 수 있다.

③ 지금부터 수능 시간표대로 모의고사를 해결하는 훈련을 하라

주말 등을 활용해 일주일에 한 번 정도는 수능 당일 일과에 맞춰 실제 시험을 치르듯 모의고사를 풀어보자. 기상 시간부터 고사장 도착 시간, 대기 시간, 1교시 시간 등을 모두 고려해 하루의 시작부터 마무리까지 실제 수능 당일처럼 경험해 보는 것이다. 이 훈련의 핵심은 자신의 신체리듬을 수능과 최대한 유사하게 만들어 어떤 환경 속에서도 주어진 시간을 잘 활용해 시험을 치르는 데에 있다. 하루를 온전히 수능 당일처럼 보내는 게 어렵다면, 문제를 푸는 데 주어진 시간만이라도 철저히 준수하여 해당 문제풀이 시간을 효율적으로 활용하는 훈련을 거듭하자.

④ 70%, 20%, 10%

쉬운 문제부터 풀어나가되 어려운 문제를 만나면 과감히 뒤로 넘기고 마지막에 해결하는 훈련을 하자. 평소처럼 1번부터 순차적으로 풀다가 막히는 문제를 만나면 그 문제가 풀릴 때까지 붙잡고 있는 게 아니라, 쉬운 문제부터 빠르게 풀어나가고 어려운 문제는 뒤로 넘겨 주어진 시간을 효율적으로 활용해야 한다. 특히 1교시 국어영역은 특별히 시험준비 및 성적관리에도 유의하여야 한다. 1교시 국어영역 문제가 풀리지 않아 당황한 나머지 줄지어 컨디션 조절에 어려움을 겪거나 한 과목의 결과가 다른 과목에까지 영향을 주는 일을 방지할 수 있다.

⑤ 주어진 시간 내 문제풀이 및 마킹 병행하기

생각보다 많은 학생들이 마킹 시간을 고려하지 않고 문제풀이 연습에 치중하느라 정작 실제 수능 당일이 되면 평소보다 더 시간 부족에 시달리곤 한다. 따라서 수능 자체에 익숙해지기 위해서는 시간 안에 문제풀이와 마킹을 모두 확인하는 연습이 필요하다. 가장 좋은 방법은 문제를 풀 때 OMR 카드 양식과 컴퓨터용 사인펜을 활용해 실전처럼 마킹을 확인해 보는 것이다. 문제풀이와 마킹을 늘 함께 묶어 연습한다면, 실전에서 마킹 실수를 줄일 수 있을 뿐 아니라 자연스럽게 시간 부족 현상 또한 막을 수 있다.

⑥ 현실적으로 보완 가능한 문제를 공략하되 오답 정리는 꼼꼼하게 점검하라

한 영역에서 꾸준히 92~96점대의 성적을 받는 학생이라면 100점을 목표로 두고 모든 문제를 해결하는 연습을 해야 하지만, 그렇지 않은 학생이라면 지금부터는 현 수준에서 2~3문제를 더 해결하겠다는 현실적 목표로 학습을 준비해야 한다. 즉, 무리하게 고난도 문제에만 매달리기보단 '지금' 보완 가능한 문제를 공략하는 것이 더 바람직하다.

이제부터는 오답 정리도 매우 중요하다. 실수가 잦은 유형이나 단원 위주로 오답노트를 만들어 복습하되, 이때에도 고난도 문제 공략에 치우친 나머지 2~3점짜리 쉬운 문항을 소홀히 하는 실수에 주의하자. 오히려 2~3점짜리 문항에서 오답이 나온다면 해당 문제를 틀린 이유를 꼼꼼히 분석하여 수능 당일엔 같은 실수를 반복하지 않도록 주의해야 한다. 상위권 학생이라면 소위 킬러문항이라 불리는 고난도 심화 문제 및 EBS 교재의 변형 문제 위주로 오답 정리를 마치고, 중위권 학생들 또한 준킬러 유형 및 지난 6월·9월 수능 모의평가 위주로 오답 정리를 해두는 것이 필요하다.

⑦ 지금부터는 학습만큼이나 생활 습관 및 체력에도 신경 쓸 수 있어야 한다

수능 당일 패턴에 맞춰 규칙적인 기상/취침 시간을 정해두고 30일 동안 이를 꾸준히 지켜보자. 당장 학습이 급하다고 하여 무리하게 밤샘 공부를 하는 것은 오히려 집중력 저하로 이어지기 쉬우니 주의할 것. 규칙적인 식습관도 매우 중요하다. 빠른 두뇌회전과 면역력 강화를 위해 아침식사를 챙기고, 과식이나 폭식은 피하는 것이 바람직하다.

1. 독서와 논술의 중요성

2. 독서 훈련법

3. 논술 훈련법

▪ 통섭(統攝, Consilience)

PART:5

독서와 논술훈련

독서와 논술의 중요성

창조적 문제 해결역량과 소통기반 협력역량

2016년 스위스 세계경제포럼(WEF)에서 클라우드 슈밥 회장은 4차 산업혁명 시대를 선언하면서 기술의 발전과 진화로 인한 일자리의 변화와 감소 등으로 우리 삶 전반에 거대한 영향이 미칠 것이라고 말했다. 특히 교육 분야에서 2016~2017년 초등학교에 입학한 어린이들의 65%는 지금은 존재하지 않는 전혀 새로운 형태의 일자리에서 일하게 될 것이며 이에 미래 변화에 대비할 수 있는 교육이 핵심이라는 점을 강조했다. 4차 산업혁명 시대가 요구하는 역량은 더 이상 지식을 암기하는 역량이 아니다. 급격한 기술변화에 끊임없이 적응하기 위하여 평생 동안 배워야 하기 때문에 어떻게 배우는지를 배우는 자기주도 학습역량이 중요하다. 또한 여러 사람과 팀을 이루어서 새로운 것을 스스로 만들어 낼 줄 아는 인재가 되도록 이를 위한 창조적 문제 해결역량과 소통기반 협력역량이 중요하다고 강조한다.

지난 20세기까지 우리는 성장사회를 겪어오며 최대한 많은 양의 정보를 수집하여 정답을 빠르게 골라내어 문제를 처리하는 능력이 요구되었지만 성숙사회로 불리는 앞으로의 시대에는 정답이 하나가 아닌 문제에 직면했을 때 무엇이 문제인지 스스로 문제제기를 통해 신지식을 도출할 줄 알며 모두가 수긍하는 답을 찾는 '창조적 문제 해결력'이 요구되는 것이다. 즉 이미 익힌 부분적 지식과 기술을 빠른 머리 회전으로 융합하여 새로운 가치를 창출하는 힘을 길러야 한다.

또한 자신이 찾아낸 정보를 통해 모두가 수긍할 수 있는 답을 소통을 통해 타인에게 이해시킬 수 있어야 하므로 '소통기반 협력역량'이 요구된다. 그러기 위해서는 무엇보다 논리적으로 생각할 수 있어야 하며 다양한 사상을 논리적으로 분석하는 힘이 반드시 필요하다. 우리 학생들이 이러한 역량을 갖추어야만 인공지능 기계에 대체되지 않고 4차 산업혁명 시대를 주도하는 인재가 될 수 있다.

시대의 필수조건 '창의력'

우리가 살아가는 현재는 과학 기술의 발달과 국제화 · 세계화에 따라 새로운 문화의 수용과 변화를 주도해야 할 필요성이 있다. 이러한 상황에서 자녀들에게 능동적으로 사고하고 창의적으로 문제를 해결하는 능력을 길러주는 일은 중요한 교육 과제다.

요즘 학교와 학원을 막론하고 아이를 교육하는 모든 곳에서 심심치 않게 들려오는 단어가 '창의력'이다. 하지만 이 창의력이 정확히 무엇인지 이해하지 못하고 있는 경우도 많다. 창의력은 사람들이 생각하는 것처럼 그리 특별한 능력이 아니다. 오히려 누구나 태어날 때부터 가지고 태어나는 매우 보편적이고 일반적인 능력이다. 창의력을 한마디로 정의하자면 '생각하는 힘'으로 정의 내릴 수 있다. 창의력이 특별한 이유는 생각하는 방법이 조금 다르기 때문이다.

즉, 창의력이란 완전히 새로운 무엇인가를 만들어내는 것이 아니라, 기존의 존재하는 요소들로부터 새로운 아이디어를 이끌어 내는 것이다. 혁신하는 회사가 살아남고, 대학들은 참신한 생각을 가진 학생들을 찾기 위해서 독서논술과 구술면접 등의 방법을 강구하고 있다. 이런 상황에서 창의력은 매우 중요하다.

하지만 우리의 교육 시스템은 토론보다는 강의를 강조하고, 창조보다는 암기를 강조하는 입시위주의 시스템이기 때문에 창의력을 기르는 데 한계가 있다. 물론 교육 시스템을 완전히 개혁하여 아이들의 창의력을 성장시킬 수 있는 대책을 마련하는 것이 가장 이상적인 상황이지만, 빠른 시일 내에 교육 시스템을 완전히 바꾸는 것은 다소 이상적이고 비현실적이다. 그렇다면 그 사이에는 아이의 창의력을 어떻게 길러 줄 수 있을까. 가장 간단하면서도 효과적인 방법이 있다. 바로 아이들에게 책을 많이 읽히고, 다양하고 재미있는 독후활동을 할 수 있는 환경을 만들어 주는 것이다.

사고력은 훈련을 통해 자란다

① 상상력과 잡념

상상력은 창조적 상상력과 잡념으로 나눌 수 있다. 창조적 상상력은 자신의 기발한 상상력을 참신한 아이디어와 접목하여 독특한 자기만의 분야를 개척하는 경우다. 스필버그는 자신의 상상력을 기막히게 표현하여 세계적인 영화감독이 되었고, 빌 게이츠는 어린 시절 떠오른 컴퓨터 운영체계에 관한 아이디어를 거의 완벽한 체제로 실현시켰다. 어린 아이일수록 상상력이 뛰어나다. 그리고 이러한 상상력을 현실로 만드는 역량은 나이가 들수록 커진다.

반면에 잡념은 부정적 의미의 상상력이다. 이는 시험공부를 방해하고 집중력을 약화시키는 상상력이다. 생각지도 않은 장면들이 자꾸 떠오르는 것은 유용한 상상력과 거리가 멀다. 일정한 방향도 없고 일정한 시간도 없이 아무 때나 떠오르는 관념들을 '잡념'이라 한다.

② 의식적이고 능동적인 행위

책을 보고 있다고 해서 책을 열심히 읽고 있는 것은 아니다. 눈은 책을 향하고 있지만 머릿속에서는 다른 생각을 하는 경우가 허다하다. 무슨 일이든 관심을 갖고 봐야 제대로 볼 수가 있다. 책도 마찬가지로 관심을 가져야 제대로 읽을 수가 있다.

생각한다는 것은 머릿속에 떠오른 것이든 실제로 본 것이든 관계없이 그것에 대해 어떤 질문을 던지고 그에 대한 해답을 제시하려고 노력하는 행위를 말한다. 즉, 생각하는 행위는 나의 의도나 의지가 들어간 의식적인 행위다. 머릿속에 불현듯 떠오르는 것은 무의식적인 것으로 생각한다고 말할 수 없다. 사고력은 의식적이고 능동적인 행위다. 이러한 사고력을 갖고 있어야만 정보나 지식을 능동적으로 사용할 수 있고, 이를 통해 힘을 가질 수가 있다.

③ 사고력을 키우는 방법

사고력도 연습과 훈련이 필요하다. 사고력을 키우기 위한 방법은 다음과 같다.

(1) 질문을 막는 것은 창의력의 말살이다

질문을 한다는 것은 궁금하다는 것이고, 궁금해하는 것은 생각을 하고 있다는 것이다. 아이들이 알고 싶어 하는 질문을 쓸데없는 질문으로 간주하는 경향이 많은데 이는 아이의 사고를 막는 지름길이다. 호기심이 많은 아이들의 질문을 막는 것은 창의력을 말살시키는 것이다.

(2) 상대의 의도를 파악하는 대화를 한다

대화란 마음 저편에 자신의 존재가치를 높이고 싶은 욕구가 있음을 뜻한다. 따라서 아이가 자신의 존재가치를 인식할 수 있도록 아이의 이야기에 귀를 기울여야 한다. 아이의 이야기에 귀를 기울이면 아이 역시 부모의 이야기에 귀를 기울이게 되고 상대방의 의도를 파악하려고 노력하게 된다. 특히 대화를 할 때는 마음을 열고 하도록 한다.

(3) 관심을 갖고 읽거나 듣게 해야 한다

우리가 영어를 공부하든지 책을 읽든지 간에 관심을 가지지 않는다면 그것은 무용지물이 된다. 눈앞에 있다고 보이는 것이 아니고, 소리가 들린다고 해서 그 의미까지 다 들리는 것이 아니다. 관심을 가져야만 보이고 들을 수 있는 것이다. 이렇듯 관심을 가지고 행하는 행위는 사고력 신장에 필수적이다.

(4) 질문과 관련된 책을 읽게 한다

아이들은 가족문제, 정치·사회 문제, 성문제 등 자신이 궁금해하는 것에 대해서 끊임없이 질문을 한다. 이런 경우에는 질문과 관련된 책을 직접 읽도록 해 스스로 깨닫도록 하는 것도 좋은 방법이다. 알고 싶은 것에 대한 궁금증을 스스로 알아내는 즐거움으로 이끌어 주는 것이다.

독서와 논술

입시 제도에서 독서와 논술의 중요성이 갈수록 커지고 있다. 더욱이 독서 이력을 대학입시에 반영하고 논술시험에서 장기간 독서를 많이 한 학생이 유리하도록 창의적인 사고력과 분석력을 측정하는 문제를 출제하겠다는 서울대의 발표가 있었으며, 학교시험 역시 서술형과 논술형 평가의 비중이 높아지면서 앞으로는 많은 학생들이 초등학교 시절부터 논술학습을 하지 않으면 안 되는 상황에 놓였다. 즉, 이제 독서와 논술이 바탕이 되지 않는 학습은 사상누각이 될 전망이다.

현 입시 특징은 공교육 정상화를 위해 내신을 강화하고 수능의 비중을 조정하고 있다. 이에 따라 변별력을 높이기 위한 평가방법으로 논술시험의 비중이 상당히 높아졌다. 이제는 논술로 대학 가는 시대가 되었다고 해도 과언이 아니다.

논술은 우리나라만 강조하는 시험이 아니다. 세계 각국이 논술의 필요성과 중요성을 인정하고 있다. 미국은 대학수학능력 시험인 SAT와 함께 에세이를 병행하여 실시하고, 독특한 체제의 시험으로 유명한 프랑스의 바칼로레아와 영국의 최소입학허가기준 역시 논술의 중요성을 강조하는 시험이다. 많은 나라에서 논술의 중요성을 강조하는 것은 논술이 아이를 엘리트로 키우고, 엘리트를 평가하는 데 있어 중요한 역할을 하기 때문이다.

신언서판(身言書判)은, 당나라 때 관리를 뽑는 시험에서 인물 평가기준으로 삼았던 몸(체모), 말씨(언변), 글씨(필적), 판단(문리)을 이르는 말이다. 즉 선비정신을 키우는 교육이다. 이러한 평가기준은 미래의 꿈나무인 학생들이 리더가 되고자 한다면, 필수적으로 갖춰야 하는 조건이라 할 수 있다.

리더가 되기 위해서는 많은 양의 독서가 기초가 되어야 함은 물론, 이를 통한 논리적 사고력과 문장력, 표현력 등의 소양을 갖춰야 한다. 리더가 갖춰야 할 창조적 문제해결 능력과 사고력, 창의력 등의 자질은 독서와 논술로 어렸을 때부터 꾸준히 쌓아야 한다.

'한샘국어'의 서한샘 박사는 '모든 학습의 바탕은 독서 · 논술'이라고 주장한다. 아이들의 성적이 오르지 않는 이유는 용어의 개념과 정확한 뜻을 모르기 때문이다. 특히 한자교육을 통한 용어의 정의를 이해하는 훈련이 필요하다. 독서 · 논술의 기초가 약하면 사회도, 과학도, 영어도, 수학도 성취도가 떨어질 수밖에 없다. 독서와 토론, 논술을 통한 창의력, 사고력, 발표력, 비판 능력을 제대로 길러주어야 달라진 입시제도에 확실하게 대응할 수 있을 뿐만 아니라 우수한 인재가 될 수 있다.

이렇게 논술이 대학입시뿐만 아니라 인생전반에 걸쳐서 중요한 과목이지만, 제대로 논술에 대비하지 못하고 있는 학생들이 많다. 대입 논술 훈련은 초등학교 때부터 시작해야 한다. 초등학교 시기는 학업과 관련된 모든 면이 자리 잡고 사고능력이 결정되는 시점이기 때문에 초등학교 때부터 논술 훈련을 하는 것이 중요한 것이다. 그렇다고 어릴 때부터 논술학원을 보내면서 아이에게 대학입시 식 논술을 시키라는 말은 아니다. 논술은 특정한 과목이 아니기 때문에 학부모가 조금만 관심을 가지면 일상생활 속에서 아이가 창의력, 사고력, 논리력을 키울 수 있다.

독서 훈련법

독서 환경 마련하기

아이가 어떤 책을 읽느냐를 결정하기에 앞서서 아이들이 책을 읽을 수 있는 가정환경이 조성되었는지를 살펴보아야 한다. 아무리 책을 읽으라고 아이에게 윽박지르고 혼내더라도 제대로 된 환경이 마련되어 있지 않으면 아이는 거부감을 가질 뿐이다.

그렇다면 어떤 환경이 아이가 독서에 흥미를 붙일 수 있는 가장 이상적인 환경일까. 우선 가장 중요한 것은 아이의 주변에 책을 항상 구비해 놓아야 한다는 것이다. 아이가 책을 읽고 싶다는 생각이 들 때면 언제든지 자신의 수준에 맞는 책을 접할 수 있도록 항상 집 안에 책을 구비해 놓아야 한다. 특히 거실에 책장을 배치하면 매우 높은 교육효과를 기대할 수 있다.

미국의 저명한 심리학자 손다이크(Edward Lee Thorndike)는 훌륭한 의사가 된 사람의 성장 과정을 조사해 본 결과 어렸을 때 거의 아버지의 책꽂이에 책이 많았던 것을 발견했다. 이처럼 항상 책을 접할 수 있는 환경에 있는 것만으로도 아이들은 한층 훌륭한 사람이 될 수 있는 것이다.

두 번째는 자녀가 읽고 싶은 책을 갖추어야 한다. 아무리 책이 많더라도 그것이 자녀의 수준에 맞지도 않고 흥미도 가지지 않는 책이라면 그것은 없는 것과 마찬가지이다. 그렇기 때문에 아이의 나이와 수준에 맞는 책을 항상 구비해 두어야 한다.

마지막으로 자녀들에게 가장 바람직한 독서 분위기를 조성해줄 수 있는 방법은 부모가 항상 독서하는 모습을 보여주는 것이다. 아이는 부모의 거울이라는 말이 있듯이 자녀들은 부모의 행동을 그대로 따라 하는 습성이 있다. 그렇기 때문에 부모가 일상 속에서 항상 독서하면서 책을 즐기는 모습을 보여준다면 아이들도 그 모습을 본받아 어릴 때부터 독서에 흥미를 가지게 될 것이다.

책에 관심을 갖게 하려면 낮은 단계의 권장도서부터

효과적인 독서를 하려면 우선 독서계획을 세워야 한다. 즉, 자신이 독서를 해야 하는 이유, 목적을 설정하고 자신에게 가장 맞는 효과적인 독서 방법을 결정해야 한다.

우리 주변에는 읽어야 하는 책이 너무나 많다. 이 중에서 좋은 책을 선별하기란 어렵다. 그럴 때 각종 추천도서 목록, 필독도서 목록

등을 이용하면 좋다. 또는 신문이나 잡지에 게재된 도서 소개나 독서와 관련된 기사 및 출판광고를 활용하는 것도 좋은 방법이다. 또한 요즘에는 스마트폰이 널리 보급되어 있어서 그때그때 책을 검색하여 후기를 볼 수 있기 때문에 이를 이용하는 것 역시 좋은 방법이다. 책에 대한 사전 정보 없이 서점에서 바로 책을 구입할 때는 책을 꼼꼼히 훑어본 후에 선택하는 것이 좋다. 이때도 책에 대한 확신이 서지 않는 경우에 스마트폰을 이용하여 검색하는 것도 효율적인 방법이다.

독서목적과 자신의 독서능력에 맞는 책을 선택해야 책에 대한 흥미를 잃지 않고 지속적으로 독서를 할 수 있게 된다. 처음부터 무리하게 책을 읽지 말고, 자신이 소화할 수 있는 분량을 정해서 차츰차츰 늘려야 독서에 대한 관심을 지속시키고 독서능력을 향상시킬 수 있다. 또한 독서를 할 때는 어느 한 분야에 치우치지 말고 다양한 분야를 체험하도록 해야 한다. 한쪽으로만 치우치면 독서를 통한 경험이 축소될 수밖에 없다.

신문이나 인터넷 등 다양한 매체를 통해 도서목록에 대한 정보를 얻을 수 있다. 하지만 이러한 매체에서 소개되는 정보를 참고는 하되 지나치게 맹신하는 것은 금물이다. 매체를 통해 소개되는 권장도서 목록을 보고 많은 부모들이 이 책만 읽으면 충분하다는 생각을 하는데 이는 잘못된 생각이다. 명확한 기준 없이 막연히 좋은 책을 권장하는 경우도 있고, 매체에 따라 상업적 목적이나 흥미, 이념적으로 편향된 시각을 갖고 도서목록을 선정하는 경우도 있기 때문이다.

그렇다면 어떻게 하는 것이 좋을까? 우선, 부모가 먼저 책을 읽어 보고 자녀의 수준과 특성에 맞는 책을 골라주는 것이 좋다. 자기 아이의 수준이 평균 연령이나 학년의 아이들과 다르다면, 아이의 수준에 맞는 책을 골라주어 아이가 책에 대한 부담을 갖지 않고 독서를 할 수 있게 해주어야 한다. 무조건 연령과 학년에 맞춘 책을 읽어야 하는 것은 아니다. 아이가 책에 관심을 갖게 하고 싶다면, 아이의 수준보다 낮은 단계의 권장도서를 읽게 해 부담을 줄여주는 것이 장기적으로 볼 때는 오히려 더 효과적일 수가 있다.

잘못된 독서습관은 이렇게 교정하라

독서 습관은 꾸준한 노력이 필요한 장거리 경주와 같다. 하루아침에 형성되는 것도 아니고, 잘못된 습관이 하루아침에 고쳐지는 것 또한 불가능하다. 그렇기 때문에 어릴 때부터 부모의 지속적인 관심과 올바른 지도가 있어야만 좋은 독서 습관을 가질 수 있다. 아이들의 잘못된 독서습관에는 여러 가지 유형이 있다. 아이마다 개인차가 있기 때문에 그 특성을 잘 파악해서 독서습관을 길러줘야 한다.

① 편독을 하는 경우

책을 골라 읽거나 자신이 관심 있는 부분만을 읽는 아이의 경우에는 아이가 좋아하는 책을 통해 아이의 소질과 적성을 파악할 수가 있다. 이런 아이의 경우에는 책 읽기 자체를 싫어하지는 않는데 편독을 하는 게 문제이므로, 일단 아이가 좋아하는 책을 많이 읽게 하고 취향을 맞춘다. 그러다가 아이의 발달단계에 따라 서서히 수준을 높이면서 다양한 분야의 책을 접할 수 있도록 해준다.

② 나쁜 영향을 주는 책을 읽는 경우

모든 책이 다 좋은 것은 아니다. 책에도 좋은 책과 나쁜 책이 있다. 어렸을 때는 이를 스스로 구분하지 못한다. 나쁜 책은 아이에게 좋지 않은 영향을 줄 수가 있다. 따라서 부모는 아이가 어떤 책을 읽고 있는지 살펴보고 좋은 책을 접할 수 있도록 옆에서 지도를 해야 한다.

③ 대충 읽는 경우

독서 후 질문을 하게 되면 책 내용과 관련 없는 엉뚱한 이야기를 하는 경우가 여기에 속한다. 이런 경우에는 책을 읽은 느낌이나 생각을 표현하게 하고, 책의 내용을 정리하며, 감명 깊은 문장이나 표현을 적게 하는 등 감상독서로 유도해야 한다.

④ 느낌과 생각을 제대로 표현하지 못하는 경우

작품 속에 나오는 좋은 문장이나 구절을 암기하게 하거나 별도로 정리하도록 하여 느낌을 표현하도록 유도한다.

⑤ 책 읽기 자체에 흥미가 없는 경우

먼저 책 읽기에 대한 거부감을 없애도록 한다. 아이가 흥미를 보이는 분야의 책을 먼저 접하도록 한다. 그리고 칭찬과 같은 보상을 통해 독서에 대한 동기를 유발시키고 강화한다. 책 자체를 싫어하는 경우에는 듣기부터 시작하는 것도 좋은 방법이다.

그 외에도 부모의 잘못된 생각이 아이의 독서습관을 망치는 경우, 개인차를 고려하지 않은 경우, 부모가 경쟁적으로 독서를 강요한 경우, 책을 많이 읽기만 하면 된다는 잘못된 생각을 가진 경우, 독후감 쓰기를 강요한 경우 등이 있다.

독서는 아이들의 평생 가져야 할 좋은 습관이다. 좋은 독서 습관을 갖는 것은 시험이나 입시처럼 단시간에 달성될 수 있는 것이 아니다. 꾸준한 노력이 필요한 장거리 경주다. 따라서 어렸을 때부터 부모의 지속적인 관심과 올바른 지도가 있어야지만 좋은 독서습관을 가질 수가 있다. 아이가 잘못된 독서습관을 갖고 있다면, 또는 부모가 아이의 잘못된 독서습관을 찾을 수가 없다면, 전문가의 도움을 받는 것도 좋은 방법이다. 잘못된 독서습관에 대한 진단은 빠를수록 완치가 가능한 처방이 내려질 수가 있다.

읽은 후 생각의 폭풍을 일으키자

잘 듣기와 잘 말하기는 연습으로 완성된다. 때문에 독서 후 독서

토의가 중요하다. 독서토의란 책을 읽고 나서 자신의 의견을 나누는 언어활동에 속한다. 이는 단순한 말싸움이 아니다. 다른 삶과 내 생각의 차이를 견주어 보고 생각의 폭을 확장시키는 과정이다. 상대방을 설득해 자신의 의견을 관철시키는 토론과는 차이가 있다. 토론은 논리적이고 객관적인 사고체계와 포괄적인 배경지식을 필요로 하기 때문에 고학년에 적합하고, 저학년 아이들에게는 먼저 토의하는 방법을 학습시키는 것이 좋다.

① '듣기'는 토의의 기본

토의뿐만 아니라 모든 대화에서 기본은 상대방의 말을 잘 듣는 것이다. 상대방이 무슨 이야기를 하는지 알아야 자신의 생각을 이야기할 수 있고, 상대방의 이야기를 존중할 수가 있어야 자신의 이야기도 존중받을 수 있기 때문이다. 자신의 이야기나 의견만이 중요한 것이 아니라 상대방의 이야기와 의견도 중요하다는 것을 일깨워주기 위해서는 토의할 때 다른 사람의 말에 귀 기울일 수 있는 태도를 길러주는 것이 중요하다.

② '말하기' 요령을 익히자

이야기하는 것이 중요한 것이 아니라 '잘' 이야기하는 것이 중요하다. 요점 없이 횡설수설 이야기하면 상대방이 무슨 이야기를 하는지 알아들을 수가 없다. 따라서 토의할 때는 요점을 명확히 밝히면서 이야기할 수 있도록 지도해야 한다. 말끝을 흐리지 말고 정확하게 끊어서 말하도록 하고, 군더더기 없이 말할 수 있도록 접속어를 적절히 사용하며, 표준어를 사용하도록 한다. 자연스럽게 대화할 수 있는 능력을 길러주는 것이 중요하며, 상대방이 잘 알아들을 수 있도록 목소리의 크기에도 신경을 써야 한다.

③ 가정에서 '식탁토의'를 적극 활용하자

가정에서 할 수 있는 토의 형태로는 부모와 아이가 같은 책을 읽은 후에 식탁에 앉아 책과 관련한 내용을 가볍게 이야기하는 식탁토의가 있다. 식탁은 부담이 없는 자리이기 때문에 아이들이 쉽게 이야기를 할 수 있으며, 이야기를 나누는 과정에서 자연스럽게 토의 분위기를 익히게 되고, 토의에 임하는 마음자세를 갖출 수 있게 된다.

④ 친구와 함께하는 토론

학생들이 토의 능력을 어느 정도 키웠으면 토론으로 발전시키는 것도 나쁘지 않다. 논술의 핵심은 주장과 근거인데, 토론은 논술의 뼈대가 되는 주장과 근거를 익히는 효과적인 훈련이기 때문이다. 물론 토론 대회를 나가거나 학원을 다니는 등의 전문적인 과정을 밟는 것도 나쁘지 않지만, 편안한 분위기 속에서 학생들의 토론 실력을 키워주는 데에는 친구와 함께하는 토론만 한 것이 없다. 방법은 학부모가 직접 아이의 친구들을 모아 토론을 하는 활동을 일주일에 한 번 정도 하는 것이다. 부모님과 친구들과 함께한다면 학생들이 자신의 의견을 나타내는 것을 두려워하지 않고 편안한 분위기 속에서 의견을 발표하는 연습을 할 수 있다. 초등학교 고학년 때부터 이런 활동을 한다면 자연스럽게 자신의 의견을 쓰고 발표하는 능력을 키울 수 있으므로, 나중에 토론뿐만 아니라 논술에도 많은 도움이 된다.

⑤ 발문을 통해 아이의 사고를 건드린다

물음에는 두 가지 유형이 있다. 바로 질문과 발문이다. 흔히들 둘을 혼동하는 경우가 많은데, 둘은 굉장한 차이를 가지고 있다. '질문'은 알고 있는 것을 그대로 답하는 것으로, 특별한 사고 과정을 요구하지 않는다. 누구나 똑같은 답이 나오는 것으로 객관성을 띤다. 예를 들어, "주인공이 누구인가?", "장소는 어디인가?", "등장인물은 누가 있는가?" 등이 그 예다.

이에 비해 '발문'은 하나의 답이 있는 것이 아니라 여러 가지로 생각할 것을 요구한다. 예를 들면 "주인공에 대해 어떻게 생각하는가?", "내가 주인공이라면 어떻게 했을까?", "주인공의 성격은?" 등이다. 즉, '발문'은 아이들의 사고활동을 유발시키기 위해서 던지는 일종의 문제 제기인 것이다. 발문을 하면, 아이들은 자신이 생각하지도 못했던 것에 대해 문제의식을 갖게 된다. 이는 사고활동을 활발하게 하며, 표현능력까지도 향상시킬 수가 있다. 따라서 부모는 '발문'을 통해 끊임없이 아이의 사고를 건드려주는 문제 제기자의 역할을 할 필요가 있다.

(1) 생각에 날개를 달아라

발문을 한다고 무조건 질문을 던져서는 곤란하다. '좋은' 발문을 하기 위해서는 부모 역시 고민을 해야 한다. 부모가 학생에게 생각을 해서 말할 수 있게 하는 발문을 하면, 학생의 지적 수준은 상당히 높아진다. 이는 생각에 날개를 다는 것과 마찬가지다. 그렇다면 어떤 것이 좋은 발문인가를 아는 것이 중요하다.

(2) 간접적으로 묻는다

우회적으로 질문을 하면 아이가 질문의 요점이 무엇인지 생각을 하게 되기 때문에 즉시 대답하지 않고 한 번 더 생각을 하게 된다.

(3) 초점을 정확히 알아챌 수 있도록 묻는다

아이가 어떤 물음인지 파악할 수 있는 사고의 실마리가 제공될 수 있는 질문을 한다.

(4) 부정적으로 묻는다

이미 갖고 있는 지식이나 경험, 가치관을 부정하는 방식으로 묻는다. 이는 반대되거나 대립되는 생각을 비교함으로써 지적 갈등을 일으키게 하고 결과적으로 사고를 확장시킨다.

'흥부는 과연 착하기만 했던가? 자신의 가족을 먹여 살리지도 못한 것이 과연 착한 것과 무슨 관계가 있는가? 그렇다면 놀부를 나쁘게만 생각할 수는 없지 않을까?'라는 질문 이면에는 흥부는 착하다고만 볼 수 없다는 부정적인 단정이 있다.

'개미와 베짱이'에서 개미는 부지런하고 모범적인 자세로 인정하고 베짱이는 게으르고 다른 사람의 비난을 받는 유형으로 생각할 수 있으나 바꾸어 생각하면 베짱이는 지금 청소년들의 로망인 연예인의 모델로 바꾸어 생각할 수도 있다. 베짱이는 열심히 살아가는 개미의 부지런한 일을 더 효과적으로 할 수 있게 하는 활력소 역할을 할 수 있다는 발상의 전환을 할 수도 있다.

이와 같이 자신의 생각이 부정되었으므로 '왜 그럴까?' 하는 의문이 생기게 되고, 여기서 사고의 확장이 시작된다.

(5) 예상 밖의 물음을 던진다

고정화된 사고나 가치관을 뒤엎어주는 물음은 아이들의 관심을 끌기에 충분하다. '백설 공주는 못생겼어. 눈처럼 희고 고운 줄만 알았지? 못생겨서 예뻐지라고 이름을 그렇게 지은 걸 몰랐지?'라고 묻는다면 아이들은 그에 대한 반격을 가해오려고 더욱 깊이 생각하게 된다.

이렇듯 생각의 대립은 문제의식을 낳고 이에 대해 더욱 깊이 생각하게 되는 기회를 제공한다. 남들과 똑같이 생각하는 사고는 필요 없다. 아이들은 남들이 보지 못하는 여러 각도에서 볼 수 있도록 평소에 훈련되어야 한다. 그렇게 되면 창의적 사고는 자연히 자기만의 색깔을 가질 수 있게 된다.

⑥ 책 읽고 글쓰기는 제대로 하라

독후활동 중에서 가장 흔히 쓰는 방법은 글쓰기다. 이야기쓰기나 독서신문 등도 글쓰기에 속하고, 학생들이 가장 많이 하는 독후 활동인 독후감쓰기 역시 글쓰기에 포함된다. 글쓰기는 아이의 사고력과 창의력을 길러주는 데 매우 중요한 역할을 한다. 하지만 모든 글쓰기가 아이에게 도움이 되는 것은 아니다. 글을 잘 쓰기 위해서는 체계적으로 꾸준히 연습하는 것이 최상의 지름길이다. 그렇기 때문에 아이의 글쓰기 패턴을 꼼꼼히 체크하여 수정 보완해 주는 것이 급선무다. 수시로 지적되는 문제점으로는 다음과 같은 것들이 있다.

(1) 반복되는 내용의 일기는 피한다

사건만 쓰는 수준에서 벗어나지 못하면 일기는 매일 똑같을 수밖에 없다. 매일 다른 일기를 쓰려면 인식을 달리해야 한다. 즉, 어제와 다른 오늘의 의미를 발견하는 것이다. 관찰력과 사고력이 있어야 의문이 생기고, 느낌과 감정이 생긴다. 그래야 그 이유와 대안 등이 떠오르게 된다.

(2) 내용 없는 독서 감상문은 필요없다

책을 천천히 읽는 습관을 가지도록 해야 한다. 이런 아이들은 성격이 급하기 때문에 책도 빨리 읽어내는 것이다. 대충의 줄거리만 파악될 뿐 어휘력, 비판력, 추리력, 상상력을 동원하지 못한다. 또 행간의 의미도 파악하기 어렵다. 이런 경우에는 정해진 양만큼 알맞게 천천히 읽도록 하여 자신의 것으로 만드는 것도 좋은 방법이다.

(3) 일방적인 글쓰기는 보잘것없는 글이다

제목이나 내용 속에 숨겨진 의도 파악은 않은 채, 자신이 알고 있는 것만을 쓴다? 이런 일방적인 글쓰기가 보잘것없는 글쓰기를 만든다. 글에는 생각이 있어야 하되, 비판적이고 독창적인 생각이 나타나면 더욱 좋은 글이 된다.

(4) 이해가 되는 글을 써라

글쓰기는 상대에게 자신의 생각을 전달하는 과정이다. 읽기 어렵거나 이해할 수 없는 글은 무의미하다. 읽는 사람이 글의 흐름과 방향을 예측할 수 있도록 항상 독자를 염두에 두고 글을 써야 한다.

독후활동을 통해 창의력 up!

독후활동은 아이들에게 책에 대한 흥미를 유발시키고 이어질 독서에 대한 기대감과 즐거움을 주게 된다. 또한 성취감을 가짐으로써 독서에 대한 거부감을 줄일 수 있게 된다. 다양한 표현활동을 통해서 아이의 창의력도 계발되고 사고력도 확장시킬 수 있는 계기가 된다. 독서 후에 할 수 있는 다양한 표현활동으로는 다음과 같은 것들이 있다.

① 이야기 만들기

책을 읽고 나서 주인공이나 등장인물이 어떻게 되었을까 궁금해지는 이야기의 경우, 뒷이야기를 꾸며 보도록 한다. 자신의 관점에서 새롭게 해석해 이야기를 써보는 방법도 있다. 이는 비판적 사고를 키울 수가 있다. '나라면 이렇게 했을 텐데…', '왜 이런 방법밖에 없었을까?' 하는 등의 질문을 던지면서 읽을 수 있게 된다. 이렇게 할 때 비로소 창의적 사고력이 길러지게 된다.

② 그리기

책을 읽고 생각나는 것을 그림으로 표현하게 하는 방법이다. 이때는 그림을 잘 그리는 것이 중요한 것이 아니라 그림 속에 생각을 어떻게 담아내는가 하는 것이 중요하다.

③ 독서달력

날짜 아래에 한 달 동안 자신이 읽을 도서목록을 쓰게 하고 읽은 날에는 스티커를 붙이거나 부모님의 확인을 받게 한다. 계획대로 책을 읽은 아이에게 상을 주는 방법이 좋다. 책을 잘 읽지 않는 아이들에게 효율적이다.

④ 독서신문

신문 만들기는 기사, 광고, 만화, 사설 등의 형식을 통해 다양한 종류의 글쓰기를 경험할 수 있게 한다.

논술 훈련법

'생각'이 '논술'의 시작이다. 생각 즉, 사고한다는 것은 우리가 보고 들은 것 중에 의문이 생긴 것을 질문한다는 것이다. 이는 호기심과도 연결된다. 호기심은 모르는 것을 알고 싶어 하는 마음인데, 호기심이 생기면, 이를 충족시키기 위해 묻고 답을 찾으려고 한다.

생각한다는 것은 논술의 시작과 관련이 많다. 논술을 하기 위해서는 제시문과 논제 등을 읽고 그것이 요구하는 것이 무엇인지를 파악하는 데서부터 시작하기 때문이다. 제시문이나 논제를 근거로 하여 나름대로 문제를 만들어내는 것을 '문제제기'라고 한다.

문제제기는 논술문을 작성할 때 서론에 자기주장을 먼저 쓰기도 하고, 논의 방향을 설정하기도 한다. 일반적으로 논술문의 서론에 가장 많이 등장하는 것이 문제제기다. 문제제기 단계에서 논술 실력의 차이가 나는 이유는 논술자의 생각이 문제제기에 담겨 있기 때문이다.

여기에서 자기가 문제제기한 것에 대한 답이 '자기주장'이다. '자기주장'은 다른 사람들의 주장과 다른 주장이어야 하며, 자기주장을 할 때는 자기가 내세운 주장이 옳다는 것을 입증해야 한다.

마지막으로 자기주장이 옳다는 것을 입증하는 과정이 바로 '논거제시'다. 이 과정이 상당히 중요한데 주장만 나열된 글은 논거가 없는 논술문이 되기 때문이다. 적절한 논거를 제시해야만 설득력 있는 글이 된다. 적절한 논거를 제시한 다음, 결론에 해당하는 마지막 단락에서 자신이 묻고 대답하는 논의과정 전체를 요약해 글을 마무리 짓는다. 이와 같은 기본적인 사항을 숙지하고 본격적인 논술에 대해 알아보도록 하자.

논술은 독창적인 문제해결방식을 원한다

논술은 주어진 주제나 과제에 대해 자신의 생각이나 의견을 논리에 맞게 전개하여 독자를 설득하는 글이다. 대부분 논술주제는 사회문제 가운데 논쟁의 성격이 강한 것을 대상으로 한다. 이는 문제해결 능력을 알아보기 위해서이다. 논술에는 항상 풀어야 할 문제가 있으며 창의적이고 독창적인 문제해결 방식을 원한다. 그렇다면 이런 창의적이고 독창적인 문제해결방식을 제대로 제시하기 위해서는 어떤 연습을 거쳐야 할까.

① 다양한 독서를 많이 한다

논술을 잘하려면 어떻게 해야 할까. 논술의 가장 중요한 요소는 사고력과 관련되어 있다. 사물이나 현상에 대한 분석력과 통찰력, 종합력이 사고력 논술의 핵심이다. 이런 사고력을 기를 수 있는 방법에는 다양한 독서를 많이 하는 것이 최고다. 독서를 통해 다양한 배경지식을 습득하고 활용해 폭넓은 사고력을 키우면 자신의 생각을 논리적이고 창의적으로 전개할 수가 있다.

② 글의 목적을 의식하면서 읽는다

독서를 많이 한다고 해서 사고력이 자동적으로 향상된다고 볼 수는 없다. 능동적인 독서를 해야 사고력을 키울 수가 있다. 이를 위해서는 글을 읽을 때, 목적을 의식하면서 읽을 필요가 있다. 책을 읽기 전에 제목이나 목차 등을 통해 내용을 예측해보는 것이 좋다. 정독을 하면서 내용을 파악하는 것도 내용을 제대로 기억하는 데 도움이 된다.

③ 글의 중심 생각을 찾는다

평소에 책이나 신문을 볼 때, 이 글의 중심생각이 무엇인지를 찾는 훈련을 해야 한다. 아무 생각 없이 건성으로 읽으면 글이 말하고자 하는 것이 무엇인지도 알지 못하고 전체적인 내용도 기억하지 못한다. 글의 중심생각이나 주장을 찾았으면, 그 주장의 근거가 무엇인지도 찾아 정리해보는 것도 좋다. 단계적으로 요약하는 습관을 가지면 아무리 긴 제시문이 나와도 절대로 당황하지 않게 된다.

④ 무조건 많이 써본다

쓰기 연습은 많이 할수록 좋다. 머리로만 생각하는 것은 크게 도움이 되지 않는다. 글 쓰는 것에 대한 두려움을 없애기 위해서는 무조건 많이 써보는 것이 좋다. 물론 많이 쓰는 만큼 자신의 글이 어떤 부분이 잘됐고, 어떤 부분이 잘못됐는지 점검하고 넘어가야 한다.

⑤ 토론을 많이 해야 한다

토론을 잘하면 논술도 잘할 수 있다. 논술의 핵심은 주장과 근거이다. 토론은 논술의 뼈대가 되는 주장과 근거를 익히는 좋은 훈련이다. 토론에서 자기가 말한 내용을 잘 정리하면 논술이 되기 때문이다.

토론의 중요성은 아무리 강조해도 지나치지 않는다. 토론은 토의뿐만 아니라 넓게는 대화까지도 포함한다. 차이가 있다면, 대화는 자유로운 형식으로 정해진 절차 없이 서로 말을 주고받는 것이지만 토론은 공식적인 절차가 있다는 것이다.

신문사설로 논술기초를 다져라

① 논술문과 논설문의 차이

논술문과 논설문에는 분명한 차이가 있다. 논술문과 논설문 모두 독자를 설득하려는 목적을 갖고 있다. 하지만 논설문에는 설득의 목적을 달성하기 위한 선동적인 기술이 내재되어 있다. 이런 점에서 신문의 사설 자체를 논술의 모범으로 삼을 수는 없다. 입시제도가 독해와 논술 위주로 바뀌었기 때문에 많은 학교에서 사설과 칼럼 읽기를 실시하고 있는데 이는 논술과 논설을 제대로 구분하지 못하기 때문에 발생하는 현상이다.

② 사설과 칼럼 비교

신문은 사실과 정보를 제공하고 의견을 제시하는 역할을 한다. 이때 의견은 여러 형태로 제공되는데, 그중 대표적인 것이 사설과 칼럼이다. 사설은 논설위원의 사견이 아니라 신문사의 견해를 대표한다. 신문사 내의 조직을 별도로 두고 특정 사안에 관해 공적인 의견을 싣기 위해 이를 작성한다. 이에 반해 칼럼은 신문의 특정 기고란에 신문사 내부 또는 외부 필진이 쓰는 글이다. 사설과 성격이 비슷하면서도 차이점이 있다. 사설이 주로 객관적으로 검증된 시사적 사실을 담고 있다면 칼럼엔 주관이 담겨 있다. 그러나 칼럼도 신문을 통해 발표되므로 공적인 책임을 지게 된다.

같은 사실에 대해서도 신문사마다 사설의 내용이 다르다. 다양한 관점과 생각하는 힘을 기르기 위해서는 같은 사실에 대해 여러 신문의 사설을 다양하게 읽어보는 것이 좋다. 특히 논지가 확연히 구분되는 두 종류의 신문사설을 비교하면서 공부하면 사고력을 키우는 데 효과적이다.

③ 신문 활용 방법

최근에 신문 활용 교육(NIE, Newspaper in Education)이 각광받고 있다. 신문은 교과서와 달리 새롭고 신선한 내용을 다루기 때문에 교과서와 병행하면 꼭 배워야 할 기본적인 내용과 새롭고 신선한 내용의 두 마리 토끼를 모두 잡을 수 있다.

우선 신문을 제대로 활용하기 위해서는 신문을 읽는 방법을 익혀야 한다. 신문은 대개 정치, 경제, 국제, 문화, 사회, 과학 등으로 분야가 나뉜다. 여기서 경제나 정치면은 다른 분야에 비해 전문적인 용어가 많기 때문에 학생들에게 어렵게 느껴질 수 있다. 하지만 그렇다고 해서 통째로 넘어가서는 안 되고, 최소한 큰 제목은 읽게 해야 한다. 그리고 모르는 어휘나 관련 용어는 검색하여 찾아보는 연습을 하는 것이 좋다.

다음으로 국제적 이슈는 수능과 논술에 도움이 되기 때문에 봐두는 것이 좋다. 그리고 사회면은 반드시 꼼꼼히 읽어봐야 한다. 사회면에는 왕따, 청년실업, 환경, 고령화, 빈부격차 문제에서 발생하는 사건, 사고 소식이 빈번하게 나온다. 그런데 지금까지 출제된 대입 논술 문제들을 보면 '현대에서 발생하는 인간사의 보편적인 문제에 대해 자신의 관점과 견해를 정해, 제시된 상황의 해결을 모색해보라'는 식의 문제가 매우 많았다. 사회면에 실리는 기사가 바로 그 '현대에서 발생하는 인간사의 보편적 문제'들이기 때문에 사회면을 잘 봐두면 직접적으로 논술에 활용할 수 있다. 또한 사회면을 접하게 되면 현실에 대한 문제의식이 길러지고 이슈에 대한 관심도 높아지게 된다.

신문 활용 교육에도 왕도가 있다. 단순히 신문 기사를 오려붙이거나 출력해서 스크랩한 다음에 만족하고 넘어가서는 안 된다. 다음은 신문을 100% 활용할 수 있는 방법을 몇 가지 제시해 놓았다.

(1) 주제와 주제문 찾기

사설은 대부분 두괄식이나 미괄식, 또는 양괄식이기 때문에 주제가 글의 앞이나 뒤, 또는 앞뒤에 모두 나타난다. 사설의 주제를 찾았으면, '~해야 한다'처럼 주어와 서술어로 이루어진 한 문장으로 요약한다. 사설에서 말하고자 하는 핵심과 주장의 근거까지 요약해서 밝히는 연습을 하면 더욱 좋다.

(2) 단락 나누기

하나의 단락은 일반적인 진술과 이를 뒷받침하는 문장으로 이루어진다. 일반적 진술은 글 전체의 주제문은 아니지만 그 단락의 주제를 나타내는 소주제문이다. 한 단락 안에 하나의 주제가 나오고 각 단락이 논리적으로 연결되어 있으면 좋은 글이다.

(3) 논거 찾기

명제를 뒷받침해 주는 자료를 논거라 한다. 즉 필자가 논리적인 주장을 펼치기 위해 가져다 쓰는 증거물이다. 논거가 약한 글은 대부분 논리적 비약이 심하게 나타난다. 신문의 경우, 통계자료나 현재 일어난 사건, 보고서 내용, 실태조사서, 여론조사 결과 등이 모두 논거가 된다.

(4) 논리적 오류 찾기

오류는 넓은 의미에서 잘못된 생각이나 믿음을 뜻한다. 좁은 의미로는 추론이 잘못된 것을 말한다. 즉 어떤 근거를 제시하며 주장할 때 논리적 연결이 잘못된 것을 오류라고 한다. 사설이 논리적인 글이기는 하지만 사설에서도 오류를 발견할 수 있다. 사설에서 나타나는 가장 많은 유형의 오류는 성급한 일반화다. 이외에도 주술 관계의 모호함, 논점 이탈, 문장 성분의 과다한 생략 등이 있다. 사설을 읽을 때 사설 속의 오류를 찾는 연습을 하면 논술기초를 다지는 데 큰 도움을 받을 수 있다.

고등학교 논술은 초등학교 때부터 시작해야 한다

① 초등학교 1~2학년

저학년은 상상력이 풍부하고 한창 말의 재미를 느끼는 시기이다. 그래서 저학년의 말하기, 듣기, 읽기, 쓰기 책에서 학습제재로 다루어지는 글을 보면 상상력을 마음껏 발휘할 수 있는 내용이 담긴 동화나 시, 흉내 내는 말이나 꾸미는 말을 넣어 재미있게 꾸며진 글들이 많다. 이러한 글을 읽고 말의 어감이나 내용에 따라 표정과 몸짓으로 표현하는 활동을 하면 서술과 논술 실력을 키울 수가 있다. 책을 읽고 일어난 일에 대해 나라면 어떻게 하였을지 재미있게 상상하는 것도 좋다. 덧붙여 왜 그런 상상을 하게 되었는지 이유를 말해보게 하면 논리적으로 생각하는 태도를 기를 수가 있다.

② 초등학교 3~4학년

이때는 생활의 폭이 넓어지면서 주변의 일을 스스로 해결해야 하는 경우가 많아진다. 따라서 주변에서 일어난 일을 원인과 결과로 나눠 설명할 수 있게 하거나 분류나 구분의 방법을 사용해 구체적인 예를 들어 상황을 설명할 수 있도록 연습한다. 또한 자신의 의견을 말할 때는 듣거나 읽어서 알게 된 배경지식을 근거로 사용해 말하도록 한다.

③ 초등학교 5~6학년

초등학교 고학년이 되면서 아이들은 주관이 분명해지고 종합적이며 비판적인 사고력도 갖게 된다. 그리고 언어 구사 능력도 향상된다. 책을 읽으면, 이야기 속 인물의 성격이나 시대적, 공간적 배경에 대한 종합적인 이해가 가능하다. 따라서 이 시기에는 자신의 느낌과 생각을 비유적인 표현이나 인상적인 표현을 활용하여 실감나게 써보도록 한다. 이 외에도 이야기 바꾸어 써보기, 인물 성격 비판해보기, 찬반토론 등 논술에 대비한 사고력을 향상시키는 훈련을 한다.

④ 중학생

중학교 서술형·논술형 평가 출제 경향은 기본 개념이나 원리 중심이 많다. 일부 과목에서는 표현능력까지 측정해보는 유형이 출제되기도 한다. 이에 대비하기 위해서는 우선 교과서 내용을 꼼꼼히 파악하고 숙지하는 것이 필요하다. 교과서에 나오는 여러 가지 기본 개념이나 원리를 정확하게 이해하고 서술할 수 있는 능력을 기르는 데 중점을 둔다.

⑤ 고등학생

문제해결이나 자료해석 등 여러 사고 과정을 요구하는 문제유형이 주를 이룬다. 주위에서 일어난 여러 가지 사회 현상에 관심을 갖고 이를 자신의 생활과 관련지어 생각하는 습관을 갖는 것이 중요하다. 논술을 잘하기 위해서는 평소에 사고(생각)하는 훈련을 많이 해야 한다. 생활 주변의 모든 일들이 논술과 무관하지 않다는 것을 잊지 말아야 한다.

(1) 국어

언어 사용 능력이나 사고 능력을 측정한다. 평소 상대방의 말을 잘 듣고, 자신의 생각을 정리해 말하는 습관을 가져야 한다. 또한 신문과 방송에서 이야기하는 내용에 대해 비판적인 시각으로 보고, 분석하는 습관을 들이는 것이 사고력을 향상시키는 데 도움이 된다.

(2) 수학

기초적인 개념과 원리에 대한 정확한 이해가 중요하다. 교과서에 나오는 수학적 개념과 원리를 이해하고 이를 적용하여 자료를 해석, 추론하는 훈련을 해야 한다.

(3) 과학

과학의 기본개념 이해, 탐구 능력, 과학에 대한 흥미와 호기심 및 과학적 태도 등을 평가한다. 과학적 지식과 흥미를 유발시키는 과학 관련 책을 읽는 것이 도움이 된다.

(4) 사회

사회현상을 다루는 과목으로 평소 주위의 여러 사회현상에 대해 호기심과 관심을 갖고 있어야 한다.

논술 바로알기

논술이란 무엇일까? 논술은 문제해결 과정을 통하여 학생들의 비판적·창의적 사고력 등 종합적 사고력과 논리적인 표현력을 측정하는 시험이다. 현재 대입 논술 문제의 논리적 구조를 보면 '현대에서 발생하는 인간사의 보편적인 문제를', '문제 해결의 측면에서 일정한 통찰력을 보여주는 문장을 바탕으로', '자신의 관점과 견해를 정하여 문제 상황의 해결을 모색해 보라'는 형식으로 구성된다. 지금까지 출제된 문제들을 보면, 주어진 논제에 대한 분석 능력과 제시문의 비판적 독해 능력을 바탕으로 문제되는 현상을 분석하고 그 특성이나 해결 방안, 견해를 묻는 문제가 주류를 이룬다.

이와 같이 논술이란 어떠한 문제 상황을 해결하기 위해 자기 견해의 정당성과 타당성을 합리적이고 객관적인 근거를 내세워 논리적이고 체계적으로 증명해 나가는 글을 말한다. 따라서 논술 채점의 초점도 어떤 주장을 했는가가 아니라, 문제를 해결하는 견해와 주장이 얼마나 타당하며, 합리적인 근거들을 충분히 들어 논리적이고 체계적으로 설득력 있게 전개했는가에 있다.

① 또 하나의 기회

논술은 대학입시에서 '또 하나의 기회'라는 중요한 역할을 하게 되었다. 말하자면 심층적 사고력과 표현력을 갖추어 수험생의 꿈을 이룰 수 있다는 것이다. 그런데 이처럼 중요한 논술이 정작 고교 교육과정에는 없다. 그래서 일부에서는 알아서 배우라는 뜻으로 오해하고 있다. 물론 오해일 따름이다. 논술은 어디까지나 별도의 교과목이 아니라 평소 교과서에서 배운 내용을 대상으로 한다. 입시를 관장하는 대학 관계자들도 논술 시험은 교육과정의 평가와 다름없다고 강조한다.

② 논술의 유형: 출제 방식에 따른 분류

(1) 통합 교과형

통합 교과형은 여러 교과목에 걸친 응용지식을 측정하는 데 주목적을 두고 있는 문제 유형이다. 이런 형태의 문제를 해결하기 위해서는 문제에 제시된 개념을 정확히 이해해야 하고, 출제자의 의도에 맞춰 자기가 가지고 있는 지식을 충분히 활용해 답을 해야 한다. 통합교과형 논술은 대체로 자료를 제시하고 이를 근거로 해서 논술하는 문제가 출제된다.

(2) 일반 논술형(자료 제시형)

일반 논술형은 포괄적 주제에 대한 사고력을 평가하는 유형이다. 이 유형은 특정 분야에 국한되지 않는 다양한 주제에 대한 사고력을 묻는 형태이다.

(3) 요약형(혼합형)

요약형은 장문의 글을 제시하고 이를 요약할 수 있는 능력을 평가하기 위한 논술 유형이다. 특히 어떤 문제에 대해 관점을 달리하는 두 글을 제시하고 논리의 공통점과 차이점을 약술하는 문제유형이 대표적이다. 요약형 문제를 내는 목적은 글의 문맥을 파악해 이를 새로운 한 편의 글로 재구성하여 논리적으로 표현할 수 있는지를 알아보는 데 있다. 즉, 독해능력과 표현력을 측정하고자 하는 것이다.

요약은 주제와 관련된 핵심어나 핵심 어구를 포함하되, 나머지 부분은 내용을 그대로 옮기지 말고, 자신의 어휘와 표현방법으로 나타내야 한다. 요약의 원리는 각 단락의 소주제를 통해 글 전체의 핵심 내용을 파악하고(주제 파악의 원리), 덜 중요하거나 반복·중복되는 부수적 내용을 삭제한 다음(삭제의 원리), 하위개념을 상위개념으로 대치·일반화(대치의 원리)하여 형성하는 것이다.

실제로 요약할 때는 각 단락의 소주제문을 자연스럽게 연결하되, 중심 단락의 내용을 부각시킨다. 분량에 여유가 있을 경우에는 보조 단락의 핵심을 간추려 요약하고, 여유가 없을 경우에는 보조 단락의 뒷받침 문장의 내용을 빼면 된다.

각 대학에서 제시하는 문제가 다르기 때문에 채점에 있어 기준이 다를 수 있다. 그러나 문제 유형이 '논술'이라는 점에서 공통적으로 적용되는 기준을 정할 수 있다. 각 대학의 논술 채점기준을 종합해 보면, 다음과 같아 5가지 항목으로 정리해볼 수 있다.

- 문제 파악 능력

출제 의도를 정확하게 파악하고, 주제를 분명하게 설정하고 있는지 여부를 보게 된다. 즉 질문에 대해 논술을 하고 있는지, 아니면 그저 원고지를 채우려고만 하는지, 논제와 무관한 소재를 다루고 있지는 않은지, 제재의 언급이 분명하고 용이한지 등을 중점적으로 판별한다.

- 구성의 논리성

한 편의 글이 체계적으로 구성되어 있는지 여부를 본다. 글의 기본

골격이 세워져 있고, 무리 없이 논리가 전개되고 있는지, 논리전개에 따라 단락을 적절히 나누고 있는지 등을 살펴본다. 이 기준에 부합하는 글이 되기 위해서는 기승전결의 구도를 갖추고 글을 쓰는 연습을 해야 한다.

- 표현의 정확성

원고지 사용법이나 정서법과 같은 글쓰기 형식, 어법에 맞는 문장으로 정확하게 서술하는 표현력, 풍부한 어휘 구사 능력 등이 있는지 여부를 본다. 원고지 사용법과 맞춤법, 구두점 사용법 등을 기본적으로 익히고 있어야 한다.

- 내용의 충실성

생각을 논리적으로 서술하는 능력과 내용을 풍부하게 만드는 능력이 있는지 여부를 본다. 즉, 문제가 요구하는 바를 정확하게 이해하고 있는지, 문제의 핵심과 본질에 대해 얼마만큼 논리적으로 언급하고 있는지 등을 판별한다. 이를 위해서는 문제를 포괄적이면서도 구체적으로 이해할 수 있어야 하며, 사실에 부합하는 제재를 분명하면서도 용이하게 진술할 줄 아는 능력이 필요하다.

- 논거의 적절성

적절한 논거를 사용하고 있는지, 사용한 논거들이 설득력이 있으며, 타당한지 여부를 본다. 이 부분에서 주의해야 할 것은 글의 흐름과 관련된 논리들이다. 논술에서 사용하고 있는 개념이나 중심내용에 대해서는 반드시 그에 상응하는 논증이 이루어져야 한다. 그리고 글의 골격에 따라 논리 전개가 무리 없이 진행되어야 한다. 다시 말해서 논의가 갑자기 비약되어서는 안 되며 정확한 추론과정에 따라 체계적으로 이루어져야 한다. 동일하거나 유사한 논의를 반복해서 사용해도 안 된다. 논리의 비약이나 순환의 오류 등이 일어나지 않도록 노력해야 한다.

③ 논술의 유형: 계열에 따른 분류

(1) 자연계 통합논술

수시모집에서 등장하는 통합논술이라는 새로운 논술이 본격적으로 도입되면서 자연계 통합논술은 단순한 문제풀이를 벗어나 인문계 논술에 못지않은 표현력과 사고력, 창의력을 측정하는 고도의 통합문제이다.

논술 문제의 유형, 채점기준 등이 체계화, 현실화되면서 대학마다 특성을 갖는 다양한 논술 문제를 출제하고 있다. 논술 문제 내용의 50% 이상이 교과서에 나오는 일반적인 증명, 사고력을 요하는 문제 등 수학적인 기초, 기본 원리를 바탕으로 하고 있다.

학생의 입장에서는 논술이라는 형식이 부담스럽지만, 입시에서 논술이 주된 흐름이 되는 이유는 객관적 평가 대신 문제를 해결하는 과정이 그대로 적나라하게 드러나게 하여 학생의 사고력, 문제 해결 능력을 비교적 정확하게 측정할 수 있다. 이외에도 논술을 통해 드러난 문제 인식, 접근 방법, 풀이 과정을 단계적으로 채점함으로써 단순한 계산 실수로 오답이 생기거나 뛰어나고 창의적인 풀이를 했을 경우에 합리적인 평가를 할 수가 있다는 것이다.

특히 수리논술은 수학에 대한 기본적인 지식, 이해가 전제되고 자신이 체득하고 있는 수학적인 지식, 정보, 경험을 토대로 논리적인 사고를 통해 문제에 대한 해결 방안을 제시하고 오류 없이 합리적이고 설득력 있게 서술하는 것이 중요하므로 자신의 생각을 논리적으로 서술하는 것은 자신의 지식, 경험을 전제로 한다.

논술을 통한 수학적인 의사소통은 주어진 자료를 수학적으로 해석하고 논리적으로 그 해결과정을 제시해야 한다. 즉 논설문과 같이 자신의 생각과 가치관을 주장하는 것이 아니라 수학적인 틀 위에 논리적인 다양한 도구를 이용하여 가장 효과적으로 설명하는 심도 있는 접근이 필요하다는 뜻이다. 수학적인 의사소통으로 표현된 출제자의 의도를 파악하는 방법은 답안을 작성하기 전에 반드시 알아야 할 기본지식이다. 그 기준은 아래와 같다.

1. 수학을 이용한 통합논술은 수학적인 문제해결 과정도 중요하지만 문제 해결 과정에서의 논리적 전개가 더욱 중요하다.
2. 개인적인 생각이 아닌 출제자의 의도를 파악하여 문제를 해결하는 것이 무엇보다 중요하다. (수학적 의사소통)

3. 주장을 할 때는 논리적이고 과학적인 근거를 바탕으로 자신의 견해를 설득한다.
4. 인문학적인 글은 주어진 논제를 바탕으로 왜 그렇게 되었는지를 논리적으로 합당한 지식을 바탕으로 구체적으로 표현하는 설명문 형식의 글과 자신의 생각이나 가치관을 피력하는 글로 나뉘어져 있다.

(2) 인문계와 자연계의 통합논술

우리나라 중등 교육과정 내에서 인문학과 자연과학을 분리해서 교육하는 과정은 최근의 현상이다. 즉, 학생들은 항상 인문학적인 지식과 자연과학적인 지식을 동시에 배우고 통합적으로 사고하며 생활해온 것이다. 그러나 고등학교 선택중심 교육과정에서 학생의 진로에 따라 인문과정과 자연과정이 분리되어 교육과정이 운영되고 대학에서는 전공학문에 적합한 인재를 선발하기 위하여 전공할 학과에 따라 통합논술 문제의 내용이 자연스럽게 구별되어 평가를 할 수밖에 없었다.

인문학적인 논술과 자연과학적인 논술은 모두 논제를 탐구하고 논의하여 자신의 생각을 구체적이고 논리적으로 표현하는 것은 차이가 없으나 인문계 논술은 논제에 대한 창의적인 주장이 의미가 있다. 그러나 자연계 논술의 경우에 논리적인 수학과 과학 지식이 없이 기술을 하게 되면 동문서답의 양상을 띨 수도 있어 치명적인 오류를 범하게 될 수 있다. 따라서 수리과학과 관련된 배경지식은 자연계 논술에서 의사소통에 매우 중요한 역할을 하게 된다.

즉, 자연과학의 글쓰기는 그 표현의 과정에서 수학과 과학적 지식이라는 의사소통의 도구를 이용하여 문제를 출제한 사람과 문제를 해결하는 사람 사이의 의사소통이 가능하고 문제의 답안을 평가하는 과정에서 학생이 생각하는 오류를 채점자가 찾을 수도 있고 출제자가 문제를 출제한 과정에서 빚어지는 출제상의 논리적인 모순을 학생의 답안을 통하여 찾기도 한다.

	인문계 통합논술	자연계 통합논술
차이점	논설문적인 성격이 강하다. 자신의 생각이 매우 중요한 평가의 기준이다. 따라서 논리적인 사고를 전개하기 위한 윤리, 철학지식이 매우 중요하고 토론을 통한 합당한 반박과 주장이 문제해결에 매우 중요하다.	설명문적인 성격이 강하다. 수학과 과학의 배경지식이 없이는 의사소통에 문제가 있으며 비록 주장이 올바른 것 같아도 수리과학적 정의를 기준으로 관찰하면 의미가 없을 수도 있다.
공통점	창의적인 사고를 존중하고 의사소통을 중시한다. 자기주도적인 문제해결을 권장함. 영역의 전이를 즐긴다. 다양한 사고의 방법(창의, 추론, 논리)을 즐긴다.	

④ 논술의 채점 기준

* 논술의 요체: 튼튼한 기본기가 출중한 논술 작성의 출발점이다.

(1) 논술의 전제는 문제에 정확히 답하는 것이다: 평가의 전제

논술은 엄연히 주어진 문제에 대한 답을 글로써 서술하는 형식이다. 수험생의 입장에서 이해하자면, 자신이 작성한 논술문의 궁극적인 주제가 주어진 문제에 대한 '답'의 성격을 충족해야 한다는 것이다. 대충 자신의 글에 논제가 요구한 논의 대상이나 소재 정도라도 등장하면 전혀 엉뚱한 내용의 글이 아닌 이상 주제 면에서 무난한 논술로 평가받을 것이라는 착각, 풍부한 소양과 깊이 있는 지식을 드러내야만 훌륭한 논술로 평가받으리라는 부담 등은 모두 오해다.

주요 대학의 논술 우수자 전형을 탁월한 성적으로 통과한 수험생들, 각종 논술 경진 대회에서 입상한 논술 고수들의 변은 신기하리만큼 일치한다. 바로 '논제의 요구에 충실한 글을 쓰려고 노력했다'는 것이다. 그리고 이는 대입 논술에 있어서의 가장 중요한 목표를 정확히 집어낸 말이다. 즉 논제에 대한 답으로서의 조건을 충족하는 전제하에서 자신의 독서량, 사고의 깊이와 폭을 드러내는 내용들도 의미를 갖는다.

(2) 논술에서 평가하는 것은 '논리력', '창의력', '표현력' 이다: 평가의 대상

논술의 주제가 주어진 문제에 대한 답으로서의 조건을 충족하고 있다면, 비로소 '창의력', '논리력', '표현력' 등을 중심으로 평가받게 된다. 먼저 '창의력' 항목의 경우, 논제의 요구 사항에 답해야 하는 대입 논술에 있어서는 '사고의 깊이와 폭'이라는 요소에 평가의 초점이 맞추어진다는 점을 기억해 두자. 특히 창의적인 글쓰기가 되려면 남들과 다른 '튀는' 내용을 써야 한다는 부담으로 인해, 논점이나 요구 조건에서 이탈하는 우를 범하는 일이 없도록 유의해야 한다.

다음으로 '논리력' 항목의 경우, 자신의 주장에 해당하는 논지의 선명성, 그리고 그것을 뒷받침하는 논거의 적절성 등에 초점을 맞추어 평가받게 된다. 또한 600자 이상의 논술에서는 각 논리 단위 간의 연결 흐름, 즉 구성의 체계성 역시 주요한 평가 대상이 된다. 이상의 '창의력' 및 '논리력' 항목에서 감점 요소를 줄이기 위해서는, 글쓰기에 임하기에 앞서서 정교한 개요부터 구상해 보는 것이 필수다.

마지막으로 표현력의 경우, 문장 작성 능력(어휘력이나 문장력 수준 및 정확성 여부), 정서법(맞춤법, 띄어쓰기 등), 원고지 사용법 등의 오류가 주요 평가 항목에 해당된다. 표현 면의 오류는 감점은 물론 글 전반에 대한 신뢰도 저하까지 야기할 수 있다는 점을 명심하자.

(3) 논술문 작성 절차

| 논제를 분석하는 단계

제시문과 논제를 분석해 출제의도를 파악하고 논술 문항이 요구하는 사항을 이해하는 단계

| 주제문 작성

자신이 궁극적으로 제시할 의견이나 주장(핵심 논지)을 정한다. 주제문은 글쓴이의 입장을 드러내어 하나의 완결된 문장으로 표현한 것으로 '긍정형'으로 작성하는 것이 좋다.

| 자료의 수집 및 정리

핵심 논지를 구체화하기 위해 필요한 자료를 수집한다. 자료는 주제를 뒷받침하는 것으로 객관적이고 구체적이어야 한다.

| 구성 및 개요 작성

글의 전개 방식과 서론-본론-결론의 틀, 몇 개의 단락으로 구성할지를 정한다. 뿐만 아니라 각각의 단락에 어떤 내용을 다룰지도 결정해야 한다.

| 지필 및 퇴고

개요 작성에 따라 그린 설계도를 글로 옮기는 단계이다. 쓰기로 마음먹은 내용을 문장으로 표현하고 구체화하는 것이다. 마지막으로 완성된 글을 전체적으로 읽어 보면서 수정하는 퇴고과정이 있다.

수능에 대한 오해

대학 입학 전형은 크게 '수시모집'과 '정시모집' 두 가지로 나뉜다. 대학에 따라 약간의 차이는 있지만 대체로 정원 내 기준으로 보면 수시모집은 학생부 종합전형, 학생부 교과전형, 논술전형, 특기자전형으로 분류되고, 정시모집은 일반전형으로 불린다. 수시모집의 학생부 종합전형은 학생부 위주, 학생부 교과전형은 내신 성적 위주, 논술전형은 논술 위주, 특기자 전형은 실기·실적 위주, 정시모집의 일반전형은 수능 위주의 선발 방식이다.

수시모집은 전형에 따라 차이가 있으나 보통 내신 성적이 많이 반영되는 편이다. 이에 반해 정시모집은 내신은 전혀 반영하지 않고 오직 수능 성적만 반영하거나, 내신 반영 비율이 매우 낮다.

대학 홈페이지에 가면 '모집요강'이 있다. 여기에는 전형계획, 수시모집과 정시모집에 대한 상세한 내용이 담겨 있다. 매년 바뀌더라도 큰 틀에서는 쉽게 변하지 않는다. 따라서 고1, 고2 때 일찍 만들어 놓고 변경되는 내용이 있으면 수정하는 것이 바람직하다. 하나의 표로 정리해 놓으면 목표 대학과 학과가 시각화되어서 스스로 동기부여를 받으며 힘을 낼 수 있다.

① 수시에서 수능 성적은 최저학력기준으로만 활용된다?

아니다. 물론 수시에서 수능의 가장 큰 역할은 최저학력기준으로 활용된다는 점이다. 하지만 그 외에도 수능이 수시에서 중요한 역할을 하는 대학들이 있다. 최종합격자를 바로 발표하는 대학에서는 수능 성적이 당락에 영향을 미칠 수 있다는 가능성도 배제할 수 없다.

② 수리영역은 자연계만 중요하다?

수리영역은 자연계만 중요하다고 알고 있는 수험생들이 있다. 그렇지 않다. 특히 인문계는 수험생 중에서 수리영역을 포기하려는 수험생들까지 있다. 하지만 서울이나 수도권의 중상위권 이상 대학들은 거의 모든 대학이 수리영역을 반영한다. 정시에서는 물론 수시에서까지도 학생부 교과성적에서 빠지지 않는다. 오히려 수리영역은 자연계 학생들보다 인문계 학생들이 더 퍼펙트해야 하는 부담을 안고 있다. 전체 경쟁자 중 자연계 상위권자는 지방 의예, 한의예, 치의예로도 지원을 고려하지만 인문계 상위권 학생들은 서울대 경영학과부터 생각하기 때문이다. 무엇보다 표준점수를 활용하고 있는 현행 입시에서 평균이 낮은 수리영역이 표준 점수가 다른 영역에 비해 높게 형성된다는 점을 명심해야 한다.

③ 수능은 특정영역만 잘해도 대학 간다?

서울 수도권의 중하위권 대학 및 지방대학들은 2+1 전형 혹은 수능 일부 영역만 반영하는 대학들이 많다. 이런 대학은 수능 결과가 취약한 영역을 제외시키고 지원할 수도 있다. 그러나 일부 영역만을 반영하는 서울권 대학은 경쟁률과 합격선이 동반상승 되어가고 있다.

④ 인문계는 반드시 제2외국어를 해야 한다?

아니다. 인문계 수험생들 중 제2외국어를 응시하는 수험생은 대략 10명 중 3명꼴이다. 또한 제2외국어를 반드시 응시하도록 정해놓은 대학은 서울대학교 인문계열이 유일하다. 연세대나 고려대 등을 비롯한 주요대학에서는 제2외국어를 필수로 지정하지는 않고 탐구영역 1과목 성적으로 대체만 가능하도록 하고 있다. 따라서 서울대 이외의 대학을 목표로 두고 있는 수험생들은 제2외국어 준비에 대한 계획성이 필요하다.

⑤ 논술에는 정답이 있다

혹자는 말한다. "논술에는 정답이 없다." "논술은 창의력, 논리력이다."라고. 그리고 이 말은 수험생들에게 커다란 부담으로 다가오고 있다. 과연 따로 공부한다고 창의력과 논리력을 키울 수 있을지 그리고 만약 그렇다고 해도 그것이 단기간 안에 가능할지가 불투명하기 때문이다. 게다가 과연 그런 요소들이 정확히 평가될 수 있는 항목들인지조차 의문이라고 생각한다. 그 결과 결론을 내린다. '어차피 논술 실력은 따로 공부한다고 늘 수 있는 게 아니니까, 논술 준비는 하나 안 하나 마찬가지야.', '어차피 논술은 평가자의 주관에 따라 평가될 것이기 때문에 차라리 운에 맡기지 뭐.' 하는 생각을 갖는다. 하지만 이것은 오해에서 비롯된 잘못된 결론이다.

비단 논술뿐만 아니라 모든 인문학적 예술적 창작 활동에 정답이란 있을 수 없음이 당연하다. 그러나 대입논술의 경우는 다르다. 대입논술은 결코 인문학적 소양이나 이론적 깊이를 평가하는 시험이 아닐뿐더러, 문예적 능력을 평가하는 시험은 더더욱 아니다. 어차피 대입논술은 엄연히 각 대학별로 신입생을 공정하게 선발하기 위한 수단으로서 실시하는 평가고사이기 때문에, 객관적인 평가 기준을 전제로 출제될 수밖에 없다. 이는 곧 출제자가 문제에 '정답' 은 아닐

지언정 최소한 정답의 '기준' 만큼은 반드시 숨겨 놓을 수밖에 없다는 점을 의미한다.

이를 수험생의 입장에서 역으로 생각해보면, 그 '답'의 기준만 찾을 수 있다면 논술고사에서 충분히 그리고 확실히 우수한 평가를 확보할 수 있다는 의미이다. 게다가 그처럼 논술 문제에 있어서의 '답의 기준'을 찾는 실력을 키우는 것은 그다지 어려운 일도 많은 시간을 필요로 하는 일도 결코 아니다.

먼저 논술에 대한 두려움부터 머릿속에서 지우기 바란다. 수험생들에게 논술 준비의 어려움을 느끼게 하는 이유는 또 있다. 그 수많은 논술 교재와 교육 기사, 대학 측 해설들을 살펴보아도 약속이나 한 듯이 두루뭉술하다. 넘쳐나는 모범 예문, 제시문 설명, 관련 배경지식 등 어디에도 정작 '답의 기준은 어떻게 찾고, 논술은 어떻게 써 나가면 된다.'는 구체적 과정에 대한 설명은 찾아볼 수 없다. 하지만 논술 문제는 배경지식이나 감만으로 풀 수 있는 문제가 아니다. 퍼즐을 풀어 나가듯 주어진 실마리들을 조합하여 답을 찾아나가는 정교한 과정을 통해서 풀어 나가야 할 것이다. 그리고 이러한 과정은 퍼즐을 풀어 나가는 과정처럼 조금만 노력하면 충분히 해낼 수 있는 과정이다.

자기소개서 작성 십계명

(1) 질문을 한 후 시작하라

수많은 평가 항목 중 단 하나를 곧장 선택하는 것은 무리다. 갖가지 평가 항목 모두에 대해 질문을 해 보라. 그러면 그동안 잊고 있던 참신한 사례를 발견할 수 있을 것이다.

(2) 삶을 돌아보고 내가 만들 세상을 그려 보라

소개서는 쓰는 과정에서 한 번쯤은 울어보기도 해야 한다. 소개서는 자기 삶에 대한 성찰이기 때문이다. 그렇게 발견한 '참 나'가 만들 세상을 그려 보라. 소개서에 자신만의 가치관, 세계관이 묻어 나와야 읽는 이를 감동시킬 수 있다. 어차피 정답은 없는 것이다.

(3) 결과 중심적 사고를 버려라

거창한 성과를 나열하는 것, 특정 직업을 장래 희망이랍시고 내놓은 것은 결코 좋지 않다. 생각해 보라. 뭐 그리 대단한 성과인가? 직업이 어떻게 '꿈'이 될 수 있는가? 중요한 것은 과정이다. 과정에서 얻은 것, 그것만이 내 것이다. 실패와 좌절, 그 속에서 숨은 의미를 찾아야 한다.

(4) 구체적으로 소개하라

추상적인 말, 좋은 말을 많이 한다고 좋은 게 아니다. 백 가지 좋은 말보다 한 가지 구체적인 경험이 훨씬 중요하다. 솔직하고 적절한 사례를 중심으로 서술해야 한다.

(5) 지원 학과를 연구하라

자기가 지원한 과나 분야에 대해서 무지하면서 어떻게 소개서를 쓸 수 있겠는가. 모든 문항에 대한 대답은 지원 학과와 직간접적으로 연관을 맺어야 한다. 억지로 지원한 과라 하더라도 신중하게 찾아야 한다. 그 과와 그 과를 지망한 나를 사랑하게 될 것이다.

(6) 자기 소개서에도 주제가 있다

문항에 따라 이야기가 왔다 갔다 하면 읽는 이에게 어떤 인상도 남길 수 없다. 자기가 무엇을 전달할 것인지를 명확하게 잡고, 모든 문항에서 그것을 놓치지 말아야 한다. 다양한 소개를 관통하는 하나의 주제, 이것이 중요하다. 한 가지라도 제대로 전달해야 한다.

(7) 질문에 맞는 소개를 하라

각 질문마다 평가하고자 하는 목적이 있다. 그 요구 사항을 놓치면, 말에 얽매이고 만다. 무엇을 알고 싶어 하는지를 명확하게 파악하려면, 무엇보다 문제를 먼저 분석해야 한다.

(8) 당연한 말은 하나마나다

도덕책에 나옴직한 말, 누구나 알고 있는 상식, 대학민국 고등학생이라면 누구나 느끼는 문제 등은 하나마나한 소리다. 다소 튀는 느낌이 들더라도 자기만의 생각을 과감하게 제시하라.

(9) 읽기 쉽게 써라

문단 구성은 두괄식이 좋다. 하고자 하는 말을 처음부터 명쾌하게 제시하라. 문장은 단문이 좋다. 간결하면서도 핵심을 분명히 전달하는 글이 눈에 잘 들어온다. 글재주가 있는 사람이라면 수필식으로 써보는 것도 좋겠다.

(10) 지쳐있는 교수님께 청량제를 드려라

수많은 자기 소개서를 읽느라 지친 분께 사막에서 오아시스를 만난 듯한 기분이 들게 한다면 어떨까? 수많은 표현을 꿰뚫는 단 한마디, 너무 솔직하여 웃음을 자아내게 하는 젊음, 교수님의 과거를 떠올리게 하는 패기, 이것이 젊은이다운 기백 아닌가!

통섭(統攝, Consilience)

큰 줄기(통)를 잡다(섭), 즉 '서로 다른 것을 한데 묶어 새로운 것을 잡는다.'는 의미로, 인문·사회과학과 자연과학을 통합해 새로운 것을 만들어내는 범학문적 연구를 일컫는다. 최근 에드워드 오스본 윌슨(Edward O. Wilson) 교수가 사용한 '컨슬리언스(Consilience)'를 그의 제자인 이화여대 최재천 석좌교수가 번역한 말이다. 이는 윌슨 교수의 1998년 저서 『통섭, 지식의 대통합』을 통해 다시 알려지기 시작했다.

그는 『사회생물학(Sociobiology : The New Synthesis)』(1975년)을 저술한 인본주의적 생물학자로 인문학과 자연과학 사이의 간격을 메우고자 노력하고 있다. 또한 윌슨 교수는 과학, 인문학과 예술이 사실은 하나의 공통된 목적을 가지고 있다고 말한다. 그것은 분리된 각 학문의 세세한 부분을 체계화시키는 데에만 목적을 두지 않는다. 그저 보이는 상태뿐만이 아닌 깊이 숨겨진 세상의 질서를 발견하고 그것을 간단한 자연의 법칙들로 설명하고자 하는 시도이다.

통섭(統攝, Consilience)은 우주의 본질적 질서를 논리적 성찰을 통해 이해하고자 하는 고대 그리스의 사상에 뿌리를 두고 있다. 자연과학과 인문학의 두 관점은 그리스 시대에는 하나였으나, 르네상스 이후부터 점차 분화되어 현재에 이른다.

1840년에 윌리엄 휘웰은 『귀납적 과학』이라는 책에서 'Consilience'란 말을 처음 사용했는데, 설명의 공통기반을 만들기 위해 분야를 가로지르는 사실들과 사실에 기반한 이론을 연결함으로써 지식을 통합하는 것을 뜻한다. "통섭의 귀납적 결론은 사실들로 이루어진 하나의 분야를 통한 결론에 의해 얻어진 귀납적 결론이 또 다른 분야에 의해 얻어진 결과와 일치할 때 얻을 수 있다. 그러므로 통섭은 어떤 것에 대해 발생한 사실을 해석하는 이론들을 검증하는 것을 말한다."라고 하였다. 여기서 귀납적 결론이란 과학적 방법론을 통해서만 통섭에 받아들여질 수 있다.

현대적 관점으로 볼 때 각 지식의 분야들은 각각의 연구 분야의 활동에서 얻어진 사실들에 기반하여 연구하여 이해하고자 하는 학문들이다. 그렇지만 또 다른 연구 분야의 활동에 의존하는 면이 크다. 예를 들어 원자물리학은 화학과 관련이 깊으며 화학은 또한 생물학과 관련이 깊다. 물리학을 이해하는 것 또한 신경과학이나 사회학, 경제학을 이해하는 데 없어서는 안 된다. 이렇듯 다양한 접합과 연관은 여러 분야 사이에서 이루어져 왔다.

1. 공부에도 슬럼프가 온다
2. 좋은 선생님
3. 스마트 학습법

스팀(STEAM) 교육)

PART:6

슬럼프 극복과 학습에 도움 받기

공부에도 슬럼프가 온다

공부에도 슬럼프가 온다

인간의 정신은 일 년 내내 긴장하고 있지 않다. 사람마다 제각기 특정한 생활 리듬에 따라 긴장과 이완을 되풀이한다. 이런 리듬에 따라 정신이 긴장하고 있을 때는 어려운 문제도 쉽게 해결하여 매사에 자신감을 갖고 활동하지만, 반대로 정신이 이완될 때는 쉬운 문제도 좀처럼 풀리지 않고 자신감도 잃게 된다. 그리고 이러한 상태가 지속되면 슬럼프에 빠지게 된다.

학기 초인 봄에는 새로운 의욕으로 정신이 고양된다. 여름방학도 그 연장시기라고 할 수 있다. 봄과 여름을 긴장 속에서 공부한 이들에게 일 년의 반을 넘긴 가을쯤에 이완의 시기가 시작될 수 있다. 우리는 끊임없이 긴장과 이완을 반복하고 있기 때문에 꼭 가을에 이완의 시기를 맞이하는 것은 아니다. 그리고 스스로 잘 조절하면 이완의 시기, 슬럼프에 빠지는 것을 방지하는 것이다. 그렇다고 무리하게 긴장을 유지하면 오히려 역효과가 날 수 있다.

미국의 심리학자 브라이언은 학습한 양과 성취감 사이의 관계가 정비례하지 않는다고 말했다. 꾸준히 공부를 해도 학습효과가 오르지 않을 때 슬럼프가 있다고 한다. 이러한 상태를 심리학에서는 '연습의 고원(高原)'이라고 부르는데 이는 어떤 기술을 습득하는 데 있어 피할 수 없는 장벽이라고 한다. 연습의 고원은 하급에서 상급으로 옮겨가는 일종의 도약대다. 아무리 높은 산이라 하더라도 끝이 있는 것처럼, 가장 높은 봉우리에 오르게 되면 쉽게 걸을 수 있는 내리막길을 만나게 된다. 슬럼프는 '다음의 비약을 위한 발판'인 것이다.

'나'를 세우는 스스로 학습법

긍정적인 마인드를 가지고 미래를 그려보자. 긍정적인 마인드는 공부뿐만 아니라 우리의 삶 속 깊은 곳에 뿌리를 내려야 한다. 부모들이 아이들에게 제시하는 긍정적인 말들은 아이의 삶을 뒤바꿀 수 있는 위력을 가진다. 어떤 문제나 어려움에 봉착했을 때, 자신을 지켜낼 수 있는 말에는 무엇이 있는지 생각해 보자. 평상시에 주변 사람들이, 혹은 자기 자신이 자신에게 했던 말들을 생각해보자. '난 할 수 있어!', '난 두렵지 않아!' 등 긍정형의 말들이 자신을 앞으로 더욱 나아갈 수 있게 해주는 원동력이 될 것이다.

반대로 부정적인 말들을 즐겨 사용했다면 그것들은 나의 발전을 가로막는 걸림돌이 될 뿐만 아니라 말이 씨가 되어 자신에게 돌아오게 될 것이다. 이처럼 말은 뿌린 대로 거두는 것이다. 긍정의 힘을 믿자. 무슨 일이든지 자신감을 갖고 임한다면 그 일은 이미 80%는 성공한 것이다. 나머지 20%는 그 자신감을 끝까지 지켜내는 실천력에 달려 있다.

사람은 태어날 때부터 불평등의 요소를 가지고 태어난다. 하지만 환경적인 요소는 얼마든지 극복할 수 있다. 자신의 환경은 자신이 바꿀 수 있다. 공부를 통해서 이룰 수 있는 것들이 많음을 기억하자. 그리고 '나는 할 수 있다'는 긍정적인 마인드를 가지고 나만의 눈부신 미래를 그려보자.

① 실천 가능한 목표를 구체화하고 지속적인 관심을 기울이자

자신이 원하는 목표를 확실히 한다는 것은 말처럼 쉽지 않다. 왜냐하면 자신의 역량을 정확히 파악해야만 정확하고 실천 가능한 목표를 세울 수 있기 때문이다. 우선 자신의 능력을 꼼꼼히 파악하고 나면 실천 가능한 목표를 구체적으로 수치화하고 계량화하는 것이 좋다.

긍정적인 마인드를 가지고 실천하고자 하는 구체적인 목표까지 세웠다면 이제는 실천 단계다. 모든 일은 계획이 세워져 있으면 실천을 해야 결과가 나타나게 된다. 실천에는 자신이 하고자 하는 일에 대한 지속적인 관심과 그에 따른 노력이 병행되어야 한다.

② 결정 후에는 저돌적으로, 또한 치밀하게

결정을 내렸다면 더 이상 망설임은 없다. '공의 원리'를 이용하자. 축구 경기에서 공격수가 머뭇거리다가 공을 빼앗기는 경우와도 같다. 내가 공을 가지고 있는 시간은 불과 몇 초에 불과하다. 동료 선수에게 패스를 하든지 골대를 향해 강력한 슛을 날리든지 해야 한다. 내가 공을 가지고 망설이고 있으면 우리 팀에 불리한 결과를 초래할 가능성이 높다.

그렇다면 어떻게 앞으로 나아가야 할까? 자신이 공부하고자 하는 것을 단계별로 나누어 낮은 단계에서 높은 단계로 올라가되, 높은 단계에서 다시 낮은 단계로 내려가지 않는 것이 좋다. 한 번 지나간 길을 다시 간다는 생각을 버리고 그 단계를 진행 중일 때 거기에 확실하게 매진하는 것이다. 그렇게 되면 시간도 아끼고 자신과의 약속도 지키게 되는 일석이조의 효과를 볼 수 있다. 그리고 모든 일의 시간 관리는 거꾸로 계산하는 '역산법'을 활용하자. 자신이 목표한 일이 성취되었을 때의 시간을 정해 놓고, 역으로 시간을 차감해 나가는 방법이다.

예를 들어, 오늘의 수학과 사회 공부를 마쳐야 하는 시간이 10시 30분이라고 하자. 공부가 끝나는 시간인 10시 30분을 기준으로, 수학과 사회 공부 시간을 빼고, 각 과목 공부를 준비하는 시간을 빼주는 방식으로 소요 시간을 계산하는 것이다. 이렇게 시간 계산하는 법을 몸에 익히게 된다면 철저한 시간 관리를 하게 될 것이다. 꼭 실천해 보기를 바란다.

③ 피할 수 없다면 학습 방법을 익혀라

경쟁자가 자신보다 우월한 면이 너무도 많다고 생각되면 도중에 포기할 가능성 역시 높기 때문에 의지가 약한 사람의 경우는 대부분 중도 포기를 한다.

반면에 오기로 똘똘 뭉친 사람의 경우는 경쟁자를 따라잡을 궁리를 하게 된다. 곁눈질도 해 가면서 탐색하기에 여념이 없다. 이런 사람의 경우 성공할 확률이 높다. 왜냐하면 호시탐탐 경쟁자의 장점을 알아내어 금방 따라 해보기 때문이다. 자신보다 나은 점이 무엇인지 관심을 가지고 그 사람의 장점을 자기 것으로 만드는 것이다. 그것을 '벤치마킹'이라고 한다. 경쟁자를 피한다면 그 사람은 제자리에서 맴돌 뿐이다. 하지만 좋은 점을 분석해서 내 것으로 만들 수 있다면 무한한 발전을 거듭할 수 있다.

대부분의 부모들이 학원에 교육의 많은 부분을 맡기고 있는 것이 현실이다. 좋은 시스템이 갖춰진 학원과 좋은 선생님을 만나게 되면 부모 이상의 보살핌을 받아 성공한 사례도 많다. 뿐만 아니라 학원은 각 학교의 우수한 학생들을 포함하여 다양한 학생들이 모이는 학습 공간이다. 이런 공간에서 학생들은 선의의 경쟁을 통해 다양한 학습 형태를 접할 수 있게 된다. 그리고 나보다 잘하는 아이들의 학습 방법도 자연스럽게 접할 수 있다. 그런 환경에서 벤치마킹을 잘

한다면 많을 것을 배울 수 있고, 또 이러한 것들이 모여서 나만의 공부법이 되는 것이다.

④ 밥 먹듯 공부해보자

우리의 일상생활을 한번 들여다보자. 아침, 점심, 저녁에 하는 일이 다람쥐 쳇바퀴 돌듯이 일상화되어 있다. 이런 일상생활 속에 공부하는 것을 포함시킨다면 그것 또한 매우 자연스럽게 받아들이게 된다. 그렇다. 모든 일은 생각하기 나름이다. 공부가 일상 속으로 들어온다면 공부에 대한 부담도 적어지고 공부를 하기 싫다는 저항심도 줄어들 것이다. 공부가 밥 먹는 것처럼 자연스러운 습관으로 우리 몸에 배게 되면, 공부 할 때의 집중력 또한 향상될 것이다. 또한 밥을 너무 많이 먹거나 너무 적게 먹으면 우리 몸이 탈이 나는 것처럼, 공부도 한꺼번에 너무 많이 하거나 너무 하지 않으면 머리가 과부하 되거나 성적이 뚝 떨어질 수 있다. 하지만 밥 먹는 것처럼 매일 적당량을 하는 습관을 기른다면 자연스럽게 마음이 편안해지고, '오늘은 어제보다 더 많이 공부해야 해!' 하는 부담과 압박을 떨쳐낼 수 있다.

물론 이런 습관이 하루아침에 형성될 수는 없다. 하지만 이렇게 습관을 들이지 않고서는 절대로 공부를 잘할 수 없다는 것을 명심해야 한다. 공부를 시험을 앞두고만 하는 일시적인 것으로 생각하지 말고, 내가 하루 일과 중에서 당연히 해야 할 것으로 생각하는 노력을 해야 한다. 우리가 평생 해야 할 일 중 하나가 배우는 것이다. 그렇기 때문에 공부는 선택적인 것이 아니고 인생의 필수적인 요소이다. 따라서 이런 공부를 일상생활의 일부로 녹여 넣을 수만 있다면 평생 밥을 먹듯이 평생 정신을 살찌우는 양식을 공급할 수 있는 환경을 만들 수 있으며, 그것은 나아가 우리의 인생을 윤택하고 풍요롭게 만들 수 있다.

슬럼프 극복법

슬럼프를 단기간에 물리치고 정상적인 생활로 돌아갈 수 있는 방법에는 무엇이 있을까? 여러 가지 방법이 있는데 자신에게 알맞은 방법을 찾아 슬럼프를 극복하도록 하자.

① 나의 좋은 면만을 자각한다

자신의 능력에 대한 불안, 자신감에 대한 상실, 곤란한 상황으로 방황하고 있는 사람은 다시 한 번 자신이 갖고 있는 장점을 생각해본다. 그리고 과거에 좋은 성적을 올려 기뻐했던 일 등과 같이 자신에게 자신감을 줄 수 있는 경험들을 떠올리면서 자신과 여유를 되찾도록 한다.

② 끈기 실험을 통과한다

누구나 슬럼프에 빠지기를 싫어한다. 슬럼프에 빠지게 되면 공부에 대한 의욕을 잃게 되고, 더 심해지면 공부를 포기할 수도 있다. 이를 극복하지 못하면 나중에 후회의 늪에서 벗어나지 못하게 되기도 하는 것이다. 따라서 슬럼프에 빠졌을 때는 나 자신의 끈기가 얼마만큼 강한가를 실험하고 있다고 생각하고 이 실험을 통과하기 위해 노력해야 한다. 그렇게 노력하면 정상적인 상태를 되찾을 수 있다는 평범한 진리를 깨닫게 될 것이다.

③ 서로를 격려해 준다

같은 처지에 있는 친구끼리 동질감을 느끼며 서로 격려의 대화를 나누는 것만으로도 의지가 되고 마음의 평정을 되찾을 수 있다. 특히 수험생은 정신적으로 매우 불안정한 시기이기 때문에 친구야말로 더없이 좋은 원군(援軍)이 아닐 수 없다. 그리고 나 자신도 그런 친구에게 격려와 대화로 도움을 줄 수 있도록 한다.

④ 충고를 구한다

자신을 둘러싼 환경에 대한 불만, 자신의 현 상태에 대한 불안감 등 자신이 현재 맞닥뜨리고 있는 심리적 불안에 대해 터놓고 이야기할 수 있는 선생님, 선배, 부모님 등으로부터 충고를 듣고, 그것을 실천에 옮기는 것도 바람직한 방법이다.

⑤ 나 자신을 안다

특히 자신의 능력이나 진로에 대해 확신이 서지 않는 사람은, 자신의 능력과 장래에 하고 싶은 일, 자기 성격에 대하여 올바르게 알 필요가 있다. 성격검사나 적성검사를 받아 보는 것도 한 가지 방법이다.

⑥ 발상을 전환한다

평소에 자신이 보는 관점이나 생각을 바꿈으로써 문제 해결 방법을 모색하는 것을 발상의 전환이라고 한다. 학습의 속도나 방법을 바꾸는 등 평소에 쳇바퀴 돌듯이 반복해온 생활 패턴을 조금씩 바꿔 보면 좋을 것이다.

⑦ 충분한 휴식을 취한다

하루쯤 시간을 내서 취미나 가벼운 운동을 하면, 기분전환이 되고 새로운 기운이 충전되는 것을 느낄 수 있다. 공부에 쫓기는 상황에서 일시적으로 자기를 해방시켜 보자.

⑧ 자신을 통제한다

감정에 이끌리면 쉽게 마음의 안정을 잃고 난관에 부딪혀 슬럼프에 빠지게 된다. 그러나 자신을 통제할 수 있다면 몸과 마음이 편해진다. 스스로를 냉정하게 바라보고 심호흡을 하거나 '내일은 내일의 태양이 떠오를 거야' 같은 말들을 되뇌며 자신을 안정시키는 방법을 찾아 훈련한다.

⑨ 황금률을 유지한다

밥그릇의 10분의 8만 먹으면 과식하지 않고 소화도 잘되는 것처럼 일과 인간관계에서 느끼는 욕망도 필요한 만큼만 받아들이면 심신에 이롭다. 약간의 여유를 두고 욕망의 10분의 8만 채우는 것이 자기 속도를 지키는 지혜다.

⑩ 자기만의 생활 리듬을 챙긴다

'좋은 밤을 찾다가 좋은 낮을 잃는 사람들이 많다'는 네덜란드 격언처럼, 최근 낮밤을 뒤바꿔 사는 사람들이 늘면서 이들이 받은 스트레스가 커지고 슬럼프에도 쉽게 빠진다. 행복한 삶을 살기 위해서는 건강이 필수. 자기 몸이 보내는 경고를 무시하지 말고 스트레스에 제때 대처하면서 자기만의 생활 리듬으로 사는 것이 중요하다.

좋은 선생님

선생님의 능력

학생들의 교육에 있어서 결정적인 영향을 미치는 한 사람은 바로 선생님이다. 어떤 선생님을 만나느냐에 따라서 아이가 잠재력을 얼마나 발휘할 수 있는지가 결정된다고 해도 과언이 아니다. 학교 선생님만이 존재하였던 예전과 달리 요즘에는 학생들이 접할 수 있는 선생님이 너무나도 많다. 하지만 모든 선생님이 좋은 선생님은 아니다. 그렇다면, 학생들에게 진정으로 도움이 될 수 있는 좋은 선생님은 어떤 자질을 가지고 있는 선생님일까?

① 교과목에 대한 전문 지식

이는 좋은 선생님의 가장 기본적인 자질이라고 할 수 있다. 선생님이 가르치는 과목에 대해 자세하게 알고 있어야 학생에게 적절히 전달해 줄 수 있고, 학생의 질문에 충분한 답변을 제공해 줄 수 있기 때문이다. 교사 자신이 가르치고자 하는 내용에 대해 완벽한 지식을 갖추고 있으면 이 내용을 가르치는 방법도 알 수 있다.

전문가적 지식을 가지고 있으면 어떤 내용이 핵심적이고 주변적인지, 학생들에게 유용한 내용인지 아닌지를 파악하여 선택적으로 중점을 둘 수 있기 때문이다. 그래서 의도하는 목표에 따라 가르치려는 내용의 기본지식, 기본개념, 기본원리 등을 먼저 설명하고 응용시켜 나갈 수 있다. 특히 선생님이 본인이 가르치는 과목에 대한 전문적인 지식이 없으면 그것은 그대로 드러날 수밖에 없고, 그때에 학생과의 신뢰가 무너지게 된다.

② 가르치는 방법에 대한 지식과 기술

선생님은 기본적으로 학생에게 지식을 전달하는 역할을 한다. 그렇기 때문에 아무리 많은 것을 알고 있어도 그것을 제대로 전달하지 못하면 효과적인 학습을 할 수 없다. 특별히 강조하고자 하는 것은 학생의 수준과 능력을 파악하여 개인별 특성에 맞는 수업을 하여야 효과적인 학습을 할 수 있다.

각 학생에 따라 부족한 부분을 파악하여 내용에 대한 적절한 설명이 필요하고 매 시간마다 학생에게 제시한 과제(숙제)를 점검하여 모르는 것을 알 때까지 철저하게 질문하도록 학습습관을 갖게 하여 100점 정복의 훈련이 필요하다. 따라서 교육 내용을 효과적으로 가르치는 방법에 대한 지식 역시 갖추어야 한다. 선생님은 본인이 가르치는 과목에는 어떤 강의 방법이 적합한지, 그리고 본인이 가르치는 학생들이 어떤 강의를 선호하는지 끊임없이 연구해야 한다. 그리고 아이들과의 소통을 통해서 아이들이 강의에 만족해하는지 살펴보아야 한다. 무엇보다도 청출어람(青出於藍)의 정신으로 학생의 능력을 극대화할 수 있는 선생님의 따듯한 마음이 필요하다.

③ 학생에게 진심으로 다가서는 마음

유능한 선생님이 되기 위해서는 물론 전문적인 지식을 갖추고 그것을 학생에게 전달하는 것이 중요하다. 하지만 그만큼 중요한 것이 진심으로 학생에게 다가서고, 학생에게 도움을 주려는 마음을 가진 선생님이다. 일반적으로 인간관계에서 중요한 것이 신뢰이다. 그리고 이 신뢰는 선생님과 학생 사이에도 매우 중요하게 작용한다. 이런 신뢰를 형성하기 위해서 교사는 학생의 눈높이에 맞춰서 다가가고, 학생에게 자신의 진심을 보여줄 필요가 있다. 말 한마디를 할 때에도 혹시 그 말 한마디에 아이가 상처를 받지는 않을지 생각하고, 내가 가르치는 학생이 어떻게 하면 공부를 조금 더 즐겁게, 그리고 효율적으로 할 수 있는지 끊임없이 고민해야 한다. 그리고 이렇게 한다면 학생 역시 선생님을 믿고 따라오면서 좋은 관계가 형성될 수 있다.

④ 학생과 소통할 줄 알아야 한다

선생님과 학생이 소통 없이 강의만 하는 관계에 있다면 그것은 좋은 관계라고 할 수 없다. 선생님은 아이에게 지식 전달 외에도 큰 역할을 할 수 있는 사람이기 때문에, 학생과 끊임없이 소통하도록 노력해야 한다. 학생과의 지속적인 소통을 위해 선생님이 선택할 수 있는 좋은 방법에는 상담이 있다.

상담은 꼭 공부와 관련된 것이나 성적 상담이 아니고, 학생과 선생님이 편안하게 대화를 나누는 형식이 되도 좋다. 이런 상담이 꾸준히 지속되면 신뢰 관계를 쌓는 데도 많은 도움이 될 것이다. 그리고 학생들과 소통하는 과정에서 선생님은 항상 열린 마음을 가지고 있어야 한다. 선생님이 학생의 고민에 대해 섣불리 판단을 내리거나 야단을 친다면 학생은 마음을 닫게 되게 때문이다. 또한 학생과 소통하는 과정에서 선생님은 긍정언어, 중립언어와 같은 코칭 언어의 특성을 잘 알아두고 적절히 사용하여 원활한 소통을 촉진해야 한다. 학생과 호흡을 맞추고, 눈높이를 맞추며 아이의 말을 잘 들어주고 거기에 대해 적절히 피드백할 줄 아는 능력이 중요하다.

⑤ 학생에게 동기부여와 목표를 심어줄 수 있는 능력

학생들에게 동기부여를 하기 위해서 학생이 한 노력과 성과에 대해 구체적으로 칭찬해주는 것이 중요하다. 또한 학생의 모습을 그대로 수용하여 격려하고 지지해주는 모습을 보여야 한다. 상담과 같은 소통 활동을 통해서 학생이 스스로 자신의 목표를 설정할 수 있도록 도와주고, 그 목표를 이룰 수 있는 계획표를 만드는 것까지 도와줄 수 있어야 한다. 학생이 자발적으로 우선순위를 파악하고 구체적인 계획까지 세우는 것을 도와준다면 학생들이 확실한 목표설정을 할 수 있을 것이다.

좋은 선생님이란?

좋은 선생님은 큰 꿈과 Global Vision을 갖도록 이끌어 주어야 한다. 학생들이 열심히 공부하여 실력과 능력을 갖추게 되고 이웃과 함께하며 나눌 수 있는 넓은 마음을 갖도록 열정과 희망을 심어주어야 한다. 우리 주변을 돌아보고 세계를 향한 도약을 통하여 노력할 수 있는 따듯한 인성교육이 함께 이루어져야 한다. 또한 좋은 선생님은 열정과 자신감을 가진 선생님이어야 한다. 선생님의 열정과 자신감이 학생들에게도 긍정적으로 영향을 미쳐야 학생들이 잘 배우고 또 자신이 선생님이 되었을 때, 그러한 열정과 자신감을 가지고 가르칠 수 있기 때문이다.

① 좋은 선생님은 성실성으로 무장된 선생님이어야 한다.

부지런하여 철저하게 수업을 준비하여야 학생에게 부족한 부분을 알고 그 부분을 잘 보충해주고, 알찬 수업내용으로 상위권부터 하위권까지 모든 아이들을 포괄할 수 있기 때문이다.

② 좋은 선생님은 신뢰감을 줄 수 있는 선생님이어야 한다.

즉 선생님이 말하고 가르치는 것을 실천하는 힘이 있어야 하며 실제로 그것이 좋은 결과물로 나타나야 하는 것이다. 그러기 위해서는 선생님이 시간관리의 명장이 되어야 한다. 시간관리의 명장이 되다 보면 신뢰감을 주고 좋은 결과도 자연스럽게 나타나게 된다.

③ 좋은 선생님은 역지사지(易地思之)를 가진 선생님이어야 한다.

각 학생에 대한 여러 가지 평가를 통해 장점을 극대화하고 개인차를 파악하여 그들이 가진 장점을 잘 칭찬해 줄 수 있으면 가장 좋은 것이다.

④ 좋은 선생님은 겸손한 인성을 가진 사람이어야 한다.

겸손한 인성은 밝고 명랑한 천성, 배려, 긍정의 힘, 감사, 편애하지 않는 공정성, 낮고 가난한 마음, 학생과 동등한 입장에서 선 모습들로 나타난다.

⑤ 좋은 선생님은 자율성을 가진 선생님이다.

자율성을 가진 사람은 내가 주체가 되어 당당히 말하고 일하는 주인의식, 그 일의 주인으로 일을 기획하는 기획능력, 일에 관한 정보를 잘 관리할 수 있는 정보 관리력, 그때그때 떠오르는 좋은 아이디어를 찾을 수 있는 메모하는 습관을 가진 사람이다.

⑥ 좋은 선생님은 훌륭한 인품에서 풍기는 매력이 있다.

좋은 난초 옆에서 은은하고 자연스러운 매력의 향기가 나듯이, 좋은 선생님은 훌륭한 인품에서 자연스럽게 풍기는 매력이 있다.

⑦ 좋은 선생님은 또 청결한 복장과 밝은 표정을 갖춘 사람이다.

청결한 복장은 자신에 대한 철저한 관리를 나타내며 밝은 표정은 선생님의 마음을 대변한다. 마음 역시 관리가 잘 되어야 좋은 선생님으로서 요건을 갖춘 것이다.

이 모든 것들을 잘 생각하고 포괄하여 지키려 하는 선생님은 자신이 좋은 선생님이 되기 위하여 끊임없이 노력하는 사람이므로 가장 좋은 선생님이라고 할 수 있다.

스마트 학습법

스마트폰을 활용한 공부법

스마트폰으로 유튜브를 보고 게임을 보고 영화와 드라마를 보고 잠시나마 웃음을 가져다주는 그림(짤방) 같은 것을 보는 것을 넘어 스마트폰 안에서는 대학공부까지 할 수 있는 장점이 있다.

결국에 관건은 스마트폰을 활용하여 학습을 하겠다는 의지와 습관을 갖추는 것이다. 자투리 시간을 이용하여 스마트폰을 활용해 잠시만이라도 하루에 5분이라도 영어 단어를 외우고 수학공식을 외우는 습관을 기른다면 놀라운 학습효과를 얻을 수 있을 것이라 믿는다. 공부에 대한 동기부여는 앞에서 많이 언급한 만큼 스마트폰으로 학습을 하고자 하는 의욕이 있는 친구들이 구체적으로 어떻게 수학 공부를 스마트폰으로 하면 좋은지 최선의 방안에 대해 제시하고자 한다.

수학공식 앱 활용

안드로이드 폰의 플레이스토어와 아이폰의 앱스토어에서 '수학'이라고 검색을 하면 정말 다양한 유·무료 앱들이 나온다. 이 앱들 중에 가장 많은 사람이 다운로드한 수학공식 앱을 하나 다운로드한다. 그리고 그 앱을 첫 화면에 이동시켜 놓고 스마트폰을 켤 때마다 들어갈 볼 수 있는 동선을 만든다.

수학공식 앱에는 공식이 어떻게 해서 만들어져 있는지 그 과정이 다 나와 있다. 공식만 달달달 외울 것이 아니라 그 공식이 어떻게 나온 것인지 눈으로 반복해서 보도록 하자. 지하철에서나 버스에서 수학 기본기 학습을 위해서 기본 정리가 잘 되어 있는 인기 앱을 설치하여 공식과 함께 정의, 정리 등을 완전히 습득하도록 하자. 그 단원에서 말하는 수학적인 기본 개념과 원리를 자신이 완벽히 소화하여 친구들에게 가르쳐줄 수 있는 수준까지 반복하고 또 반복하자.

EBS 방송 앱 활용

대한민국 최고의 교사들만 모아둔 EBS 방송. 과연 얼마나 잘 이용하고 있는가? 사교육비를 줄이고 교육 편차를 줄이기 위해 정부에서 얼마나 많은 노력을 하고 있는지 모른다. 특히 최근에는 교과서별 특강도 제공해 갈수록 중요해지는 내신 관리를 잘 해나갈 수 있도록 EBS가 각 지역교육청과 함께 맞춤형 교육서비스를 제공하기 위해 노력하고 있다.

그럼에도 방송을 보는 것은 수동적인 공부가 될 수밖에 없다. 능동적인 공부는 결국 본인 혼자서 하는 것이다. 그래서 될 수 있으면 EBS 시청은 등하교시간이나 자투리시간을 이용해 볼 수 있도록 하자. 스쳐 지나가는 강의에서 얻은 영감을 통하여 그 교과목 외에 다른 교과목에도 접목되어 어떤 교육적 파장이 일어날지 모른다. 스쳐 지나가 듣더라도 분명 내 머릿속에 남아 있다. 특히 EBS가 기본부터 심화 과정까지 단계별 수업을 할 수 있도록 다양한 인강프로그램을 제공하는 만큼 EBS를 적극 활용하자.

수학 인강은 상황을 구분해가며 골라 들어야 한다. 수학 인강을 크게 '개념 강의'와 '문제풀이 강의'로 구분해보자. 먼저 '개념강의'일 경우, 단원의 내용이 아예 처음 보는 선행학습이라면 1강부터 끝까지 다 들어도 좋다. 만약 내가 어떤 단원을 선행학습했고, 학교 수업도 들어서 개념 공부를 다 했다 싶으면 인강에서는 그 단원을 건너뛰어도 된다. 굳이 1강부터 끝까지 다 들을 필요는 없다. '개념 강의'는 잘 모르는 부분만 골라서 듣도록 하자.

선생님은 어떻게 푸는지, 내 풀이법과는 어떤 차이가 있는지 확인하고 넘어가야 한다. 답안지의 해설과 내 풀이법이 동일하고, 모르는 내용이 없다면 굳이 선생님의 풀이를 볼 필요가 없다. 정답을 맞혔다 하더라도 풀이과정 중에 헷갈리는 부분이나 확실히 하고 넘어가고 싶은 부분이 있다면 선생님의 풀이를 봐야 한다.

인터넷 강의는 맛보기 강의를 무료로 볼 수 있기 때문에 그나마 선생님을 결정하기가 수월하다. 다만 문제 풀이 강의를 들을 때에는 반드시 그 문제를 먼저 풀어본 후에 수업을 들어야 한다. 문제 해설 초반을 조금 듣다가 어떻게 풀면 될지 문제 해결의 단서를 찾게 되면 그 즉시 강의를 일시 정지하고 문제를 직접 풀어봐야 한다. 그러다 막히면 다시 강의를 재생하고, 다시 직접 풀어보는 방식으로 문제를 풀어야 한 문제를 풀더라도 완전히 자기 것으로 만들 수 있다.

오늘 맞힌 문제를 내가 1년, 2년 후에 똑같이 맞힌다는 보장은 없다. 하지만 맞힌 문제를 피드백 과정을 통해 한 번 더 머릿속에 새긴다면 문제 해결 능력을 통해 고득점을 얻을 수 있는 지름길이 된다.

기출문제 분석

시험 전에 꼭 들러야 하는 필수 코스가 된 기출문제 분석. 전국의 중간, 기말고사 기출 문제가 연도별로 정리된 기출문제를 활용할 수 있다. 어느 지역 어느 학교든 기출문제는 너무나도 중요하다. 특별히 교육청 문제와 대학수학능력시험도 기출문제 분석에 많은 시간을 투입해야 한다. 기출문제에서 아직 보지 않은 시험지가 있는 것이다. 학교기출문제를 풀어볼 수 있고, 그 시험지와 비슷한 난이도의 쌍둥이문제를 풀어볼 수도 있다. 최근 기출문제와 개념정리를 통해 가장 어려운 심화 단계까지 다양한 난이도의 문제까지 해결할 수 있게 된다.

오답 정리

모르는 문제를 항상 스마트폰 사진으로 찍어두고 걸어 다니면서 그 문제를 계속 고민해보자. 골똘히 그 문제를 고민하다 보면 언젠가 갑자기 스파크처럼 어떻게 문제를 해결하면 좋을지 실마리가 나온다. 특히 수학은 손으로 쓰면서 문제를 풀어야 하기 때문에 갤럭시 노트와 같이 펜이 있는 스마트폰을 사용하는 것을 추천한다. 스마트폰은 나의 또 다른 뇌와 같다. 이 뇌에 기록하고 검색하고 다시 복습할 수 있도록 공부 흔적을 많이 남겨놓길 바란다.

줌인 방송을 통한 수업

코로나 바이러스로 인해 대면을 통해 진행되었던 다양한 일들이 온택트 형태로 온라인상에서 이뤄지고 있다. 수업이나 학습도 마찬가지다. 줌을 비롯한 다양한 영상 교육 소프트웨어를 통해 스마트폰으로 쉽게 교육을 시킬 수 있다. 화상을 통하여 학생들과 직접 눈을 맞댈 수 있고, 화이트보드나 다양한 교육자료를 공유하며 학생을 위한 맞춤형 교육을 실시할 수 있다. 무료로 이용할 수 있는 줌과 카카오톡, 페이스북, 구글 등 다양한 도구가 나와 있다. 학생들이 자주 사용하는 것으로 선택하여 실시간 교육을 펼쳐나갈 수 있다.

IT는 우리 사회에서 떼려야 뗄 수 없다. 코로나19로 인해 더더욱 그 IT 혁명은 우리 사회에 침투해 들어왔다. 교육 혁명시대에 살고 있는 우리는 끊임없는 자기학습을 해나가야 한다. 널리 다양한 IT 기술들을 자기 교육에 적극 활용하여 학업신장에 스스로 도움이 되도록 해야 한다.

스팀(STEAM) 교육

Science, Technology, Engineering, Arts & Mathematics의 약칭으로, 과학기술에 대한 학생의 흥미와 이해를 높이고, 과학기술 기반 융합적 사고력과 실생활 문제해결력을 배양하는 교육이다.

스팀 교육은 실생활 접목형·융합형 즉 교과 통합형이며 수학의 원리를 실생활에서 찾고 다른 과목하고도 접목시켜 또 다른 원리를 찾아내는 내용으로 그 방법은 수학을 이야기로 풀어내는 방식을 거치게 된다. 기존의 공식을 외우고, 답만 쓰는 시대는 가고 아이들의 창의적, 논리적인 생각들을 이용해 문제의 답을 유추해 나가는 방식이다.

※ 과제(프로젝트)에 기반한 과학, 기술, 공학, 예술, 수학 등 교과 간의 융합적 교육

– 예시: '미래 자동차 만들기'라는 주제(문제)에 대해 과학, 기술, 공학, 미술 분야의 지식과 개념 적용

– [과학] 자동차 배기가스와 미세먼지에 대해 알아보기, [기술] 자동차에 필요

한 각종 장치 구현해보기, [미술] 자동차 디자인하기, [공학] 환경 친화적인 자동차 상용화 방안 탐색하기

최근 4차 산업혁명과 인공지능(AI) 기술 등의 발전으로 학교 현장에서 학생들의 과학적 사고력과 역량을 키워주는 스팀 교육의 중요성이 더욱 부각되고 있다. 이에 교육부는 정보통신기술(ICT), 빅데이터 등을 활용한 스팀 프로그램을 개발하여 학교 현장에서 첨단 과학기술과 연계한 융합 수업을 실행할 수 있도록 지원하였다. 그리고, 학교에서 다양한 스팀 수업을 실행해보고, 학교 현장에 맞는 우수한 스팀 교육 모델을 발굴하기 위해 스팀교육 선도학교를 약 300여 개로 확대하였다.

※ 스팀 선도학교: (2017년) 57개교 → (2018년) 103개교 → (2019년) 299개교

100

PART:7

성적향상 성공사례

성적향상 성공사례

실패를 극복하라

우리는 제로섬 법칙이 지배하는 무한 경쟁사회를 살아간다는 말을 종종 듣는다. 하지만 진정 우리가 '승자가 있으면 패자가 존재하여야만 하는 경쟁사회'에서 살아가고 있다면, 가장 큰 경쟁자는 자기 자신이다. 나와의 싸움에서 이기려고 최선을 다했다고 전하는 그 수많은 성공스토리는 뭘까?

모든 시험문제는 수업시간에 배운 내용 중심으로 나오게 되어 있다. 수업시간에 집중하고 교과서와 참고서로 배운 내용을 잘 복습한다면 만점 맞지 못할 이유가 없다. 게다가 모든 시험문제는 주어진 범위 안에서 출제된다. 가르쳐 준 범위에서 문제가 나오는데 왜 한 문제라도 틀리는 계획을 세우는가? 물론 실제로 모든 과목에서 만점 맞기란 쉽지 않다. 하지만 목표는 만점으로 삼아야 한다. 그러고 나면 같은 반 친구 중 누구도 경쟁자가 되지 않는다. 오로지 나 자신이 배운 내용을 얼마나 이해하고 외웠는지가 중요해지므로 공부는 나 자신과의 싸움이 되는 것이다.

상대적으로 더 높은 점수를 받는 데 급급하지 말고 절대적으로 모든 과목의 만점을 목표로 세울 것을 권한다. 그리하면 공부에서 경쟁자는 나밖에 없음을 알게 될 것이다. 나를 이기는 것이 모두를 이기는 것이 되는 공부의 상생(win-win) 전략은 여기서 나온다. 혹시 목표달성이 되지 않을 때는 다시 점검하여 무엇이 문제인가를 분석하고 다음 시험에 보완할 수 있도록 최선을 다하여야 한다. 특히 중간고사 끝나는 날 기말고사 대비계획을 세울 수 있다면 성공을 기대할 수 있다. 아무리 생각보다 낮은 점수를 받더라도 단계적 준비(step by step)를 통해 나의 목표를 향해 꾸준히 노력하는 인내와 투지가 필요하다.

진정한 성공을 거두기 위해서는 반드시 실패를 두려워해서는 안 된다. NASA는 우주 비행사를 뽑을 때 중대한 실패를 경험한 사람을 뽑았다고 한다. NASA는 달 착륙을 위한 아폴로 11호에 탑승할 우주 비행사를 선발하려고 수많은 지원서를 받았다. 먼저 경력과 이력 사항을 보고 1단계 심사를 했는데, 통과한 사람이 수천 명에 달했다.

그다음 단계로 아주 특이한 테스트를 했다. 인생에서 심각한 위기를 겪지 않고 또 슬기롭게 실패를 극복한 경험이 없는 후보자들은 제외되었다. 일반적으로 생각하면 한 번도 실패를 겪지 않은 사람을 선발하는 것이 합리적으로 보인다. 그러나 NASA는 실패 경험이 있는 사람들을 선발했다. 여기에서의 분명한 전제는 한 번도 실패를 경험하지 않은 사람보다 실패를 경험하고 다시 일어섰던 사람이 더 강하고 뛰어나다는 것이다.

맞춤 사례1: 동기부여

① 친구들의 노하우를 내 것으로(서울대학교 의과대학 김경수 학생)

성격이 쾌활하고 좋으며 항상 주변에 친구가 많았던 김경수 군의 사례다. 경수 군은 밝은 성격으로 친화력이 좋았다. 주변에 친구들이 많다보니 그중에는 공부 잘하는 친구들도 있었다. 그러나 정작 자신은 성적이 그다지 좋은 편이 아니었다. 그러던 중 공부를 잘하는 친구들은 다른 친구들과 공부에 관련해서 다른 면이 있다는 것을 깨닫게 되었다. 그 다른 점이 구체적으로 무엇인지 궁금해진 경수 군은 친구 몇 명을 지속적으로 관찰하게 되었다. 그리고 관찰한 결과 중에서 자신이 소화할 수 있는 공부 방법을 추려 내 자신에게 맞는 공부법을 찾기로 마음먹었다.

관찰을 거쳐서 경수 군이 처음으로 발견하고 자신에게 적용한 것은 자신에 대한 믿음을 가지는 것이었다. 자신에 대한 믿음은 곧 긍정적 사고와 직결된다고 볼 수 있다. 자신이 해낼 수 있다는 굳은 신념은 자신과의 싸움에서 승리할 수 있는 원동력이 된다. 이렇듯 공부를 목표로 하는 친구들은 한결같이 자신이 뜻한 바를 이루기 위한 굳은 신념을 가지고 있었다. 경수 군 자신도 이런 친구들을 보고 놀라움을 감출 수 없었다고 한다. 또한 친구들이 뚜렷한 자기 목표를 가지고 흔들리지 않는 믿음을 바탕으로 쉬지 않고 한 발씩 앞으로 나가는 모습을 보고 부끄러움을 가졌다고 한다. 이렇게 자신에 대한 긍정적인 사고를 바탕으로 목표를 세워 부단한 노력을 하게 된다면 자신이 원하는 것을 이룰 수 있을 것이다.

두 번째로 배울 수 있었던 것은 철저한 자기 관리였다. 경수 군은 친구들을 관찰한 결과 그들이 철저히 자신을 채찍질 하면서 부족한 부분을 보완하려고 노력하고 있다는 점을 알아차릴 수 있었다. 이 세상에 완벽한 사람은 없으며, 아무리 공부를 잘하는 아이더라도 안 좋은 공부 습관 하나쯤은 가지고 있기 마련이다. 하지만 경수 군이 관찰한 것과 같이, 공부를 잘하는 아이와 그렇지 않은 아이의 차이점은 그 안 좋은 습관을 바로잡으려는 노력이다.

자기관리는 자기 자신을 철저히 분석하고 이해하여야만 가능하다. 자신의 부족한 부분을 알아야 그 부분을 집중적으로 수정, 보완할 수 있기 때문이다. 학교 수업에서 부족한 부분을 학원 수업을 통해 철저히 보충한다든가, 그래도 미진하다 싶으면 자신이 스스로 해결법을 강구하는 것이다. 그리고 그에 따른 시간 관리도 따른다. 남들이 그냥 허비하는 짧은 시간까지도 아껴 쓰는 것이다. 틈새 시간을 어떻게든 찾아내어 자신의 것으로 만들어 내는 모습에 감탄하지 않을 수 없었다. 물론 그렇다고 쉬지 않고 공부만 하는 것은 절대 아니라고 한다. 풀어질 땐 확실하게 풀어주되 긴장할 땐 더욱 통제하여 자신을 한층 단단하게 만든다고 한다. 이러한 것들은 단시간에 몸에 밸 수 있는 것이 아니다. 조금이라도 일찍 자신에게 맞는 방법을 찾아내어 자신의 몸에 맞추는 것이 급선무인 것이다.

세 번째로는, 자신의 취약한 과목을 정확하게 알아내어 주변의 도움을 제대로 받는 것이다. 공부를 잘하는 학생이라도 상대적으로 취약한 과목은 있기 마련이다. 이런 부분은 오히려 당당하게 드러내어 주변의 도움을 받는 것이 현명하다. 궁금한 것을 끝끝내 알아내야 다음 단계로 넘어갈 때 걸림돌이 되지 않는다. 그렇기 때문에 모르는 것을 숨기려고 하지 말고 주변의 친구들이나 선생님께 물어 궁금증을 해소하는 것이 중요하다. 경수 군은 집요하고 끈기 있는 자신의 성격의 강점을 공부와 연결시키기로 마음먹었고, 그것은 경수 군에게 큰 도움이 되었다.

경수 군의 경우와 같이 주변의 친구나 선생님, 부모님 등을 가까이서 관찰하고 그들의 장점을 자신의 것으로 만드는 것을 멘토라고 한다. 한 교육전문가는 학생들이 자신이 정한 멘토처럼 행동하면 주위에서 좋은 영향을 받을 수 있는 기회가 증가한다고 믿기 때문에 멘토를 모방한다고 말했다. 이처럼 멘토를 정해놓고 그 멘토를 모방하려는 노력을 하면 결과적으로 자신을 긍정적인 방향으로 변화시킬 수 있게 된다. 멘토를 통한 모방은 자기 발전에 있어서 필수적인 것이다. 모방은 또 다른 창조를 낳는다는 말이 있듯이, 좋은 방법을 모방하는 것은 나 자신에게 가장 알맞은 공부법을 찾는 데 있어서 시작점이 될 수 있다.

경수 군은 친구들의 장점을 자신의 것으로 만드는 노력을 게을리하지 않았고, 이는 훗날 그가 자신이 원하는 대학에 합격할 수 있도록 도와준 중요한 밑거름이 되었다. 이처럼 남을 모방하는 것을 무조건 나쁜 것이라고 생각해서는 안 된다. 그렇기 때문에 항상 좋은 습관이나 사고방식, 공부방법 등을 받아들이고 나 자신에게 적용시키려는 열린 사고를 가지고 있어야 한다.

② 성공적 동기부여(서울대학교 공과대학 김창완 학생)

김창완 군의 경우는 평소 책을 많이 읽는 편이었다. 그리고 머리는 좋은 편이나 공부할 의욕이 전혀 없는 경우에 속했다. 주변 환경이 공부에 집중할 수 있는 분위기였음에도 불구하고 공부에 대한 의지가 전혀 없었다. 그렇기 때문에 창완 군의 경우는 우선 상담을 통해 자신이 공부를 왜 해야 하는지 점검하는 시간을 가졌다. 그 과정에서 창완 군은 자신이 원하는 서울대학교 공과대학에 합격을 꿈꾸게 되었다. 그리고 자신의 꿈을 이루기 위해서는 공부를 게을리해서는 안 된다는 결론을 내리게 되었다. 이렇게 자신의 목표를 구체화하고 스스로 동기부여를 한 이후에는 마음을 가다듬고 수업에 임하기 시작하였다.

우선 뒤처진 학습 진도를 맞추기 위해서 학원에서 학습관리에 들어가게 되었다. 수업 시간마다 철저한 복습과 예습을 하고 배운 것은 자기 것으로 소화시키는 것에 주력하였다. 이렇게 학원 수업을 통한 진도 보충과 선생님들의 격려를 통해 창완 군은 점차 용기를 갖게 되었다. 그리고 자신의 목표에 대한 꾸준한 의지와 지속적인 노력의 결과로 창완 군의 학교 성적은 수직으로 상승하는 결과를 보였다. 이처럼 남들이 늦었다고 할 때라도 자기 자신이 목표한 바에 따라 의지를 가지고 열심히 하면 좋은 결과를 가져오게 된다.

오랜 시간 교육 현장에 몸 담아온 필자처럼 여러 가지 사례를 접하다 보면 성공하는 경우와 실패하는 경우를 두루두루 볼 수 있다. 성공과 실패에는 여러 변수가 있지만 이 모든 사례를 관통하는 한 개의 공통점을 찾을 수 있다. 성공하는 경우는 자기 자신을 최고의 경쟁자로 삼아 내면의 적을 몰아내서 이겨낸 결과이다. 반면에 실패하는 경우는 자신과의 싸움에서 내면의 적에 동화되어 이겨내지 못한 나약함의 결과이다. 이처럼 자신과의 경쟁에서 이겨낸 사람만이 최후의 승자가 될 수 있다. 이 책을 읽고 있는 여러분도 당당히 자신과의 싸움에서 승리를 거둘 수 있기를 바란다.

③ 서울대학교 입학 동기가 된 빨간 딱지(서울대학교 사범대학 홍정근 학생)

홍정근 군(서울대)은 초등학교, 중학교 때 성적이 좋지도 나쁘지도 않았다. 초등학교 땐 반에서 8~10등 정도였고, 중학교 때 본 모의고사에서 전교 20등 안에 든 적도 있었지만 대체로 반에서 6~9등 사이에 머물렀다.

초등학교 때 생활은 태권도, 피아노, 컴퓨터 학원에 다닌 것이 전부였다. 요즘 대부분의 가정은 부모들이 맞벌이를 하고 있다. 정근군 역시 어머님이 직장생활을 하셨기 때문에 친구들처럼 보살핌을 받는 것은 엄두도 내지 못했다. 혼자서 생활하는 시간이 많아지면서 동화책을 읽는 거 빼고는 별다른 취미도 없었다. 그렇기 때문에 스스로 공부하는 것을 자연스럽게 받아들이게 된 것 같다. 시험에 대한 준비도 해 본 기억이 없을 정도이다. 시험이 내일인데도 공부를 해야겠다는 뚜렷한 목표 의식조차 가지고 있지 않았다.

중학교에 와서도 별다른 변화가 없었다. 다만 시험 전날에만 교과서를 한번 훑어보는 정도였다. 다른 친구들처럼 형이나 누나에게 공부법에 대한 조언조차 접할 길이 없었다. 다른 친구들이 어떤 참고서를 쓰는지도 알지 못했다. 학원을 다니라고 이야기해주는 형이나 누나도 없었다. 다만 영어학원만은 어머니의 성화에 못 이겨 초등 5학년 때부터 고등학교 2학년 때까지 다녔다. 이것이 영어 실력을 쌓을 수 있었던 계기였던 것 같다.

중학교 3학년 때 공부를 해야겠다는 생각을 하게 된 계기가 있었다. 다름 아닌 특별반 선발 시험이었다. 배우지도 않은 어려운 문제들을 접하게 되었다. 다른 몇몇 아이들은 벌써 그 교육과정을 거쳤다. 이들이 특별반에 선발되는 것은 당연한 일이었다. 그 아이들이 부럽기도 하고 대단하게 생각되기도 했다. 그 이후 인문계 고등학교에 진학하여 야간자율학습과 선행학습을 하면서 공부에 대한 관심을 갖게 되었다. 그때부터 본격적으로 공부에 대한 열정이 생긴 것이다.

정근 군은 내신 성적이 그다지 좋은 편은 아니었다. 반에서 4~6등 정도의 수준을 유지하는 편이었다. 그래서 자신만의 공부 방법을 많이 생각해보았다. 공부를 잘하는 아이들의 공부방법에 관심을 가지고 관찰하기도 했다. 그 아이들의 특성은 자기만의 원칙을 정해 놓고 철저하게 자기관리를 한다는 점이었다. 이런 것을 벤치마킹해서 자신만의 공부 원칙을 정하기로 마음먹게 되었다.

정근 군이 고등학교에서 본격적으로 공부하기로 마음먹으면서 정한 원칙은 다음과 같다.

첫째, 신체의 리듬을 절대 깨지 말자. 보통 밤샘 공부를 하면 시간적으로 공부를 많이 했다는 생각을 가지게 된다. 그러나 정근 군은 다음날 아침 제 컨디션을 유지하는 데 시간이 많이 걸린다는 것을 깨달았다. 따라서 시간의 기준을 정해 놓고 그 시간이 되면 미련 없이 책을 덮고 잠을 청하곤 했다. 그랬더니 다음 날 아침 컨디션 유지와 수업의 집중력이 향상되는 것이 확연히 느껴졌다. 이처럼 자신의 신체리듬을 파악하여 공부 시간을 정하는 것이 좋다. 공부는 체력과의 싸움이기 때문이다.

둘째, 자신과의 약속은 꼭 지킨다. 자신이 그날 하기로 마음먹은 공부의 양은 철저하게 지키는 것이다. 그렇게 되면 절대로 공부할 양이 밀리거나 앞서 나가지 않는다. 컨디션이 좋다고 공부할 양을 앞서 나가는 것 또한 자신과의 약속을 어기는 것이다. 어차피 공부는 하루 이틀만 하고 끝나는 것이 아니라 꾸준히 지속적으로 해야 하는 장기전이라는 것을 명심해야 한다. 또한 자신과의 약속을 지키는 것을 몸에 익힌다면 훗날 대학 생활이나 사회생활에서도 커다란 영향을 주게 될 것이다.

셋째, 공부하는 체질로 바꾸자. 일단 나를 정확하게 파악해서 공부 방법의 장단점을 쭉 적어보는 것이다. 공부 잘하는 친구들의 방법도 나에게 맞는다면 과감히 흡수해야 한다. 공부하는 방법을 단계별로 적어보고, 그 과정으로 결정하였다면 수행하는 것이다. 공부는 엉덩이로 한다는 말이 있다. 그만큼 끈기와 집중력을 필요로 한다는 것이다.

끈기와 집중력은 자신의 의지와도 관련된다. 의지를 가지고 공부하는 습관을 들이는 것을 1단계로 하여 2단계는 자신이 이해할 수 있을 때까지 포기하지 않는 것이다. 이 단계에서 꼭 자신이 혼자서 끙끙 앓으며 해결하라는 것은 아니다. 모르면 질문으로 해결하라. 친구나 선생님에게 도움을 받는 것이다. 3단계로는 자신의 취약 부분을 파악하는 것이다. 오답노트를 활용하거나 틀렸던 문제를 다시 보는 것이다. 이때 약간 유형이 다른 문제지 두 가지 정도를 비교하는 것도 좋다. 자신이 자주 틀리는 부분을 정확하게 진단한다면 두 번 다시 틀리는 우를 범하지 않게 된다.

넷째, 목표를 확실하게 정하자. 중학교 때 만화책을 보면서 일본어를 배워야겠다는 확실한 목표를 세웠다. 그 목표에 따라 일본어를 혼자서 익히게 되었다. 고등학교 때 제2외국어로 중국어를 선택하여 지금은 상당한 수준의 중국어를 구사할 수 있게 되었다. 서울대에 입학한 것도 이와 같은 맥락이다.

고등학교 2학년 때의 일이다. 당시 정근 군의 어머니께서 가까운 지인에게 보증을 선 것이 잘못되어 집에 집달관들이 들이닥치는 일이 생겼다. 소위 말하는 빨간딱지들이 가재도구를 비롯해 여기저기에 붙는 광경을 보게 되었다. 그런데 어머니께서 보증 선 그 지인은 자신의 재산을 미리 빼돌려 정작 자신에게는 피해가 가지 않았다. 너무 억울한 일을 당하고 만 것이다. 이러한 경험이 서울대학교를 목표로 정하게 되었다. 이렇게 목표를 구체화한다면 지금 현재 자신이 어떤 생각을 가지고 공부를 해야 한다는 것이 보이게 된다. 목표가 있었기 때문에 가능한 일이었다.

맞춤 사례2: 나만의 학습비법

① 공부도 짜임새 있게(서울대 영어영문학과 김유빈 학생)

서울대 영어영문과 김유빈 학생에게 공부 잘하는 비결을 묻자 정리를 잘하는 것이라고 답하였다. 국어·수학·영어·사회 등 중학교 때부터 고등학교 때까지 학교에서 배운 모든 과목을 나름대로 정리하는 것이다. 산만하게 펴져 있는 것을 하나로 집약하는 것이기 때문에 효과적이다. 그리고 정리하는 과정에서 중요한 핵심어나 공부의 기본 골격을 파악할 수 있다.

- 국어는 모의고사 중심, 수학은 개념정리 및 문제풀이 반복

공부 시간 중 가장 많은 시간을 할애한 과목은 국어와 수학이다. 국어는 시간 관리를 확실히 연습하기 위해서 모의고사 중심으로 제한 시간을 두고 한 번에 풀었다. 수학은 주로 쉬는 시간 등 자투리 시간을 이용해 개념정리를 바탕으로 한두 문제씩 여러 번 풀었고, 틀린 문제 유형은 오답노트에 따로 정리하여 부족한 부분을 익혔다. 또한 제한시간을 두고 모의고사 보는 기분으로 푸는 연습도 게을리하지 않았다. 영어는 문법과 단어를 틈틈이 봤고, 사회의 경우 두 과목을 하루 1시간에서 1시간 반 정도 꾸준히 공부했다고 한다.

서울 한영외국어고를 졸업한 그는 학교 내에서 대체로 상위권에 속했고, 졸업할 때는 전교에서 3등이었다. 내신 관리 때문에 학교시험 기간엔 거기에만 충실했다. 사회 탐구의 경우 평소에 정리해 둔 노트에서 시험범위를 뽑아 그 부분만 전부 외우는 기분으로 공부했다고 한다. 문제집이나 그동안 풀어본 기출문제의 시험범위 부분만 다시 보면서 틀린 것을 점검했다.

- 고등학교 때는 하루 7~9시간 공부해

학교 수업 시간을 제외하고 쉬는 시간과 자습시간, 집에서 혼자 공부하는 시간을 합친 하루 평균 공부 시간은 대략 7~9시간, 밤 12시쯤

잠을 자고 아침 6시에 일어났다. 초등학교와 중학교 때 국어 · 영어 · 수학 등 주요 과목에 대한 공부를 어떻게 했을까? 초등학교 때는 피아노만 꾸준히 했다고 한다.

국어는 특별한 게 없었다. 어릴 때부터 그저 책을 많이 읽었다. 초등학교 때부터 도서관을 다녔는데, 1권은 추천도서로, 2권은 읽고 싶은 흥미 위주의 추리소설 등을 빌려 읽었다고 한다.

수학은 참고서와 문제지로 공부했다. 학원 수업을 통해 수학 개념을 배웠고, 과제로 준 문제지를 풀었다. 복습도 많고 문제도 단순 계산이 많아 좀 지루했지만, 반복 학습을 통해 문제 푸는 속도가 빨라지고 공식도 쉽게 외울 수 있었다고 한다.

영어도 수학과 같이 학원 수업을 통해 공부했다. 지문을 주고 그에 관련된 문제를 푸는 형식이었는데, 이 때문에 독해는 고교 때까지 별 문제가 없었다. 하지만 문법은 꽤 약했다. 중학교 때 크게 시험에서 실패한 이후 문법책으로 공부했다. 중2 때부터 외국인이 가르치는 회화학원을 다녔는데, 영어에 대한 두려움을 어느 정도 없애 주었다.

논술과 심층면접은 학교 친구들과 학원에 다니며 대비했다. 논술 준비는 고전을 읽으며, 일주일에 두세 차례 논술을 직접 써 보았다. 논술시험 일주일 전부터는 하루 한 편씩 논술을 썼다. 실제 논술시험은 문제 유형이 새로워 약간 당황했지만 나름대로 분석을 하면 된다는 생각으로 임하였다.

심층면접 때는 교수님들의 구체적인 질문에 핵심을 빗나간 다소 엉뚱한 대답을 했다. 질문도 생각한 것보다 훨씬 날카로워 급조된 임기응변으로는 넘어가기 힘들다고 말했다.

② 공부를 위한 습관(서울대학교 국어국문과 정지애 학생)

정지애 학생의 경우, 공부에 대한 감각이 있었으며 열심히 하는 편이었다. 그러나 노력에 비해 학습 성과는 그리 좋지 못했다. 원인 파악 결과, 지애 양의 성격 특성상 주변 환경의 영향에 쉽게 노출되어 집중하는 데 방해를 받고 있었다. 학습 장소로는 평소 학교나 독서실을 이용하는 편이었다. 하지만 친구들과의 잦은 휴대폰 문자 메시지와 호출은 집중력에 큰 방해 요소로 작용하였다. 습관적으로 책상 위에 휴대폰을 올려놓고 공부를 하게 되어 자꾸 눈길이 휴대폰으로 가게 되는 것이었다. 그리고 공부하는 습관에서도 학습 원칙을 정해놓지 않고 이것저것 손대는 편이었다. 이러한 휴대폰에 관한 습관을 해결하기 위해서 학원에서 수업할 때 휴대폰 관리 전용 Box에 휴대폰을 학원종료시간까지 보관하고 수업에 집중할 수 있는 훈련을 통해 효율적인 학습습관을 갖게 되었다.

지애 양의 경우 필자와의 상담 결과 몇 가지 문제점이 지적되었다. 어려서부터 공부에 대한 의욕은 있었으나 한 가지에 오래 집중하지 못하는 습관이 있었던 것이다. 이에 따라 집중력을 높이기 위해 시간 관리에 따른 학습법을 권유하고 학습 환경 또한 자신의 성향에 맞춰 조성할 것을 권하였다.

많은 학생들이 평소에 공부를 하려고 할 때, 우선 학습 계획표를 세우게 된다. 학습 계획표는 자신이 현실적으로 실천할 수 있는 시간을 안배하여 효율적으로 작성하는 것이다. 그런데 요즘 학생들은 계획을 세우고 이를 실천하는 데 있어서 시간이 없다는 이유로 계획표가 무산되는 사례가 많다.

계획표는 남들과 똑같이 주어진 시간을 어떻게 관리하느냐에 따라 성패가 나뉜다. 자기가 세운 목표를 성공적으로 이루기 위해서는 자기 시간의 통제가 중요하다. 쓸데없는 것에 낭비하는 시간을 계산해보면, 자기 스스로 공부할 시간이 없다는 것은 한낱 핑계에 불과하다. 학원을 다녀야 하기 때문에 혼자서 공부할 시간이 없는 경우, 스마트폰을 활용하여 암기하며 영어 공부를 할 수도 있다.

정지애 양처럼 무엇을 어떻게 해야 할지 모르는 경우, 하루의 일과를 적어보게 한다. 그리고 난 후 활동한 시간을 적게 한다. 그렇게 되면 자신이 허비한 시간에 대한 반성도 되고, 시간이 없다는 생각이 바뀌게 된다. 그리고 자신이 하고자 하는 목표를 분명히 하는 것이다. 목표가 있어야 생각이 구체화되고 실천이 가능해지기 때문이다. 계획은 계획으로 끝나서는 안 된다.

학습계획표를 만들때는 먼저 대단위의 목표를 세운다. 몇 개월 내에 영역별로 어떤 교재를 선택하여 얼마만큼 공부를 할 것인지를 정한다. 기간을 정하고 나서 과목별로 교재의 총 페이지 수를 나누어 하루에 소화할 수 있는 분량을 정한다. 그날의 계획을 실행한 후에는 파란색 펜으로, 실행이 되지 않은 것은 붉은색 펜으로 체크한다. 이렇게 하면 한눈에 성과 정도를 파악할 수 있게 된다. 계획의 성취도를 시각적으로 파악하게 되면 자신이 스스로 지켜야 한다는 생각을 갖게 된다.

만약 일주일 단위의 계획에서 화요일의 계획이 실행되지 않았을 경우 뒤처진 진도를 따라 미뤄진 분량을 이후에 일정하게 분배한다. 이렇게 조절된 내용을 일주일 단위의 칸에 기입하여 자신의 계획이 잘 지켜지는지, 아닌지를 체크한다. 계획을 조절할 때에는 큰 목표에서 벗어나지 않도록 융통성을 발휘하여야 한다. 하지만 가장 중요한 것은 자기가 계획을 잘 지켜나가는 것이다.

이러한 방식으로 자신을 채찍질해 나간다면 시간 관리에 대한 개념이 확실히 잡힐 뿐만 아니라 자신만의 학습계획표를 세울 수 있게 된다. 이렇게 되면 시간 관리에 대한 자신감이 생기게 되고 공부에 대해서도 확실한 목표를 세울 수 있다. 시간을 지배하는 사람만이 자신이 가고자 하는 길을 갈 수 있다. 시간을 지배하자!

③ 나만의 학습비법(서울대학교 경제학과 최현우 학생)

공부를 하면서 가장 중요한 것은 노력일 것이다. 하지만 이 노력은 스스로 공부를 해야겠다는 동기가 있어야만 생긴다. 최현우 군의 경우, 중학교 2학년 때까지 그다지 공부에 대한 열정이 없었다. 보통 서울대생들이 초등학교 때부터 전교에서 수위를 다투던 실력인 경우가 많다. 그에 비해 현우 군은 중학교 시절, 반에서 20위 권 안팎으로 그럭저럭 공부를 하던 학생이었다.

공부가 가장 중요하다고 생각하시는 부모님을 많이 힘들게 한 시기가 바로 이 중학교 시절이었다. 그때까지도 친구들과 어울려 축구를 하고 노는 것을 더 좋아했었다. 공부를 할 의지나 열정 자체가 전혀 없었던 것이다.

중학교 2학년이 끝나가던 겨울 어느 날 어머님께서 공부에 대한 의욕이 없다면 기술을 배우는 게 어떻겠냐는 제안을 해 오셨다. 공부에 의욕이 없는 아들에게 공부를 계속하게 한다면 자식의 미래에 오히려 해가 될 수도 있다는 결론을 내리신 것이다. 그 당시 현우 군이 받은 충격은 상당했었다. 그리고 현우 군은 중학교 3학년이 시작되면서 제대로 공부하기로 마음을 먹게 되었다.

현장에서 보면 현우 군과 같이 부모님의 기대치를 뼈저리게 느끼게 되어 스스로 공부를 하게 된 경우가 많이 있다. 이는 부모와 자식 간의 깊은 유대감과 사랑을 통해 전달될 수 있기 때문인 것 같다. 남들보다 늦게 공부를 해야겠다는 계기와 동기부여를 갖게 된 현우 군이 기초부터 따라잡을 수 있었던 방법을 알아보자.

급한 마음에 중학교 2학년 겨울방학이 시작되자마자 학교 근처의 학원에 등록하였다. 중학교 2학년을 대상으로 중3 과정을 미리 공부하는 수업이었는데, 막상 공부를 제대로 하려고 보니 기초가 턱없이 부족하다는 것을 알게 되었다. 중학교 1, 2학년 때 기초를 제대로 다지지 않으면 학년이 올라갈수록 따라가기 힘들다. 그때 만난 학원 선생님의 공부에 대한 열정이 인생의 전환점이 되었다.

우선 기초가 제대로 갖춰져 있지 않았기 때문에 현우 군은 수업을 따라갈 수가 없었다. 그때의 참담한 심정은 이루 말로 표현할 수가 없었다. 급기야는 학원 선생님의 별도 지도를 받게 되었고, 모르면 알 때까지 물어보는 과정을 되풀이하면서 점점 자신감이 생기기 시작했다. 학교 선생님이든 학원 선생님이든 간에 좋은 선생님을 만난다는 것이 인생의 몇 안 되는 행운에 속한다고 본다. 이처럼 가속이 붙은 자신감과 더불어 공부에 재미가 붙기 시작했다. 몰랐던 것을 알아가는 즐거움은 아마 느껴본 사람만이 알 수 있을 것이다. 두려움 때문에 시작도 해보지 않고 포기한다면 평생 후회할 일만 생기게 되는 법이다. 일단 첫발을 내딛어 보라. 그러면 생각보다 어렵지 않다는 것을 알게 될 것이다.

- 한번 잡은 것은 될 때까지 한다

본격적으로 공부를 시작하게 된 것은 고등학교 시절이다. 사실 고등학교 공부도 중학교 공부의 연장선이다. 하지만 사고력을 요하는 높은 수준의 문제들을 해결해야 한다. 따라서 중학교 때의 공부 방법을 고등학교에서도 적용한다는 것은 무리이며 비효율적이라는 생각을 갖게 되었다. 고민하던 중에 필자에게 상담을 요청하였다. 공부 방법을 바꾸어 보려는 시도였다.

상담을 통해 얻게 된 것이 본인만의 공부법을 찾아낸 것이다. 이전의 공부방법은 하루에 여러 과목을 조금씩 나누어 공부하던 방식이었다. 하지만 흐름을 이해하지 못하고 넘어가는 부분이 많아 전체적인 흐름을 놓치는 것이 최대의 취약점이었다. 그래서 공부 방법을 남들과는 다른 방법으로 하기로 하였다.

우선 한 과목의 흐름이 명확하게 잡힐 때까지 그 과목을 놓지 않았다. 며칠이 걸리든 전체적인 흐름이 머릿속에 정리될 때까지 하게 되었다.

또 한 가지는 쉬운 수준으로 접근하지 말아야 한다. 최근 시험은 기본적으로 학생들의 사고력. 즉, 문제해결능력을 측정하는 시험이다. 주어진 지문이나 자료를 바탕으로 출제자가 의도한 결과를 이끌어낼 수 있는 사고력을 가지고 있는가를 판단하는 시험이다. 이에 대한 공부 방법은 사고력 향상 위주로 가닥을 잡아나가는 것이 중요하다. 자신의 수준보다 한 단계 높은 문제들을 접하는 것이다. 문제를 읽었을 때 바로 그 답을 알 수 있는 문제는 사고력 향상과는 거리가 멀다. 이런 문제를 많이 풀었다고 내심 속으로 자만하고 있지는 않은지 생각해 보아야 할 것이다. 자신을 함정 속에 빠뜨리는 결과만을 초래할 뿐이기 때문이다.

스스로 판단하여 자신이 어렵다고 생각되는 문제와 정면으로 맞서야 한다. 이에 대한 해결책을 찾아 여러 각도로 생각해보고 남들이 생각하지 않는 방법으로도 고민해보는 것이다. 이러한 사고과정 속에서 자신의 사고력은 몰라보게 향상된다. 쉬운 것에 현혹되지 말고 어려운 과정을 선택하자. 그리하면 남들이 어렵다고 가지 않는 길을 쉽게 갈 수 있다.

- 때로는 곰처럼 우직한 것도 공부의 최선책

자신의 주관적인 판단이 옳다고 우긴 적이 있는가? 없다고 하는 사람은 거의 없을 것이다. 시험에서도 마찬가지다. 자신이 별로 중요하지 않다고 생각했던 문제가 출제되었을 때의 당혹감은 느껴본 사람만이 알 수 있다. 항상 예외란 있는 법이다. 상담 시 알게 된 취약점은 바로 암기식으로 공부한다는 점이었다. 즉, 전체적인 흐름을 알되 세부적으로도 꼼꼼하게 공부해야 한다는 사실을 알게 된 것이다. 자신 있다고 생각했던 부분에서 출제되었어도 틀리는 경우가 많아진다.

모든 공부의 기본은 철두철미해야 한다. 기본에 충실하고 나무도 보고 숲도 보는 학습의 지혜가 필요하다. 곰처럼 우직하게 공부하는 방법을 택하는 것도 최선책일 것이다.

④ 수학 1등급 정복 성공기(성균관대학교 정미래 학생)

저는 중2 때부터 수학을 놓았던 학생이었습니다. 중2학년 1학기 기말고사 때 태어나서 처음으로 60점대라는 충격적인 점수를 받았습니다. 그 이후로 수학이 너무나 싫고 수학 시험지만 받아들면 머릿속이 텅 비고 아무 생각이 나지 않는 일들이 반복되었습니다. 설상가상으로 고등학교에 올라오니 보는 시험이 더 많아지더군요, 내신과 함께 매달 봐야 하는 모의고사에서 수학은 정말 제 성적의 스트레스였습니다. 고1때 저의 수학 내신 등급은 말하기에도 부끄러운 4~5등급이었습니다. 모의고사도 마찬가지로 3~4등급 나오기가 일쑤였습니다.

다른 과목 성적은 꽤 좋은 편이었는데 하루는 고1 담임 선생님께서 저를 부르시더니 "너는 다른 과목은 상위권인데, 왜 수학만 바닥이냐?"라고 핀잔하시기도 하였습니다. 그 정도로 수학은 큰 걸림돌이었고 스트레스였습니다. 고2학년 때 올라오면서 수학1은 새로운 내용이라 열심히 풀었습니다. 그 결과 내신은 올랐습니다. 하지만 모의고사는 여전했습니다. 고1 과정과 연계되어 나오기 때문에 고1 과정, 중학수학을 포기했던 저로서는 도저히 손을 댈 수도 없는 문제들이었습니다. 고2때까지 저는 수학 모의고사에서 한 번도 시간이 부족했던 적이 없었습니다. 너무 잘 풀어서가 아니라 제가 풀 수 있는 문제는 매우 적었고 나머지 풀지 못하는 문제들에 대해선 그저 찍을 수밖에 없었기 때문입니다. 고3은 다가오는데 수학 성적이 오르지 않는다는 것은 상상도 못 할 스트레스입니다.

그러다 고3을 시작하기 전 겨울 방학 때 저의 아버지의 서울대학교 동문이신 강남의 유명한 학원 원장님의 소개로 방용찬 교수님을 만났습니다. 교수님을 처음 만났을 때의 저는 매우 심각한 상태였습니다. 수학에 대한 자신감은 바닥이고, 문제가 어려워 보이면 시도조차 하지 않고 '아, 이건 내가 못 푸는 거야'라고 생각하며 포기했습니다. 그러나 교수님과 수업을 하며 기초부터 하나하나 다져나가고 문제를 두려워하지 않는 법을 배웠습니다.

특별히 수업내용은 수학 용어의 정의를 정확히 해주시고 정의에 따른 공식 유도와 수학의 개념 정리와 단원의 정의를 단순화하여 문제에 접근하는 훈련을 통하여 수학 문제를 쉽게 해결하는 능력을 키우게 되었습니다. 수능에 나오는 여러 단원이 복합적으로 얽힌 복잡한 수학 문제와 서술형 문제의 해결도 문제 조건을 정확히 분석하여 답을 찾아낼 수 있도록 수학을 쉽게 설명해주셨습니다. 그리고 다양한 문제 훈련을 통하여 나의 부족한 부분을 수업시간마다 빈틈없이 질문을 받아 주셔서 수학에 대한 자신감을 갖게 되었습니다. 교수님이 강조하시는 'R때까지 Q(Question)!'는 제가 수학을 정복하는 지름길이 되었습니다.

그렇게 겨울 방학을 보낸 후 학기가 시작되고 모의고사를 보게 되었습니다. 고등학교에 올라와서 처음으로 수학 시험시간이 남지 않았습니다. 문제가 술술 풀리고 어려워 보이는 문제도 하나하나 풀어갔습니다. 6월 모의고사에서 2등급이 나오고, 9월 모의고사에서 드디어 1등급이 나왔습니다. 이날 저는 친구들과 답을 맞춰보고 펑펑 울었습니다. 모의고사 1등급이라니 정말 저에게는 기적 같은 일이었습니다. 저의 수학성적을 모두 알고 있던 중3때 제 친구는 인간승리라면서 축하해 주었습니다. 물론 집에 와서 확실한 채점 후에 교수님께도 전화를 드렸습니다. 그 후로 저는 수학에 대해 많은 자신감을 얻었습니다. "수학은 하면 된다"는 말이 고3을 지내온 힘든 시기에도 제 머릿속에 꼭 박혀있었습니다. 그리고 수능에서 97점(1등급)으로 성균관대에 합격하는 영광을 갖게 되었습니다.

특별히 감사한 것은 제 동생이 교수님께 3년 동안 지도를 받고 고3 전국 모의고사와 학교 내신 성적의 수리영역(자연계)에서 100점의 성적이 나와서 고려대학교 의과대학에 합격하였습니다. 제가 이렇게 되기까지 방용찬 교수님이 많이 알려주시고 칭찬해 주신 것이 큰 도움이 되었습니다. 수학에 대한 자신감도 얻었고 체계적으로 수학을 배우며 쌓아오지 못했던 기초도 많이 배웠습니다. 그간에 좋은 성적을 갖게 큰 힘이 되어주신 방용찬 교수님께 감사드립니다.

⑤ 운동선수였던 나에게 찾아온 기회 : 연세대학교 김성진 학생

나는 초등학교 1학년 때부터 고등학교 3학년 겨울까지 12년간 수영선수로 지내왔다. 운동과 공부를 병행하고 싶었지만 항상 높은 강도의 훈련을 받게 되어 공부 생각은 할 수조차 없었고 훈련을 받고 집에 돌아오면 쓰러져 잠들기 일쑤였다.

공부와 거리가 멀고 공부란 것을 해 본 적이 없었기 때문에 고등학교를 졸업 후 재수를 결심하면서 많은 고민이 되었다. 어디서부터 시작하여야 하는지, 어느 과목을 중점으로 두어야 할지 내가 무슨 과목이 약한지 아무것도 알 수가 없었다. 특히, 수학이란 과목은 수학의 '수' 자도 모르는 나에게 너무나도 큰 관문이었고 내가 할 수 있을지 의문이며 가장 큰 걱정이었다.

그러던 중 서울대학교 의과대학 교수이신 이모부님의 추천으로 이때부터 방용찬 교수님과의 인연이 시작되었다. 교수님과의 첫 상담 때 교수님께서 "잘할 수 있을 것 같다. 열심히 하면 수학 1등급이 가능하다."고 하셨고 나는 웃으며 "3등급이라도 맞으면 좋겠다." 했었다. 하지만 그 말은 그저 나를 위로하기 위한 말이 아니었다.

중학교 수학부터 수능수학까지의 중고등 수학의 전 범위를 10개월 만에 끝내게 되었고 교수님의 정확하고 이해가 잘되는 설명을 통해 모르는 문제를 알 때까지 설명해 주시고, 특별수업으로 인한 집중력 덕분에 놀라울 정도의 실력이 쌓여갔다. 그리고 마침내 9월 전국모의고사에서 2등급이라는 기적을 보았고 이후 더욱 노력하여 수능수학 1등급을 받았으며 목표한 연세대학교 신촌 본교에 입학하는 기적이 현실이 되었다.

지금 생각해보면 고등학교 1학년 때 방용찬 교수님을 만났다면 서울대학교 의과대학에 합격할 수 있다는 아쉬움이 있다. 감사한 마음으로 이 글을 올린다.

⑥ 수학 성공기: 김지수 학생

저는 초등학생 때부터 수학 공부를 열심히 하던 학생이었습니다. 하지만 문제를 풀 때 식을 제대로 쓰지 않고 대충 암산으로 푸는 잘못된 풀이방법을 습관화했습니다. 난이도가 높지 않고 문제 풀이가 단순한 초등수학에서는 식을 제대로 쓰지 않아도 곧잘 좋은 점수를 받았지만, 중학교에 들어오고 나서는 달랐습니다. 암산으로 푸는 습관 때문에 부호실수가 잦았고, 계산실수 또한 적지 않았습니다. 초등학생 때까지 수학은 자신 있었던 제가 중학교 1학년 첫 수행평가에서 30점 만점에 18점을 맞았습니다. 처음 받아보는 점수에 당황했고, 그 다음부터는 수학시험에 대한 부담감과 스트레스 때문에 수학 공부하기가 더욱 싫어졌습니다.

그때 어머니의 소개로 방용찬 교수님을 만났습니다. 교수님은 제 잘못된 풀이방식을 알려주셨고, 수학용어의 정의를 확실히 해주시고 그에 따른 수학의 개념 정리와 고난도 문제까지 개념을 확실히 해서 풀 수 있도록 해주셨습니다. 뿐만 아니라 수학에 대한 자신감이 많이 떨어져 있던 제게 "잘 하고 있다" "충분히 백점 받을 수 있다"고 말씀하시며 자신감을 북돋아 주시고, 수업 중간중간 하는 질문에 모두 진심으로 대답해주셨으며, 같은 질문을 여러 번 하여도 알 때까지 질문을 받아주신 덕분에 제가 수학을 빨리 터득할 수 있었습니다.

교수님과의 1년간 수업을 하고, 중학교 2학년 1학기 중간고사, 첫 시험을 보게 되었습니다. 1학년 때 자유학년제로 한 번도 시험을 본 적이 없었던 저는 긴장되고 부담됐지만, 교수님과 수업했던 내용들을 떠올리며 시험문제를 풀어나갔습니다. 그 결과 96점을 받았고, 기말고사에서는 드디어 100점을 받았습니다. 시험 당일 아침까지 봐주셨기에 가능했습니다. 그 후로 저는 수학에 자신감을 갖게 되었습니다. "하면 된다"라는 생각을 가지고 모르는 문제는 끝까지 물고 늘어지며 알 때까지 파헤쳤습니다. 1년 만에 수학을 잘하게 된 것뿐만 아니라 잘못된 풀이방식을 고치고, 수학에 대한 자신감까지 생겼습니다. 이렇게 되기까지 교수님이 많이 알려주시고, 칭찬을 해주신 것이 많은 도움이 됐습니다. 좋은 성적을 받도록 도와주신 방용찬 교수님께 감사드립니다.

향후 뇌 과학 분야 전문가가 되기 위하여 국내외에서의 많은 공부와 활동들을 계획 중인데, 우선 국내에서 좋은 대학을 가기 위하여 교수님과 함께 더 깊이 있는 수학공부를 할 생각입니다.

서평

| 송영남(SMI(주) 대표)

『공부의 모든 것』의 저자이신 방용찬 교수는 이화여대 평생교육원 창의수학지도자과정에서 많은 교육생을 배출하신 전임 교수로 활약하시며 그 교육 현장에서의 강의 및 경험과 사례를 통하여 학습 지침서를 발간하셨습니다.

이 책은 학생 스스로의 나에 대한 냉정한 평가를 통하여 학습 동기를 부여하고 그에 대한 구체적 실천 방향을 세분화하여 현실적이고 확실한 학습 방안을 제시하고 있습니다. 또한 자신이 어디에 서 있고 어디로 갈지 고민하는 학생들에게 스스로 돌아보고 답을 찾을 수 있도록 도와주는 훌륭한 지침서입니다. 현장에서 교육하시는 많은 선생님과 학부모님들이 필독하시고 활용할 수 있도록 적극 추천합니다.

| **오생근**(EBS 과학탐구영역 대표강사, 전 메가스터디, 강남구청 인터넷강사)

나는 30여 년간 입시현장에서 학생들을 가르쳐온 학원 강사이며, 1993년부터 현재까지 EBS에서 플러스 방송과 EBSi 인터넷강의를 하고 있는 과학탐구영역 대표강사이다.

시중에 공부법에 관한 서적은 많이 나와 있지만, 자기능력을 판단하고 자기에게 맞는 계획을 세우며, 생각을 바꾸고 뇌구조를 바꾸는 노하우는 어느 공부법에도 본 적이 없다.

자신을 세우는 스스로의 학습법, 학습효과를 극대화할 수 있는 노트정리, 사고력 훈련법은 공부하는 학생뿐만 아니라 학부모, 교사, 학원 강사들에게 적극 추천하고 싶다. 이 책의 저자인 방용찬 교수님은 입시계의 전설이다. 수학에 자신 없는 학생들, 특히 4-7등급 학생들을 98-100% 1등급으로 제조한 수학의 연금술사라는 것은 모두가 아는 검증된 사실이다.

오랫동안 학생들을 가르치면서 이들의 고민을 누구보다도 잘 알고 있는 나는 대한민국의 모든 수험생과 학부모들이 『공부의 모든 것』을 읽고 실천하는 행운이 있기를 기원한다.

| **장이지**(수학지도자 과정 2기, EBS 수학과 대표강사)

유대교 탈무드 가운데 "생선을 구하는 아들에게 생선을 주기보다는 고기 잡는 방법을 가르치라."는 말이 있습니다. 이 말은 제가 항상 학생들에게 강조하는 말입니다. 이 말의 의미를 공부에 적용한다면 '공부하는 방법에 대해 공부하라' 정도로 해석할 수 있을 것입니다.

어떤 학생들은 '공부한다는 것은 책상에 오래 앉아 있는 것'으로 착각하기도 합니다. 학생들이 공부해야 할 과목은 다양하고 학습 분량도 많은데, 모두 같은 방법으로만 공부할 수는 없습니다. 역사적으로 크게 승리한 전쟁을 살펴보면 모두 '탁월한 전략'이 승리의 바탕이었음을 알 수 있습니다. 공부도 마찬가지입니다. 전략이 있어야 원하는 목표에 도달할 수 있는 것이지요.

아직 어린 학생들은 이러한 생각이 부족하기에 항상 전략, 즉 공부 전략의 중요성에 대해 강조해 왔습니다. 그러나 이러한 학습 전반에 대한 전략을 제한된 수학 수업시간에 전달하는 것이 현실적으로 어렵게 생각되어, '이러한 학습전략에 대한 좋은 책이 있어서 학생들에게 읽게 하면 얼마나 좋을까?'라는 생각을 해왔습니다. 그러던 중, 수년간 학생들을 현장에서 지도하신 방용찬 교수님께서 학습 전략서를 쓰셨다는 소식을 듣게 되었고, 원고를 꼼꼼히 읽고 크게 놀랐습니다.

수학전문가이시지만, 수십 년간 현장에서 학생들을 가르쳐 오신 교수님께서 『공부의 모든 것』이라는 책에 교수님만의 학습노하우를 너무나도 자세하게 풀어 놓으셨기 때문입니다.

제가 생각하는 이 책의 장점은 다음과 같습니다.

먼저, 이 책은 여러 분야의 학습 전략을 제시하였다는 점입니다. 목표 설정 전략, 계획표를 짜는 전략, 공부와 친해지는 전략, 마인드 관리 전략, 예습복습전략, 참고서선택전략, 노트정리전략, 시험공부 전략, 독서논술전략, 사고력훈련전략, 시간관리전략 등 기존의 학습서에서 다루지 못한 학습 전반에 걸친 다양한 전략을 다루어, 학생들은 지금까지 생각하지 못했던 공부 방법에 대한 전반적인 방법을 폭넓게 배울 수 있습니다.

다음으로, 매우 친절하게 설명했다는 점입니다. 학생들의 시각에 맞추어 내용 설명을 쉽게 하였고, 체크리스트를 통해 자신의 상황을 점검하게 하였고, 또한 풍부한 예를 통해 설명을 쉽게 이해하도록 하였습니다.

마지막으로, 전략을 제시한 것에 머무르지 않고, 그에 해당하는 맞춤 사례를 구체적으로 제시했다는 점입니다. 직접 경험을 하며 꼼꼼하게 기록하신 수많은 학생들의 성공 사례를 통해 독자들도 '나도 할 수 있다'라는 자신감을 가질 수 있을 것입니다. 즉, 성공사례에서 제시한 구체적인 방법을 자신의 학습방식에 적용해 볼 수 있다는 것입니다.

그러므로 이 책을 읽는 순간부터 독자 즉, 학생은 공부에 대한 새로운 세계를 맛볼 것이라고 생각됩니다. 지금까지 막연하게 책상에 앉아 정해진 시간만 채우는 것이 공부라고 생각한 학생들이 공부에 대한 다양한 전략을 배우고, 자신의 삶에 적용해볼 수 있을 것입니다.

그래서 공부와 인생에 대한 자신감이 커지고, 자신의 삶이 자신에 의해 관리·통제됨을 느낄 수 있을 것입니다.

이 책은 공부라는 멋진 세계로 여행을 떠나게 해주는 초대장이 될 것입니다. 또한 중·고등학생뿐만 아니라 공부에 관심 있는 학부모님, 선생님 등 모든 이들에게 이 책은 공부의 '손자병법'이 되리라 생각됩니다. 이에 강력하게 추천하는 바입니다.

| 김서은((주)로운교육 콘텐트기획이사)

한때 대량 생산 체제를 위해 고안되었던 한국의 교육 시스템이었지만 '4차 산업혁명'이 현실화되기 시작하면서 기존의 교육으로는 더 이상 학생들의 미래는 불투명하게 되었다. 초연결·초지능 사회의 패러다임에 맞는 미래 인재 양성을 위한 교육의 변화가 필요하다는 의식이 사회에 만연해져 있다. 이에 미래 인재들에게 요구되는 역량은 대한민국의 교육 체계 및 사회적인 측면에서 많은 부분 변곡점으로 작용하였다.

창의적 사고와 도전정신을 강조하며 로봇과 인공지능이 많은 부분을 대체할 4차 산업사회를 이끌어 갈 미래 인재들에게 방용찬 교수님은 특히 수학의 중요성과 효과적인 수학 공부 전략을 다양한 이론을 근거로 제시한다. 또한 무엇보다 자신만의 공부요령을 터득하지 못한 학생과 그들의 부모를 위한 자녀교육서이자 자신에게 맞는 공부 방법을 스스로 찾아내어 주는 종합 지침서로 이 책이 귀한 자료가 되며, 교육 현장에서는 최신 교육 정책과 학(學)과 습(習)에 관한 효과적인 방법 등을 광범위하게 넘나들면서 너무나도 구체적이고 현실적인 학습문제를 해결하는 열쇠가 됨을 증명한다.

우리 사회에서 리더가 되고자 하는 학생, 혹은 자녀를 올바르고 탁월한 리더로 키우고자 하는 학부모님 그리고 선생님들에게 『공부의 모든 것』 이 책의 일독을 적극 권한다.

| **김진세**(교육의 시선 대표)

역시 '명불허전'이다. 평생을 올곧이 한 분야에 집중하면서, 교육자로서 깊이 있게 고민하고 폭넓게 활동했던 내공을 곳곳에서 읽을 수 있다.

공부에 대해서는 누구나 할 말이 많다. 학교를 다녔던 경험으로 '공부를 안다'고 하는 이도 있고, 입시를 치렀던 경험으로 '공부를 안다'고 하는 이도 있다. '입시'도 '학교생활'도 공부와 관련이 있을 수 있지만, 변화하는 시대 속에서 '공부'란 평생에 걸쳐 이루어지는 자기계발이기에 특정 시기와 특정 공간에서만 이루어지는 것은 아닐 것이다.

공부와 관련한 서적과 정보도 넘친다. 자녀의 성공기를 담기도 하고, 현장에서의 경험을 담기도 하지만, 정확한 정보인지는 알기 어렵다. 내 자녀 하나 기른 경험을 많은 이에게 동일하게 적용하기도 어렵고, 짧은 현장생활로는 학생의 생애 주기에 따른 변화를 관찰하기에는 부족할 수 있다. 그러다 보니 뭉뚱그려 원론적인 이야기로 내용이 채워진다. 이를테면 열심히, 성실하게, 꾸준히 등. 공감이 된다고 하더라도, 적용할 수 있는 구체적인 내용도 없다. 영어, 수학 등 과목별로 점수 잘 받는 기술들을 망라하기도 한다.

하지만, 『공부의 모든 것』은 관점이 다르다. 공부할 수 있는 역량과 틀을 잡아주는 노하우를 모두 공개한다. 공부하기 위한 자세부터 마인드까지 집대성한 자료의 요약본이라고 하겠다.

공부의 시작은 무작정 공식을 암기하거나 단어를 외우는 것이 아니다. '목표를 설정하는 것' 모든 시작은 목표를 설정하는 것이 우선이 되어야 구간별 계획과 오늘의 역할이 부여된다. 그동안 암암리에 천편일률적 교육이 이루어졌지만, 성향에 따라 공부하는 방법이 같을 수는 없다. 방향이 잘못되었는데, 열심히 달려보아야 노력에 대한 성과가 만족스럽지 못하게 된다. 방용찬 교수님은 학생들에게 필요한 사례와 팁을 제공하기도 한다.

목표를 세웠으니 일정에 따른 계획을 세워야 하지 않겠는가?! 결국 시간과의 싸움이다 보니 효율적으로 학습하기 위한 마인드 컨트롤부터 학습 환경까지 세세하게 제시해 주셨다. 이해와 암기, 지식과 지식이 구조화되는 그 세부적인 단계에 대한 조언도 놓치지 않고, 알기 쉽게 설명해 주신다. 습관과 생활에 대한 언급, 성격과 공부 자세에 대한 서술을 따라가다 보면 열심히 했어도 성과가 좋지 않았던 보다 다양한 이유를 찾을 수 있다.

무작정 한다고 되는 것이 아니라 공부의 성과는 공부 그 자체도 중요하지만, 전제되어야 할 요소들이 다양할 수 있음을 알게 된다. 학원에서, 학교에서 쫓기듯 매일을 살아가는 학생, 학부모님들에게, 이런 조언을 해 줄 누군가가 꼭 필요하다. 매몰되어 조급한 여러분들에게 '다시 점검!'을 말하며, 숲을 보라고 일러주는 듯하다.

구호만 외치는 예 · 복습이 아니라 구체적으로 수업시간을 활용하는 방법과 예·복습의 실천적 방법까지 놓치지 않았다. 시험을 앞두고 익혀야 할 요령도 깨알같이 정리해주셨다. 남은 시험 기간에 무엇을 해야 할지 날짜별로 묶었으니 참고할 만하다.

이 책의 진수는 마지막에 있다. 모든 교과목의 성적을 움직이는 기초체력은 독서에서 나온다. 수능 지문이 길어지거나, 난이도가 어려워지면 '불수능'이라고 한다. 정확하게 이해하고 시간 내에 탐독할 수 있는 훈련을 익혀둔다면 훗날 그 힘을 경험하게 될 것이다. 공부하다 지친 학생들을 위로할 '슬럼프 극복기'도 챙겨 넣어 주셨다.

교육 분야에서 훈수 두며 본인들의 주장을 쉽게 재단해 버리는 요즘, 우격다짐으로 지식을 넣으려고 강요하는 일방적 공부법을 벗어나, 보다 많은 학생들이 공부의 그릇을 만드는 데 분명한 힌트를 제공할 것이다. 잠시 학습하던 문제집을 덮어두고 부모와 학생이 함께 읽어보기를 바란다.

입시전문가이면서 명성 높은 대학 교수님으로서 강연과 방송으로 종횡무진하시는 방용찬 교수님의 지금까지의 노하우가 이 책에 담겨 있듯, 앞으로의 활동과 연구로 쌓아갈 업적 또한 기대하며 응원의 박수를 보낸다.

| **최장혁**(국립과학관 다빈치 수리과학교실 소장)

“수학은 아름다운 삶이다”라는 문장에 잘 어울리는 분이 방용찬 교수님입니다. 평생을 오로지 수학교육에 몰입하여 학생들을 가르치는 모습을 보면 존경심과 아울러 진정성을 가진 교육자의 이미지로 저에게는 각인되어 있습니다.

이번에 그간의 노하우를 바탕으로 공부법, 특히 수학 공부 방법에 관한 책을 출간하게 되심을 축하드리며 이 책에 담긴 내용 하나하나를 꼼꼼하게 읽고 실천하면 누구나 좋은 성적을 거두리라 확신합니다.

프톨레마이오스 황제가 수학자 유클리드에게 수학 잘하는 방법을 질문하였을 때 “수학에 왕도는 없다”라는 한마디로 답을 했다면 똑같이 방 교수님께 질문한다면 ‘시행착오 없이 수학성적 올리는 방법’을 제시할 것입니다. 아울러 이 책은 수학성적뿐만이 아닌 전체 성적을 올리는 명쾌한 답을 줄 것입니다.

명불허전(名不虛傳: 명성은 그만한 이유가 있다)이라는 말밖에 달리 표현 못할 정도의 알찬 내용을 담고 있는 이 책을 통하여 학부모님 및 학생들은 공부 방법에 대한 명쾌한 답을 얻으리라 확신합니다.

다시 한 번 책 발간을 축하드립니다.

| **심우섭**(고려대 졸. SBS 경제부 기자)

TV드라마 '스카이 캐슬'로 화제가 된 고액 과외, 쪽집게 선생, 조기 유학과 기러기 가족 등 우리나라의 과도한 교육 현실은 세계적으로 유명해진 지 오래다. 지난해 워싱턴 포스트는 '한국에서 최고의 교육은 부모의 희생에서 나온다.'란 제목의 칼럼으로 한국의 비뚤어진 교육열을 꼬집었다.

공부는 학생들의 몫이고 누구보다 노력하고 고생하는 것도 학생일 텐데 왜 부모가 희생해야 하는 것일까. 학생 스스로 효과적인 공부 방법을 설정하고 꾸준히 나아간다면 소위 '엄마들의 모임'은 의미가 없을 것이다. 확실하지 않은 소문에 이리저리 휩쓸려 그저 아이들을 괴롭히는 학부모의 역할은 필요가 없다는 말이다.

'충분히 자고 교과서만 보고 공부했다.'는 전국 1등의 인터뷰 기사는 언제부턴가 학생과 부모님들 사이 자주 등장하는 농담거리가 되고 있지만 그들에게는 스스로 터득하고 실천해 온 공통적인 노하우가 분명히 있다.

그리고 『공부의 모든 것』 이 책 안에는 그 노하우의 기초가 그리고 핵심이 담겨 있다. 얼핏 보면 지극히 당연한 이야기인 듯하지만 상위권 학생들이 자신도 모르게 터득해 스스로 행하고 있는 좋은 습관들이 최고 선생님들의 시선을 통해 고스란히 쓰여 있다.

야구선수들을 보면 투수와 타자 모두에게 루틴이라는 게 있다. 투수판을 밟고 서기 전 혹은 타석에 들어서서 결코 빠트리지 않는 공통적인 습관 같은 것이다. 보는 사람들은 그저 불필요한 버릇이나 징크스 정도로 느끼지만 선수 본인에게는 그 루틴 동작을 통해 훈련에서 느꼈던 것들을 머릿속으로 되짚어 보는 효과를 갖는다. 우리 학생들이 공부하면서 순간순간 가졌던 마음가짐을 시험장에서도 잠시나마 느낀다면 얼마나 좋은 영향을 미칠까? 부모님들이 아닌 학생들이 이 책을 훑어보면 모든 부분에서는 아니더라도 페이지 사이에 느끼는 바가 분명히 있을 것이라 생각한다.

마지막으로 중고등학교 시절 힘든 과정을 통해 정복했던 수학에서 (방용찬 교수님을 통해 공부하여 고려대학교 진학) 높은 점수를 얻고 큰 자신감을 얻게 해주신 방용찬 교수님께 정말 오랜만에 감사를 표한다. 덕분에 저의 형 역시 교수님의 가르침으로 서울대학교를 졸업하고 현재 미국에서 훌륭한 의사로 활동하고 있다.

교수님 진심으로 감사합니다!

| **최윤동**(수학지도자 과정 3기, 서강대 수학과 卒, 대치동 수학전문학원 고등부 원장)

'참교육이 대한민국의 미래다'라는 사명감을 가지고 현장에서 수학강의를 하고 있는 강사로서 학생들에게 단순한 지식의 전달보다는 사랑과 꿈을 전달하고자 많은 노력을 기울이고 있습니다.

교육의 메카라 불리는 대치동에서 학생들을 지도하면서 최근에 점점 학생들의 수준은 양극화 현상이 심화되고 꿈이 없는 학생들이 점점 많아지고 있다는 것을 느끼게 됩니다. 꿈이 없다기보다는 그 꿈에 대하여 생각해 볼 기회를 제공하지 못한 우리 어른들의 책임이 크다고 생각합니다.

이 책의 시작은 그러한 꿈을 생각해보고 구체적으로 적는 것으로 시작하여 단계적으로 초등에서 중등, 중등에서 고등, 대입의 길까지 자세히 안내를 하고 있습니다. 이 책에 실려 있는 내용들은 학생뿐 아니라 교육과 관련이 있는 모든 사람들에게 바르고 정확한 길을 안내시켜 주는 역할을 할 것으로 확신합니다.

이 책 『공부의 모든 것』의 저자이신 방용찬 교수님은 30여 년간 수학교육뿐만 아니라 학습법에 대하여 연구를 해오시고, 여타 단순한 이론에만 치우친 교육자가 아닌 현장에서의 경험과 실적까지 풍부한 실전적 교육자라고 말할 수 있습니다. 지금도 현장에서 수많은 학생들의 교육과 후임강사들의 양성에 끊임없이 노력하시고 계십니다. 그만큼 이 책에는 단순한 이론들의 열거뿐만이 아닌 case by case의 형태로 또 그에 맞는 대표적 예시들을 함께 제공함으로써 이 책을 읽는 모든 사람들에게 쉽고도 정확하게 답을 안내하여 줄 것입니다.

이 책을 통하여 그간의 많은 경험과 노하우를 수많은 학생, 학부모님, 선생님들에게 전달하고자 하시는 것에 대하여 교수님께 감사의 말씀을 드립니다.

| **서동범**(수학지도자 과정 8기. 고려대 졸. 더블랙에듀 대표)

공부엔 왕도가 없다고들 이야기한다. 하지만 왕도는 없을지언정 공부의 원칙은 존재한다. 원칙을 알고 공부를 하는 것과 원칙을 모르고 공부하는 것에는 효율의 측면에서 큰 차이가 발생할 수밖에 없다. 놀면서 공부하는데도 전교 1등을 놓치지 않는 학생이 있는 반면 대단히 열심히 노력하는 듯하지만 항상 시험만 보면 바닥인 학생도 있다.

이를 단순히 학생의 두뇌 차이라고 보기에는 어폐가 있다. 실제 공부를 잘하는 학생들 100명을 놓고 조사해 본 결과 그 학생들에겐 자신들만의 공부의 원칙이 있었고, 그 원칙에 맞춰 항상 공부해 왔던 것이 그들을 상위권으로 만들어 주었다.

『공부의 모든 것』이 왕도를 제시해 주지는 않는다. 하지만 저자 방용찬 교수님이 오랜 기간 학생을 지도하면서 온몸으로 체감하고 겪어왔던 이러한 공부의 공통된 원칙, 노하우들이 책에 잘 녹아들어가 있다. 어떻게 수면관리를 해야 하는지부터 시험대비, 마인드셋의 방법까지 세세한 공부의 원리와 원칙들을 밝히고 그러한 습관과 원칙을 만들기 위한 방법도 제시하고 있다. 현재 수능을 치러야 하거나 치를 예정인 고등학생들, 체계적인 공부원칙을 미리부터 세워놓고 싶은 중학생과 고등학생, 무엇보다 학생들을 지도하고 가르쳐야 하는 학부모님과 선생님들께 이 책을 강력하게 추천드린다.

저자와의 교육상담 (Q&A)

누구든지 자녀들의 수학에 관한 고민이나
교육 전반에 관한 궁금한 점을
아래 주소로 문의(Q)하시면 질문에 확실한 해결방안(A)을
즉시 답변드립니다.

E-mail: mbamath33@naver.com
TEL: 010-8259-2100

공부 때문에 고민하는 학생과 학부모 모두에게 발전의 실마리가 되기를 희망합니다!

| 도서출판 행복에너지 권선복 대표이사

코로나19의 전 세계적 유행으로 많은 이들이 어려움을 겪고 있습니다. 이는 학업에 정진하고 있는 학생들 역시 마찬가지일 것입니다. 금방 끝날 것 같았던 코로나19로 휴교와 온라인수업이 반복되면서 학습 환경은 불안정해지고, 학습의 밸런스가 깨지기 쉬운 상황이기에 불안감과 초조함이 앞서기 쉽습니다. 그럼에도 불구하고 마지막에 웃는 사람은 어떤 자세와 방법으로 공부를 해야 가장 효율적인지 알고 있는 사람들일 것입니다.

이 책 『공부의 모든 것 개정판』은 교육전문가 방용찬 교수님의 2014년 저서 『공부의 모든 것』의 개정 증보판입니다. 저자 방용찬 교수님은 '밑줄 쫙!'으로 유명했던 학원계의 대부이자 한샘학원 설립자 서한샘 박사님과 함께 30여 년을 한결같이 학생들이 학업에 대한 고민을 줄이고, 자신의 역량을 최대로 발휘하여 꿈을 펼치는 데 도움이 되기 위해 늘 노력해 온 분이며 그 뜨거운 열정을 통해 이제 교육 분야에서 일가를 이룬 것으로 평가받는 교육전문가이기도 합니다.

『공부의 모든 것 개정판』은 공부에 대한 동기부여와 공부를 잘하기 위한 기본적인 시간 관리법 및 기억력 높이는 방법에서부터 시작하여 각 과목별 학습방법과 공부 시간표 짜는 법, 실제 시험에서 알아두면 반드시 도움이 되는 팁, 시험과는 또 다른 논술 준비하는 법, 실제 입시성공 사례까지 그야말로 '공부를 잘하는 법'에 대해 포괄적이고 엄정한 실증을 통해 설득력 있게 전하고 있습니다.

여기에 더해 특히 가장 많은 학생들이 어려워하는 과목인 수학 과목 공부에 있어서 무엇을 가장 중요시해야 하는지, 어떤 방식으로 공부해야 하는지, 다른 과목과 수학 공부는 본질적으로 어떤 차이가 있는지, 실제 공교육 현장에서 수학 수업의 커리큘럼은 어떤 방식으로 진행되는지 등에 대해 머리에 쏙쏙 들어오는 체계적인 조언을 전달해 주고 있습니다.

방용찬 교수님의 이 책 『공부의 모든 것 개정판』을 통해 학업 때문에 고민하는 학부모와 학생뿐만 아니라 선생님 모두에게 희망 가득한 내일이 활짝 열려 기쁨 충만한 행복에너지가 방방곡곡으로 전파되기를 기원드립니다.